DE AQUÍ SE SALE

MARIO CONDE

DE AQUÍ SE SALE

mr ediciones martínez roca

© 2011, Mario Conde
© 2011, Barnacla, S. L.
© 2011, Ediciones Planeta Madrid, S. A.
Ediciones Martínez Roca es un sello editorial de Ediciones Planeta Madrid, S. A.
Paseo de Recoletos, 4. 28001 Madrid
www.mrediciones.com
Primera edición: octubre de 2011
ISBN: 978-84-270-3811-0
Depósito legal: M. 36.909-2011
Preimpresión: J. A. Diseño Editorial, S. L.
Impresión: Unigraf, S. L.

Impreso en España-Printed in Spain

ÍNDICE

A María

INTRODUCCIÓN

Algo de fondo se agita, se mueve en la sociedad española. Y ciertas agitaciones se perciben en diferentes sociedades europeas. También en Estados Unidos se advierte cuando menos cierta confusión. Posiblemente no resulte excesivo afirmar que algo vibra en el mundo occidental. Quizá a algunos no les guste el diagnóstico, pero estos movimientos claramente indican que existe una conciencia de que en temas importantes, en asuntos de trascendencia social, hemos fracasado. Y esos temas y asuntos son decisivos para el modelo de convivencia. Materia de primer orden, desde luego.

En España disponemos de cifras capaces de causar una enorme preocupación. Me refiero a indicadores económico-sociales de presente. Lo peor es que no se puede afirmar seriamente que en un plazo muy breve de tiempo —la brevedad la reclamaría la gravedad de los datos— seamos capaces de dar un giro suficientemente importante para sustituir parte de la preocupación por cierta tranquilidad. Desgraciadamente, no lo parece.

En noviembre de este año 2011, forzadas por las circunstancias financieras y económicas, se celebrarán elecciones generales en España. Todas las encuestas indican que el PP, el partido actualmente en la oposición, será el triunfador, y de cumplirse esos pronósticos, dispondremos de un Gobierno de corte ideológico distinto. Cuando menos de corte partidista diferente. Así, como digo, rezan las encuestas. Pero lo malo es que esas mismas encuestas señalan otro factor de enorme importancia: una gran parte de los españoles carece del convencimiento de que con ese nuevo Gobierno las cosas, la situación en general, va a mejorar de modo importante en plazo corto. Hay una base de desconfianza que alcanza al Sistema. Y es que la valoración de la clase política y de los partidos políticos, y por derivada, del modelo vivido de democracia parlamentaria, se encuentra bajo mínimos.

No podemos extrañarnos de este estado de cosas. A lo largo de varias décadas lo hemos ido gestando entre todos. No se trata ahora de atribuir culpabilidades exclusivas a la banca, a la clase política, al gobierno o gobiernos de turno, a los jueces, a los medios de comunicación... Cada uno de ellos, unos más y otros menos, son parcialmente responsables del estado de cosas en el que nos toca vivir. Pero el gran responsable somos nosotros mismos, la sociedad, porque gracias al abandono de ciertos valores y al consumo de otros disvalores, hemos ido confeccionando un modelo de vida que ahora nos agobia por demasiados costados a la vez. Tenemos lo que hemos querido tener, lo que hemos gestado, en ocasiones por acción, en otras por omisión, pero, al fin y al cabo, el resultado es el derivado de nuestra conducta, y esta es la secuela de nuestro modo de pensar. Así que no expresemos culpabilidades puramente ajenas. Debemos incluirnos en el cuadro de responsables si queremos ser sinceros.

Y si esto hacemos tendremos ante nosotros una oportunidad, sabremos convertir lo que es una desgracia medida en sufrimientos ciertos de cientos de miles de personas en una oportunidad para construir un mejor modelo de vida. Pero para ello es imprescindible saber por qué hemos llegado hasta aquí, qué hay de cierto y verdad en el funcionamiento de los medios de comunicación, en el sistema financiero, en la clase política... Tenemos que ser capaces de entender las causas para cambiar el modelo, para introducir las reformas necesarias para alcanzar un modo de convivencia que merezca el calificativo de más humano.

Y si así lo hacemos nos daremos cuenta de que la clave consiste en que nosotros, la sociedad civil, recuperemos algo esencial: ser dueños de nuestro destino. A lo largo de décadas lo hemos puesto en manos de una clase política profesionalizada que poco a poco se ha convertido en casta y que al tejer un entramado de intereses con el sistema económico, sustancialmente financiero, y los medios de comunicación social, ha implantado un modelo de ejercicio del poder al que llamo Sistema. Y ese modelo, junto con nuestro consentimiento tácito o entusiasta acerca de su existencia, es lo que nos ha llevado a la situación en la que estamos.

En 1992 en el Vaticano, en 1993 en la Universidad Complutense, en 1994 con mi libro *El Sistema,* advertí de lo que estaba ocurriendo y de que, si continuábamos caminando por el mismo sendero, las posibilidades de fracaso colectivo eran elevadas. Hablaba desde la experiencia de haber sido presidente de una de las entidades financiero-industriales más potentes de España. No teorizaba sin más. Sentía la preocupación derivada de lo que veía, lo que experimentaba, lo que conocía por mí mismo y no por relatos ajenos.

Han pasado muchos años desde entonces. Desde mi primer movimiento en esa dirección han transcurrido diecinueve años. Mucho tiempo, en el que mi vida se ha visto sometida a una serie de avatares complejos y difíciles. Pero ahora me encuentro de nuevo con la ilusión de poder escribir. No ya para decir algo así como: «Señores, ¿lo ven? Yo tenía razón». No, no se trata de eso. Al contrario. No consumo vanidades. No me alimento de aplausos tardíos. Quiero escribir para aportar algo a la oportunidad que tenemos por delante de construir un futuro mejor.

Cierto es que todo lo que sucede en el presente es derivada del pasado, y por ello el conocimiento de ese pasado es imprescindible si queremos edificar el futuro sobre bases sólidas.

Con estas dos ideas nace este libro. Conozcamos el porqué de nuestra situación, asumamos nuestra responsabilidad, y tengamos el valor de aportar todos algo de esfuerzo, ilusión y hasta de valentía para reconducir la situación. Porque es evidente que de aquí se sale, como reza el título del libro. Pero debemos saber dónde entramos. Y asumir que si nada hacemos, que si dejamos que las cosas sigan funcionando por el sendero de siempre, caminaremos hacia peores datos y mayores sufrimientos.

No podemos esperar que la clase política por sí sola afronte el cambio que reclaman los hechos. Es necesario que la sociedad, como digo, recupere el protagonismo y quiera ser verdadera dueña de su destino. Ese es el reto. Y por eso este libro: para contribuir a que trabajemos para lograrlo. Somos muchos los que sentimos que algo no funciona. Y eso hay que saber explicarlo, desde la experiencia de haberlo vivido en primera fila, en la fila cero, como dicen algunos. El poder no se suele explicar a sí mismo. Pero es imprescindible relatar cómo funcionan de verdad las cosas en nuestro país. Explicar el pasado desde la experiencia y el conocimiento para que nuestras propuestas de reforma no sean emociones alimentadas de una extraña revancha, sino propuestas inteligentes, sensatas, posibles, avaladas por la experiencia, que no vayan contra nadie, que no busquen culpables con las linternas del odio o la revancha, sino que traten de algo tan sencillo como eso: encontrar un modelo de vida mejor y más humano.

I

«ALGO HABRÉIS HECHO MAL VOSOTROS», ME DIJO

En el fondo admito que no me sorprendió demasiado. Quizá supuse algo así, aunque el cumpleaños de mi madre no fuera el lugar más adecuado para cuestiones de semejante porte, pero cuando las cosas se tensan hasta un extremo como el que nos traemos entre manos, en este país nuestro no hay lugar para excesivos miramientos, y el decorado exterior en tales casos no pasa de ser una indolente anécdota.

Cumplido el trámite del apagado de velas por el procedimiento poco ortodoxo del soplido —los ocultistas dicen que eso jamás debe hacerse— y consumado el cántico del inevitable «Cumpleaños feliz», en versiones castellana, portuguesa y hasta italiana, nos ajustamos a las sillas —con muestras de cierta desgana y algo de molicie— algunos de los comensales, todos miembros de la familia, y mientras los demás se ocupaban de sus asuntos —que no sé muy bien cuáles eran— decidimos echar el tiempo para atrás —como dicen por el sur— con algo de charla, una costumbre que ya no se practica demasiado en esta sociedad de solitarios de la pantalla de ordenador. Entre la vieja tradición epistolar, las cartas de antaño con las que nos comunicábamos para superar distancias físicas y relatar experiencias y emociones, y los escuetos SMS de hoy, hay una diferencia cualitativa descomunal. Perdemos fluidez, como mínimo, y jibarizamos nuestro vocabulario hasta extremos de lamento. Y, encima, con esa escritura moderna de porte electrónico se está creando un nuevo y horrendo lenguaje en el que, por ejemplo, para ahorrar espacio

—supongo—, en lugar de escribir «por», teclean una «x» y otras aberraciones parecidas. A lo mejor a algunos adoradores de la modernidad sin fronteras tal innovación no les parece una aberración, pero a mí sí, lo cual, entre otras cosas, es prueba de edad. Tales inventos —para mí extravagancias— deben ser eso que llaman el signo de los tiempos. Con toda humildad confieso que prefiero el mío en muchos aspectos, y sin la menor duda en el literario.

Sucedió que mi sobrino, uno de ellos, el mayor, que tenía en ese momento algo más de treinta años, sin esperar a su turno teórico decidió tomar la palabra. Eso de turno teórico debe sonar a antiguo, como si una charla de semejante textura familiar se ordenara de manera rígida. Pues algo de eso hay, o, mejor dicho, existía. Era el verano de 2010, y los efectos de nuestra crisis, y digo nuestra por el tiempo que llevamos conviviendo con ella, ya asolaban a muchas familias y de manera especial a la juventud. Pocos se libraban del castigo ejecutado en términos de paro laboral y desesperanza emocional. Entre los sancionados por el modelo se encontraba, precisamente, ese sobrino mío que se decidió —como decía— a tomar la palabra. Antiguamente, por eso de la edad, se solía pedir permiso a los mayores. Ahora ya no. Cosas de la modernidad, que diría no sé quién. Dicen que cualquier tiempo pasado fue mejor. Creo que no, pero en algunos valores y formas me parece que sin la menor duda lo era. En otros —menos mal— hemos mejorado, aunque nada es gratis en esta vida.

—Escucha —me dijo mirándome fijamente a los ojos—, creo que tenéis que darnos alguna explicación los de vuestra generación.

—¿Y eso? —pregunté acentuando con exceso el tono de pregunta, arrastrando deliberadamente la palabra final para que se percibiera un punto de irritación por lo que podía ser tomado como impertinencia, aunque obviamente sabía que no era eso, sino sencillamente justificada preocupación.

—Pues muy fácil. Nosotros, yo desde luego, hemos hecho lo que nos habéis pedido. Estudiamos en la Universidad, concluimos nuestras carreras, comenzamos a trabajar, nos casamos, hemos tenido hijos, vivimos respetando las reglas, nos tomamos nuestras copas, nos divertimos, pero somos eso que llamáis gente responsable...

Hablaba serenamente, sin irritación, destilando tristeza sin exceso de ironía. Se detuvo unos segundos para beber con trago largo de un vaso en el que se sirvió algo que me pareció sin alcohol, y sin más aditamentos prosiguió:

—Pues a pesar de todo eso, aun cumpliendo todas vuestras normas de buena conducta y salubridad e higiene, lo cierto y verdad es que a día de hoy no tengo trabajo y, lo que es peor, no consigo ver de qué manera voy a encontrarlo. Y, sin embargo, hijos y familia sí que tengo. Así que algo habréis hecho mal vosotros con este sistema que nos dais como modelo de vida. Cuando pides a alguien que haga algo que le han definido como lo bueno, cuando dictas criterios y reglas de comportamiento añadiendo que son las correctas, las ortodoxas, las que corresponden a un buen padre de familia, debes responderle y no dejarle tirado en la estacada, económica, familiar y casi existencial. Al menos eso creo.

No recuerdo muy bien qué fue lo que le respondí, pero supongo que algo así como que tenía parte de razón, pero, cualquiera que fuera mi respuesta, me impactó su pregunta hasta tal punto que me quedé dándole vueltas en la cabeza a esa supuesta responsabilidad que nos atribuía a los que, como yo, hemos, paso a paso y día a día, construido un modelo que era evidente de toda evidencia que fracasaba por los cuatro costados, al menos por aquellos costados de mayor envergadura como es el derecho al trabajo y a una convivencia regida por patrones más humanos de los que se experimentaban en esa sociedad por nosotros —cuando menos en teoría— diseñada, creada e implementada.

Podría, desde luego que sí, haberme escabullido de la responsabilidad que me atribuía, acercando a la conversación los momentos de mi vida en los que, de manera notoria, tan notoria como peligrosa, puse negro sobre blanco y proporcioné voz e imagen sobre ondas a las advertencias de que seguíamos un camino que nos conduciría más tarde o más temprano al desastre, o por lo menos a algo tan clásico y que se expresa con palabras tan poco alambicadas como estas: pasarlo mal, muy mal. Esa expresión, pasarlo mal, se encuentra en muchas bocas sentidas de gentes con las que hablo. Pero preferí no entrar en ese debate en ese momento. Porque, quisiera o no, lo cierto es que, incluso con todas esas advertencias, yo formaba parte de la generación que teóricamente había diseñado ese modelo que en aquellas fechas amenazaba ruina. Y lo malo es que cuando un sistema social o político fracasa, las consecuencias se miden en desastres individuales y familiares para los que confiaron en la bondad intrínseca de esas normas de convivencia. Vamos, para los que se ajustaron a los criterios impuestos. El asunto es serio. Muy serio. En esas circunstancias se crea lo que llaman la conciencia revolucionaria.

Un año más tarde, en este 2011 de triste vigencia para muchos por las quiebras y despidos que se produjeron en cifras ingentes, y, del otro costado, de cimiento de esperanza para algunos esperanzados, entre los que me encuentro, la escena tendría que volver a repetirse, porque mi madre volvió a cumplir años y, aunque las mujeres son aficionadas a ocultar el dígito que define su tiempo vital, eso a lo que llamamos edad, no por ello perdonan la fiesta de las velas ni los cantos. Ni los regalos, claro, que todo hay que decirlo. Allí estaba mi sobrino, más o menos en el mismo lugar de la mesa del jardín de la casa de mis padres en Monte Lourido, provincia de Pontevedra, desde la que se divisaba el espectáculo de Playa América —nunca supe el porqué de ese nombre—, Monte Ferro y hasta Baiona. Digo divisaba porque con el paso del tiempo han crecido en las lindes unos árboles gigantescos, básicamente la especie odiada de los eucaliptos, que impiden, con alta indignación de mi madre, seguir contemplando el espectáculo que les llevó, a ella y a mi padre, pero sobre todo a ella, hace más de cincuenta años, a poner la primera piedra de aquella casa en la que pasé todos los veranos de mi juventud hasta que cumplí los veinticuatro años de edad, momento en el que me desplacé a Mallorca, con un título de abogado del Estado en mi carrera profesional y un acta de matrimonio en la vital.

Pues, como digo, allí estaba de nuevo mi sobrino. Algo más delgado y con una mirada que reflejaba una especie de resignación armada con preguntas sin respuesta, como los agnósticos que se dedican a formular demandas a Dios. Dos hijos suyos, de seis y cuatro años de edad, correteaban por los alrededores de la mesa. Acarició con su mano derecha el pelo castaño de uno de ellos. Contemplé la escena. Me pareció que en su mente, aunque sin excesivos perfiles de nitidez, mi sobrino se cuestionaba algo así como qué sería de esos niños el día de mañana, qué tipo de vida les tocaría vivir, adónde les llevaría el modelo que su tío —cuando menos supuestamente— y otros, sobre todo esos otros a los que su tío llama los del Sistema, diseñaron e implementaron y que a él le tocaba vivir/sufrir.

Consiguió sobrevivir al año 2010, si bien abandonando la ocupación propia de sus estudios para dedicarse a una labor altamente complicada y difícil en los tiempos que corren: vender pisos. Los bancos y las cajas de ahorros llegaron a tal exceso de financiación imprudente, a tal necesidad de colocar como fuera un dinero que les ardía en las manos —mejor sería decir en las cajas— que las viviendas sobrantes se desparramaban por los cuatro costados de nuestra geografía hispana, y conseguir venderlas a un precio decente —financieramente hablando— se transformaba en algo así como una heroicidad legionaria y por ello se retribuía a golpe de comisiones. Como a falta de pan buenas son tortas, mi sobrino tuvo que dedicarse a tal actividad y consiguió ciertos éxitos de ventas que le reportaron ingresos con los que sobrevivir. Eso, obviamente, no cercenaba las preguntas de rigor acerca del fracaso del Sistema, pero provocó, o, cuando menos, se tradujo en que no volviéramos sobre el asunto tratado el año anterior. Como me echaba parte de la culpa de su situación, esas ausencias de conversación, mejor sería decir de preguntas incómodas, podrían resultar agradables, porque a nadie le gusta que le echen una bronca existencial y menos si su culpabilidad es, en el mejor de los casos, relativa.

Un tipo de silencio más bien pastoso y denso cubrió el momento. Entre otras cosas, parece como si hubiéramos perdido las ganas de comentar, de charlar, de intercambiar opiniones, porque el panorama en este año en el que vivimos se convirtió en mucho más negro y sombrío, al menos desde ciertos puntos de vista, que el que nos ocupó el pasado año 2010 cuando mi sobrino decidió plantearme con descaro nuestra responsabilidad generacional y enfrentarme sin miramientos a ella. Una cuestión, la suya, aquella en la que aseguraba que algo habíamos hecho mal los de mi generación, que invadió una parte capital de mis reflexiones durante el año, porque de lo que no cabía duda alguna es de que el Sistema creado había fracasado.

Curioso, pero algunos todavía se resisten a admitir la verdad intrínseca de esta conclusión. Me refiero al fracaso global de lo que llamamos Sistema. Bueno, si tomamos en cuenta que los resistentes son fundamentalmente aquellos que viven del propio Sistema, entonces no resulta tan curioso, sino, más bien, inevitable. Porque esto es algo que ya he aprendido con meridiana claridad acerca del producto humano: solo vemos lo que queremos ver y solo oímos lo que nos interesa oír. Por ello, a pesar de la fuerza incontestable de eso que llamamos evidencias, algunos niegan la mayor, como si negando se consiguiera transformar la realidad o evitar que lo que es siga siendo, como dicen los místicos consumados.

Esta es quizá una de las experiencias más ilustrativas de mi vida y que muestra con irresistible contundencia que el hecho, en sí mismo no existe. Quiero decir, que no existe al ser integrado en la mente humana, porque no conseguimos consumir hechos sino las emociones con las que los tamizamos, deglutimos, fermentamos y nos apropiamos de ellos. En el fondo, eso de oír lo que nos interesa y proporcionar oídos sordos a lo que nos duele no es sino una manifestación del proceso constante de huida del dolor y búsqueda del placer. Aunque, curiosamente, esta actitud de escape acaba generando más dolor y sufrimiento que el que se trataba de cortocircuitar.

El hombre, por lo general, maneja mal la noción de dolor y no se da cuenta de que el verdadero dolor nace de la negación del hecho o de nuestra proyección a través de él. El ejemplo de la muerte de un ser querido es muy ilustrativo. La muerte es un hecho esencialmente neutro, como todos. El dolor deriva de las proyecciones mentales que nosotros, los que lo sentimos, ejecutamos sobre ese hecho. No nos duele el hecho de la muerte ajena, sino que nos dolemos en las consecuencias de la muerte proyectadas por nuestro pensamiento. Porque contemplamos sobre ese hecho de la muerte el pasado y nos duele saber que ya no volverá. Proyectamos el futuro y nos duele que ese futuro ya no se realizará como teníamos previsto. Nuestras proyecciones mentales son las que generan el dolor. Y en el fondo todo ello se complementa con el miedo a la soledad. Sentimos el dolor derivado del miedo a la soledad.

Y esto que funciona en el plano individual con la certeza —al menos en mi opinión— que acabo de describir actúa con idéntica esencia cuando se trata del cuerpo orgánico de una sociedad dominada por un Sistema. Y, por ejemplo, el fracaso rotundo del Sistema genera el dolor del miedo al futuro y la angustia del presente.

¿Acaso exagero cuando digo que el Sistema ha fracasado? Pues sinceramente creo que no. Yo tengo claro que el Derecho ha sustituido a la fuerza como modo de organizar la convivencia, pero eso de ajustarse necesariamente a la Ley, y solo a la Ley, a algunos les parece demasiado pesado, excesivamente ineficiente... Por ello, desgraciadamente, esos algunos utilizan el Derecho vaciándolo de sus esencias, reconduciéndolo al papel de un mero instrumento político al servicio del poder, de cualquier forma de poder, pero sobre todo del Poder con mayúsculas, que es el político, alejándolo de su verdadera misión. Claro que algo tan destructivo debe hacerse de manera que la gente no se dé demasiada cuenta de lo que sucede, que no lo perciba como abuso o negación de una conquista histórica, pero esta premisa es algo más o menos resuelto con el manejo de los medios de comunicación social. Por eso escribí en mi libro *Cosas del camino* que «cuando la democracia descubrió el poder de la inducción se convirtió en Sistema».

Pero en el pecado está la penitencia y su derivada se traduce en que la credibilidad de los medios tradicionales de comunicación se encuentra bajo mínimos. En España el ejemplo más paradigmático es *El País,* un diario que tuvo —y la usó en diferentes campos— una influencia brutal, sin duda en determinados momentos excesiva, que fue capaz de condicionar hasta nombramientos de gobiernos y con total certeza resoluciones judiciales, incluso en el campo penal. Hoy ni siquiera se parece a lo que fue, aunque su epidermis no refleje lo que sucede en su mundo subcutáneo. Para mí el ejemplo más evidente de cuanto digo es el caso del juez Garzón, en cuya defensa —por motivos que no todos conocen— ese diario y sus derivadas mediáticas han consumido una cantidad de energía inconmensurable, desproporcionada, brutal, casi inconcebible. De no ser, claro, porque *El País* todo lo traduce en términos de poder: acostumbrado a ganar, no midió sus fuerzas, no se dio cuenta de que ya-no-es-lo-mismo. En la defensa descomunal, y en la que traspasó a mi juicio fronteras que debieron ser infranqueables, no solo se encuentra una cuestión de vanidad, pero también de eso hay, porque vanidad y poder suelen ser pareja de hecho indestructible. Tal vez por ello, y de manera tan ácida que para sus mentores y deudos habría resultado inconcebible, ese juez tiene hoy tres procesos penales abiertos, y según los entendidos es más que posible que en todos o en alguno de ellos se dicte sentencia que se traduzca en su pérdida de la carrera judicial. Garzón, de producirse el hecho, habrá perdido la carrera —cuya dimensión mediática trabajó en ocasiones de proyección mediática atendiendo más al periódico que al código—, pero el Grupo Prisa, en tal caso, habrá constatado la demolición de su influencia. Y no solo por culpa propia, por pecados variados de soberbia y vanidad, entre otros, sino, sobre todo, porque la sociedad ha cambiado. Y cuando debes cuatro mil millones de euros, este asunto es más bien serio de mucha seriedad.

De ahí deriva el ascenso de otros centros de información que pronuncian las cosas de manera más inteligible, como es el caso de Intereconomía, en donde, cuestiones de excesos verbales aparte, se cuenta, relata y explica lo que los demás se niegan a propagar. Algunos hablan de «fenómeno social» para caracterizar el incremento de la audiencia de este grupo de comunicación. Se necesitaba alguien despierto dispuesto a despertar. Los sufíes lo dijeron muy claro: «Un hombre dormido no puede despertar a un hombre dormido». Así que como los «despiertos» no estaban por la labor de despertar a otros —no vaya a ser que los despiertos se den mejor cuenta de lo que pasa—, el resultado era una sociedad dormida o como mínimo adormilada. Y en este sopor social la responsabilidad de los medios ha sido decisiva. Y por ello, cuando han aparecido nuevos instrumentos informativos —no siempre exactos— en el horizonte, como es el caso de las redes sociales, blogs, informativos digitales, se comienza por un desperezamiento, se fija algo más la atención, se empieza a comprender y —esperemos— se piensa en actuar en defensa de uno mismo.

Pero, dejando ahora de lado esta característica de nuestro país, lo cierto es que con el Derecho se diseñan e implementan las instituciones. Es decir, todo el entramado convivencial en el que nos movemos es un producto jurídico.

Me parece que sucedió en una de mis conversaciones en el Seminario de Derecho Romano de la Universidad de Deusto. Yo contaba diecisiete años y era alumno de primero de Derecho en aquella universidad de los jesuitas. En aquellos años en los que se coció mucho del caldo de mi mundo intelectual, me di cuenta de que, al dejar el bachillerato y entrar en una carrera universitaria, una palabra aparece por doquier, te la encuentras por todos sitios, desde los títulos de libros y artículos jurídicos o políticos, hasta casi en el manejo de organizaciones deportivas. Me refiero a la palabra «institución».

Allí estaba el padre Churruca, quien posteriormente abandonó el mundo jesuítico y de quien no he vuelto a saber en mi vida. Mi padre, el de verdad, el de sangre, mi progenitor, vamos, me había regalado un libro de dos autores alemanes, que decían ser el mejor de todos los que sobre Derecho Romano se habían producido. Creo que se llamaban Paul Jörs y Wolfang Kunkel. Eso de ponerte a estudiar Derecho Romano explicado por un par de autores alemanes de toda alemanidad tiene ironía, pero en fin. El libro se titulaba *Instituciones de Derecho Romano*. Y como esa palabrita aparecía por todos sitios, me atreví a acercarme a la mesa del miembro de la cuestionada orden que cuidaba el seminario y en voz muy baja le dije:

—Padre Churruca, ¿puedo hacerle una pregunta?

Giró la cabeza hacia su izquierda, pero no levantó su mirada para encontrarse con la mía, sino que simplemente asintió en un levísimo movimiento, porque los sacerdotes y los bien educados, según mandan los cánones, no se agitan en movimientos bruscos, sino leves, sutiles, suaves. Aunque los movimientos más bruscos y brutales los he visto en salones de alta educación. Quizá exagero cuando digo que eran los más brutales, pero desde luego no se trataba de los más sutiles. Dicen que es por las copas. Pues un señor, me explicaba mi padre, se demuestra con el vino más que con otra cosa. Evidentemente, el padre Churruca ni había bebido ni en ello estaba. A la vista de esa forma de responderme afirmativamente a mi pregunta, le dije:

—Es que quisiera saber qué es exactamente una institución.

Entonces sí que me miró de modo abierto, no descarado pero firme. ¿Sonrisa? No recuerdo el gesto como tal sonrisa, pero desde luego si hubiera sido gallego creo que habría dicho que en su mirada almacenaba algo de sorna. Pero era vasco y todavía no me consideraba ducho en los pilares del alma de esas tierras del norte castellano.

Lo cierto es que no me contestó, pero gesticuló como diciendo casi algo así:

—Eso quisiera saber yo.

Pues para entendernos, por lo menos en este libro, diré que a estas alturas de mi vida creo que las instituciones son mecanismos de orden social, piezas con las que regular la vida en sociedad. Más o menos. Y como tal, claro, son un producto jurídico. Pero una vez aprobada la Ley, la norma con la que se edifica la institución, para que las cosas funcionen, para que, como decía una vieja canción, pasemos de la niñez a los asuntos, se necesita la confianza de los ciudadanos en que esa institución está bien diseñada y actúa de modo adecuado.

Un ejemplo: el Tribunal Supremo. No es solo la Ley que lo crea, ni los edificios que lo albergan, ni los magistrados que lo componen, ni los papeles en los que se contienen los sumarios y demás procedimientos —por cierto, papeles o soportes magnéticos—.

Todo eso es la parte exterior, la carcasa, si se quiere, de la institución. Pero para que sea realmente un Tribunal Supremo, en cuanto institución reguladora de la convivencia, es necesario que la gente confíe en él, que crea que administra de verdad justicia, que tenga un grado de consenso mínimo acerca de que la mayoría de sus decisiones son justas, adoptadas con criterios legales, que respetan a esa supuestamente intocable diosa Justicia, la de la balanza en la mano y el trapo en los ojos. Esa confianza es el verdadero soporte, es lo que transforma una norma, un edificio, unos hombres y unos papeles en una institución. Diría que es el alma de la institución lo que la convierte en tal. Precisamente por ello cuando se quiebra la confianza en las instituciones se produce la demolición o el fracaso del Sistema.

Y una de las características de nuestro tiempo es, precisamente, que esa confianza se ha quebrado respecto de muchas instituciones, y se ha quebrantado, despedazado contra la vivencia diaria, contra la realidad de cada día, y todo ello de un modo difícilmente recuperable sin cambios auténticamente profundos.

No creo exagerar. No quiero navegar a favor de corriente, por mucho que me parezca que lo que sucede, además de que tiene que ocurrir, presenta aspectos realmente positivos si sabemos mirarlo con los ojos de quienes queremos un modelo de vida mejor y desde luego distinto al que tenemos entre nosotros. Y no solo hoy, sino desde hace mucho tiempo, aunque hoy lo sufran muchos y eso lo transforme en más evidente. Pero la semilla que nos ha conducido aquí fue plantada hace muchos años. Y ya sabemos que el árbol existe en la semilla, como dicen los ocultistas, y para ser tal, para nacer y vivir en cuanto árbol, solo necesita tierra, agua y sol. Pues de esa tierra, de esa singular agua y de ese especial sol hemos tenido en abundancia incontrolada en los últimos veinte años, y por ello las semillas sembradas por el Sistema han crecido con tanta fuerza, con singular eficacia demoledora de una convivencia ordenada.

¿Exagero? Esta conversación la he mantenido varias veces, no una ni dos, sino decenas, porque es algo que preocupa seriamente a muchas de las personas con las que me relaciono. Y mi tesis frente a ellas es siempre la misma:

—Para que las cosas funcionen necesitamos tener confianza en tres puntos capitales: en las leyes, en su ejecución y en la información. Necesitamos creer que las leyes son justas y responden a deseos de mejorar la convivencia. Es imprescindible que pensemos que los que las ejecutan, esto es, los que administran Justicia, los llamados jueces o magistrados, son personas imparciales y objetivas, respetuosas con el papel capital del Derecho. Y vivimos, necesitamos vivir, creyendo que la información de lo que sucede, de lo que ocurre a diario, suministrada por los llamados medios de comunicación social, es igualmente una información objetiva y no manipulada ni sesgada por motivos económicos, políticos o de otra especie, que todo cabe en el mundo de lo espurio.

—De acuerdo, pero ¿no es eso lo que sucede en la sociedad española? —me preguntó Javier, estudiante del último curso de Ciencias Políticas, y persona muy bien formada, por lo que comprobé en un encuentro que mantuvimos de modo casual en A Cerca, adonde se acercó sin previo aviso para que le firmara mi libro *Los días de gloria.*

—La mejor forma, quizá la única, de saberlo son las encuestas de opinión, las que miden el estado de opinión de la sociedad española.

—No sé si debemos fiarnos mucho de las encuestas a la vista de los fallos que se cometen.

—Te refieres a las electorales —respondí—. Es verdad que fallan, pero eso tiene explicaciones más o menos técnicas que no son de este momento. Pero las de estado de opinión suelen ser, dentro de lo que cabe, bastante exactas. Además no tenemos otro modo mejor de saber qué piensan los españoles sobre asuntos generales.

Me suelen responder con un asentimiento, admitiendo que esto que digo tiene, cuando menos, suficientes dosis de veracidad como para formar parte de una discusión. Por ello suelo continuar.

—Bueno, admitido.

—Pues, para los españoles, uno de los problemas más importantes lo constituyen, precisamente, los políticos y los partidos políticos. Es decir, aquellos que teóricamente al menos están encargados de hacer las leyes. Porque de los partidos salen los parlamentarios y estos son los que tramitan y aprueban los proyectos de ley que les manda el Gobierno, y el Ejecutivo, esto es, los que gobiernan, son derivados de los propios partidos. Así que primer punto: quiebra de la confianza en uno de los pilares sustanciales.

—Hombre, desconfiar de los partidos y los políticos no es lo mismo que rechazar, que desconfiar de las leyes.

—No es exactamente lo mismo, pero parecido, porque si no confío en quien me hace la casa, en el arquitecto, me costará vivir con tranquilidad bajo su techo.

—En ese sentido...

—Bien, ahora vamos al siguiente: ¿acaso los españoles confían en la Justicia? Ahí tenemos las encuestas. Obviamente, no. ¿Por qué no? Pues evidentemente porque han transmitido en demasiadas ocasiones la imagen de que cuando de asuntos políticos o con consecuencias políticas se trata, los jueces o magistrados —al menos ciertos jueces y magistrados— parecen convertir al Derecho en un instrumento al servicio de la finalidad perseguida por el poder.

—Es muy fuerte lo que dices.

—Sin duda. Será todo lo fuerte que se quiera, pero lo malo, lo verdaderamente catastrófico es que sea verdad y no solo imagen. Es decir, lo peor no es que lo piensen los españoles, sino que eso que piensan según las encuestas sea lo que sucede en la realidad.

—Bueno, pero tus juicios pueden estar influidos por tu experiencia con la Justicia.

Esta es una afirmación que puede resultar algo irritante, pero tiene sentido, y lo cierto es que solo se atreven a decírmelo a la cara mis verdaderos amigos. Los otros, los no tan auténticos, prefieren el camino de la espalda, que suele ser menos comprometido, aunque a la larga es más costoso.

—Claro, es inevitable, pero tener experiencia es tener información. Yo suelo decir que lo malo mío es que hablo desde la experiencia. Cuando la inmensa mayoría de las personas se dedican a comentar cómo funcionan los medios de comunicación, o las instituciones financieras, o los órganos encargados de administrar Justicia, o cómo son las relaciones entre los financieros y los políticos, o entre estos y los medios de comunicación, en fin, acerca de cómo verdaderamente funciona el sistema de poder que tenemos encima de nosotros, lo hacen desde una llamada información suministrada por terceros. Y no puede ser de otro modo porque sobre banca no suelen hablar los banqueros, o si lo hacen no es precisamente para relatar cómo funcionan de verdad sus centros de préstamos y ahorros, sino, más bien, para ofrecer una imagen idílica de la función social del banquero. Lo mismo sucede cuando de medios de comunicación social se habla. O de los políticos en su verdadera dimensión.

—De acuerdo en que la experiencia es información, pero somos seres emocionales y esas experiencias negativas pueden deformar juicios personales, ¿o no?

—Pueden, pero depende de cada uno. Por eso a tales sucesos que afectan a tu vida tienes que darles distancia temporal y hasta personal, precisamente para cortocircuitar esas influencias derivadas de lo negativo de una experiencia. Pero en todo caso hay hechos. Y esos son innegables. Yo sé cómo funciona la presidencia de un banco. Yo conozco quién llama al teléfono y qué cosas son las que se debaten y piden. Yo he experimentado las relaciones entre el presidente de uno de los bancos más importantes de España y los medios de comunicación social, y los ministros, y los presidentes de todas las instituciones del Estado. Conozco de qué se habla, qué se dice, cómo se justifican las decisiones, el papel que toma esa llamada «razón de Estado» que, como he escrito muchas veces y no me voy a cansar de hacerlo, es casi siempre una razón de gobernante con componentes muy cercanos, cuando no de genética incuestionable, a lo meramente espurio.

—Que sí, que todo eso es verdad, pero tu experiencia de la banca puede estar condicionada por el hecho de que te quitaran violentamente el banco, y la de la Justicia por lo que te ha sucedido. ¿No es lógico pensar que eso pueda afectar a la serenidad de tu juicio?

No es impertinencia. Es algo bastante normal. No es fácil sustraerse a los costes emocionales de esas experiencias. No es sencillo evitar los desperfectos internos de sentir semejante brutalidad. Pero trabajando se consigue. Por eso no me molestan las preguntas de este porte. Al contrario, las agradezco.

—Soy consciente de que muchos de los que componen este entramado de poder al que llamo Sistema, y algunos, quizá también muchos, influenciados por las terminales mediáticas que forman parte sustancial del propio Sistema, dirán que mis opiniones y juicios están influenciados por mi propio avatar personal y que se emiten con un propósito exculpatorio o cuando menos de justificación.

—Eso es lo que digo.

—Pues nada más lejos de la realidad. Sencillamente, porque no tengo la menor intención —menos aún necesidad— de ser exculpado de nada ni de justificarme ante nadie que no sean aquellos que me han acompañado en mi peripecia vital y a los que debo el respeto que merece su propia dignidad. Pero lo más importante es que a estas alturas de la vida, visto lo visto y vivido lo vivido, los que no quieren oír ni entender son aquellos a quienes la verdad no les conviene. Se trata de un puro asunto de conveniencia. De intereses. Cuando la verdad no te interesa, la ignoras, mientras puedes, claro. Ya lo dije antes.

En estos casos en los que el diálogo camina por los senderos en los que me veía envuelto, tenía que poner ejemplos con manzanas para que se percibiera de manera más clara mi modo de aproximarme a esa realidad que constituye mi experiencia. A mi interlocutor, porque solía hablar de persona a persona, le pedía permiso, y cuando me lo concedía me ponía manos a la obra de relatar una parte de esa experiencia mía personal e intransferible.

—Permíteme, por favor, un simple *excursus* personal. Perdona si me extiendo un poco, pero conviene prestar atención porque tiene interés. En la primera de mis condenas, en la llamada Argentia Trust, en la que se me condenó por «apropiarme» de seiscientos millones de pesetas, pude demostrar, gracias a la Justicia suiza y a pesar de los obstáculos que pusieron las instancias judiciales españolas, que esos dineros se quedaron en diferentes bolsillos, pero desde luego no en los míos, a pesar de lo cual nadie quiso mover ni un solo dedo para reparar el desperfecto causado.

—Hombre, después del lío mediático y judicial que montaron, dar marcha atrás habría sido un escándalo monstruoso, ¿o no?

—Claro, porque los españoles somos expertos en el arte de confeccionar excusas y hasta de disfrazarlas de razones, pero conviene no olvidar un dato interesante: uno de los que aparecieron cobrando parte de ese dinero era un miembro del Consejo de Administración de la empresa editora de *El País,* periódico que publicó en portada esa apropiación mía, sabiendo, como sabía, que era un dato falso de toda falsedad, entre otras razones porque el muñidor de todo y perceptor de buena parte de los dineros era y es un colaborador distinguido del diario de Prisa, hoy en una situación financiera y política más bien complicada. Por cierto, gracias a esa sentencia me arrebataron tres cuadros. Uno de Picasso, otro de Braque y un tercero de Juan Gris. Pues bien, este último se expone en el Reina Sofía de Madrid. Cosas de la vida: ese cuadro cubista tardío de José Victoriano González-Pérez, alias Juan Gris, se ha convertido en monumento a una de las sentencias de la Audiencia Nacional que más oprobio arrojarán sobre ese tribunal, máxime por tratarse del *opus magnum* del abogado vigués Pérez Mariño, convertido en juez político por decisión del PSOE, avalado, soportado y quizá espoleado por Siro García, hoy miembro del Supremo aunque no sé si jubilado.

—Pero, vamos a ver, ¿quieres decir que sabían que condenaban sin pruebas de la apropiación?

—Para mí no hay duda de que eran conscientes, medios y jueces, fiscal Gordillo incluido, de que condenaron sin pruebas terminantes de que ese dinero estuviera directa o indirectamente en mis bolsillos. Ni un solo papel lo acredita. Ni un testigo lo declara.

Nada. Posteriormente las pruebas enviadas por la Justicia suiza evidenciaron que la realidad no tenía que ver con sus hechos declarados probados en su sentencia.

Reconozco que estas conversaciones me resultan muy cansinas. Afortunadamente, ya hace algún tiempo que no se producen, seguramente debido a la desconfianza en la Justicia que albergan muchos españoles, de modo que no les extraña, sino más bien lo contrario, que en casos como el mío haya podido funcionar una maquinaria no estrictamente apegada a la letra de la Ley, sino a una interpretación forzada por motivaciones políticas. Y eso que son muchos los que no saben que en la segunda de las condenas, la de 2002, 29 de julio, el Estado español ha tenido que pasar por la vergüenza formal de ver cómo el Comité de Derechos Humanos de la ONU anulaba por violación de derechos humanos la sentencia dictada contra mí por —entre otros— la mano agradecida de Martín Pallín, habitual firmante en el diario *El País* de lo que haya que firmar, al servicio de la causa.

Claro que se dieron dos circunstancias adicionales: la primera, que los medios de comunicación social que con tanto desparpajo airearon las condenas se dedicaron al arte de silenciar su anulación por el citado Comité. Y, además, y esto es todavía más grave, el Estado español, que firmó el Convenio de Derechos Civiles y Políticos de 1961 y, por ello mismo, se obligó a cumplir las resoluciones del Comité de Derechos Humanos, sencillamente rehúsa hacerlo en mi caso, apelando para ello al esperpento jurídico o a la simple desfachatez. Pero da igual. Supongo que algún día tendremos en puestos de responsabilidad a personas dotadas de una estructura moral que les lleve a no consentir que se perpetúen situaciones como esta.

A fuer de verdad, me gustaría que alguien dedicara energías a desvelar lo que ha sucedido en el seno de la Justicia en los casos políticos que hemos vivido en España. No solo en el Banesto, claro, sino en algunos otros más que servirían para evidenciar cuanto digo.

—¿Cómo lo harías? —me preguntó César Mora cuando le avancé en una de nuestras conversaciones esta idea.

—Quizá con un equipo de juristas de diferente signo pero respetuosos con el Derecho. Asumo que es difícil porque semejante investigación tropezaría con la enemiga de los partidos, puesto que los desperfectos son consecuencia del funcionamiento del Sistema.

—¿Con qué fin? ¿Acusarles penalmente?

—No, por supuesto que no se buscarían responsabilidades penales o administrativas para nadie porque funcionaría en su favor eso que los juristas llamamos prescripción extintiva y no podrían ser procesal y penalmente perseguidos en el caso de que se pudieran probar delitos, claro. Pero eso no es todo en esta vida.

—Entonces, ¿qué buscas?

—Pues algo tan concreto como disponer de la certeza, si se puede probar, de que ciertos jueces y políticos en activo han sido capaces, por los efectos para ellos derivados, para sus vidas o haciendas, para sus privilegios o confort, de aceptar que alguna decisión la reclamaba la razón de Estado, cuando eran perfectamente conscientes de que se trataba de puros y duros intereses de gobernante. Pero el asunto va más allá incluso de nombres y apellidos concretos, juzgadores, instigadores o juzgados. Es algo que afecta a la comprensión de la necesidad profunda de cambio del modelo. La Administración de Justicia es sencillamente decisiva. Y en su correcto funcionamiento nos jugamos mucho y desvelar sus patologías me parece crucial.

Creo que siendo objetivo en el análisis de los hechos se puede decir sin escándalo que ese es el modo de proceder del Sistema en la Historia cuando de preservar su propio poder se trata. Utiliza a la Justicia, al menos a la parte humana de ella que consiente en ser utilizada —que desde luego no son todos los activos personales— para sentenciar a personas, para condenarlas, para enviarlas a prisión con el fin de que no resistan, porque el poder sabe que la prisión, con sus destrozos emocionales, es capaz de matar, como se ha visto con más ejemplos de los deseables. Y si el sujeto en cuestión por lo que sea resiste, entonces ponen en marcha el anatema de decir: fulano es un condenado. Les importa tres pepinos morales y físicos la conciencia de que la condena se esculpió para esos fines.

Es posible que incluso existieran parcelas de culpabilidad penal, pero la razón de la condena no residía en ellas, sino en un acto de servicio a esa razón de Estado. Incluso más: aunque se ha cumplido la pena y pagado la inexistente culpa, se pasan por el arco del triunfo el mandato constitucional de la reinserción social. Pero es que resulta perfectamente posible que una persona sea capaz de pagar sus culpas y posteriormente desempeñar una labor beneficiosa para la sociedad, mucho más, desde luego, que los que se aprovechan de una endogamia en el acceso al poder para tener como mejor objetivo último el perpetuarse y, por si acaso, almacenar recursos económicos, obtenidos por procedimientos de sobra conocidos, para poder vivir sin saber hacer algo más que una casi pura nada.

He escrito que quien no ha sufrido no debería ejercer poder sobre los demás. Y en la construcción endogámica de nuestra clase política, y en el modo de comportarse en el ejercicio del poder de buena parte de ella, aunque no en su totalidad, solo hay algo capaz de causarles verdadero sufrimiento: la probabilidad de perderlo. Si eso vislumbran, no tienen límites. Lo estamos viendo y, si algo no hacemos, algo serio y profundo, lo seguiremos viviendo. Y sufriendo.

En el fondo es muy normal semejante comportamiento. No refleja patología alguna, sino el modo habitual de producirse ese poder, porque si la utilización del Derecho se ejecutó con pretensiones aniquiladoras del sujeto, es normal que quieran llevar su propósito hasta las últimas consecuencias. Lo sabemos y no nos irrita, aunque, lo reconozco, nos gustaría que algún día los nombres de los violadores del Derecho salieran a la luz pública llevando al costado de sus nombres los hechos en los que consumaron sus violaciones. Alguien puede decir que este pensamiento mío es deseo de venganza, ese que niego en casi todas mis intervenciones públicas. Pues se equivoca. Es solo justicia. Nada más. Las víctimas del terror no solo son las que caen en manos de asesinos de organizaciones terroristas. Existe, sin la menor duda, una suerte de terror de Estado y su más sutil exponente reside en instrumentalizar el Derecho, la Ley y la Justicia al servicio de esos intereses. Ya sé que desde siempre el poder ha actuado así. Pero también sé que desde siempre algunos luchan por cambiar las cosas. También asumo que mientras no cambiemos al hombre lo tendremos muy difícil. Soy consciente de que el problema fundamental reside en la educación. Lo sé. Pero hay que comenzar paso a paso.

El problema es que cuando en la conciencia colectiva se crea una masa crítica suficiente en torno a un asunto, no hay manera de que cambie. O para ser más preciso: el cambio reclama mucho tiempo y paciencia, además de componentes claros y rotundos de eso que llaman «percusión», es decir, repetir las cosas una, otra y otra vez, y así sucesivamente camino del infinito.

Por ejemplo, uno de los casos más ruidosos del panorama político-judicial español del momento, el llamado caso Faisán. Sobre el papel es muy feo: unos mandos policiales, seguramente siguiendo las órdenes de los políticos, filtraron a unos miembros de ETA —o colaboradores directos, que es lo mismo— que estaban siendo espiados por la policía española, con el fin de que se abstuvieran de hacer movimientos que pudieran llevarles a ser detenidos.

Sobre el papel esta actitud resulta incomprensible, porque ¿cómo es posible que un policía que persigue a ETA pueda convertirse en colaborador de la banda? ¿Hay dinero por en medio? Pues no, no hay dinero. ¿Entonces? Pues porque en aquellos días la ingenuidad —quiero suponer— de Zapatero, presidente del Gobierno español, le llevó a creer que con la banda se podía negociar de modo abierto y obtuvo ni más ni menos que una especie de autorización parlamentaria. Y estaban en conversaciones cuando se produjo la filtración. Así que el propósito era claro: que no los detengan —a los etarras, claro— porque entonces se estropician las negociaciones en marcha.

Lo malo es que el asunto llegó a la vía judicial. Entonces se dio la paradoja de que un fiscal, dicen que siguiendo instrucciones superiores, decidió que en ese sitio no había delito...Y un juez, Garzón, se puso en marcha con el fin de... archivar el caso. Pero el juez tuvo que dejar el puesto por eso de los asuntos judiciales que tiene pendientes, porque le suspendieron en las funciones de juez, de modo que el caso aterrizó en otro de los Juzgados de la nunca bien conocida en sus interioridades —y por eso de valoración poco ajustada a lo real— Audiencia Nacional. Y resulta que ese juez ve posible delito donde el otro solo contemplaba bondad. Cosas del Derecho en su máxima flexibilidad, que dicen algunos...

Y *El País,* el diario, en ejercicio de sus funciones de poder, pone a otro juez —no hace falta ser un lince para saber que se trata de Martín Pallín— al servicio de escribir artículos diciendo que eso no solo no es delito, sino que es una maravilla, y lisonjas del estilo, porque todo se hace en servicio de la paz. Bien, pues en los días finales de julio resulta que el presidente de la Audiencia Nacional, el magistrado Gómez Bermúdez, toma una decisión insólita: le quita la competencia para juzgar el caso a la sala que lo lleva y convoca a un pleno para que decida. ¿Decida qué? Pues si para incurrir en delito de colaboración con banda armada hace falta participar de los fines de la banda, es decir, sentir como suyos los postulados ideológicos de la organización. Ya sé que suena a broma: si un mercenario cobra por matar a las órdenes de ETA, lo de menos es que sienta la independencia de Euskal Herria como una aspiración interior. Lo que importa es que mata y cobra, y matar es la forma más dramática de colaborar con el terrorismo.

Pero no es ese el asunto. Ni siquiera que, a mi juicio y con las reservas de conocer el caso desde lejos, esa decisión altera el principio del Juez Natural, que es básico en el Derecho actual. Pero lo que me importa ahora es lo siguiente: ¿cómo ve la opinión pública esa decisión?

Casualmente en estos días ha estado pasando algo más de veinticuatro horas con nosotros en A Cerca José Luis Mazón, que fue el abogado que consiguió ganar el proceso ante el Comité de Derechos Humanos y anular la sentencia que contra mí dictó, como ponente, el magistrado Martín Pallín. Es hombre inteligente y polémico —me refiero a Mazón—, capaz de actuar con gigantesca valentía en todas las direcciones posibles, incluso en algunas que no comparto en absoluto y que le han traído problemas serios en su lugar de residencia. Consiguió, hecho increíble, que el Tribunal Supremo condenara a los magistrados del Constitucional en vía civil a pagar una indemnización por actuar malamente con retrasos y cosas así al resolver recursos de amparo. El cabreo de los del Constitucional fue comprensible. Al final, lo arreglaron como se arreglan estas cosas: creo que consiguieron una Ley para que semejante situación no pudiera darse en el futuro. Es decir, se blindan, que es lo que está de moda en la clase política y derivadas. Como son los que hacen las leyes, ante un problema tal se diseña y aprueba una ley de blindaje y ya está. En cuanto cunda el abuso eso traerá consecuencias malas, pero, insisto, no se ve más que lo que se quiere ver y se oye lo que se quiere oír.

Mazón es hombre que se mueve bien y que, como proviene de la izquierda, aunque no admite que nadie le sitúe en ningún cliché al uso, tiene contactos en muchos sitios. Hablamos de muchas cosas. Por ejemplo, sostiene la teoría de que a la Humanidad le queda muy poco tiempo. Es conocedor de las tesis de James Lovelock, de origen británico, famoso por su Hipótesis Gaia. Mazón sostiene que la Humanidad está condenada a desaparecer, si bien en esta forma física en la que nos encontramos en la actualidad.

—Hombre, José Luis, así visto está claro. Nada puede ser eterno en la manifestación corporal. Solo el espíritu. Así que decir que la tierra desaparecerá algún día es jugar con una probabilidad matemática próxima a la certeza.

—Ya, pero no es eso lo que digo —me contestó.

—¿Entonces?

—La clave consiste en que yo creo que a la Humanidad le quedan unos cincuenta años a lo sumo. La Tierra ha envejecido. No fue concebida para tener más de seis mil millones de seres humanos encima. Así que queda poco tiempo.

—¿Y?

—Pues que eso no quiere decir que como tal la Humanidad desaparezca, queda la esencia, el costado espiritual, y se supone que se localizará en alguna otra parte del Universo.

—Eso mismo dice Lola, la astrofísica —terció María.

—¿Quién? —preguntó incisivo Mazón.

—La mujer de César Pérez de Tudela, el alpinista, que conocimos en un encuentro en Lillo organizado por Jaime Alonso. Cree lo mismo, que esto se acaba. Ella no pone plazo, pero hay que ir buscando otros asentamientos humanos.

—Sí —concluyó Mazón—, pero mientras eso llega hay cosas importantes que tenemos que hacer.

—Eso digo yo —rematé con mucho énfasis para que me notara bien—, y, entre esas cosas que nos quedan por hacer, se encuentra la reforma de la Justicia. ¿Qué se opina por ahí de la decisión de Gómez Bermúdez de quitar el caso a la Sala y llevarlo al Pleno?

—¿Te refieres al Faisán?

—Sí, claro.

—Pues nada. Se piensa que está a las órdenes de Rubalcaba y ya está. Y trata de arrancar el asunto de la Audiencia, mandarlo a un juzgado, que no se catalogue como caso de terrorismo y que no le afecte al candidato del PSOE.

—¿Eso lo piensan muchos?

—Hombre, yo creo que es generalizado.

Eso es lo malo. Cuando la conciencia general descarta desde el primer momento que pueda tratarse de una decisión jurídica, más o menos ajustada a Derecho, pero jurídica al fin y al cabo, y decide que cualquiera de esas decisiones judiciales son sencillamente órdenes políticas y los jueces servidores de quienes mandan, hemos terminado con el alma de la Justicia.

Y en el caso del presidente de la Sala de lo Penal todavía tiene más inri el asunto porque el PP hizo ingentes esfuerzos para conseguir su nombramiento como tal presidente de Sala.

Lo cierto es que la sentencia del 11-M dictada por el presidente de Sala —necesitaba ese puesto para ser ponente— no cumplió las expectativas del PP porque no atribuyó a ETA la autoría, ni física, ni moral ni intelectual, ni siquiera el estatuto menor de colaborador, en ese monstruoso atentado. Así que los del PP se sintieron estafados. Y en este país se puede vivir protegido por un partido y atacado por otro, pero, si te atacan los dos, la cosa está clara: prisión.

Esto es lo trágico. Que en casos tan graves como este, la percepción pública sea de politización total y absoluta de la Justicia. El alma de lo justo parece muerta en la conciencia ciudadana. Y eso es mal asunto. Muy malo.

Pero es que hay más, mucho más. Y este mucho más es la pura y dura realidad, el comprobar con hechos cómo están funcionando las cosas en nuestro país. Es claro que en momentos de bonanza en los que todo el mundo vive encandilado con un artificial bienestar, la capacidad de prestar oídos serios y no sordos a los acontecimientos más o menos subterráneos disminuye de modo exponencial. Pero cuando hemos conocido el desastre del modelo, las cosas se perciben de diferente manera.

Porque no es excesiva la utilización de la palabra «fracaso» para caracterizar la situación actual. En mi forma de ver las cosas, un país capaz de crear casi cinco millones de parados, con un millón y medio de familias que no obtienen ingresos en ninguno de sus miembros, y con un 40 por ciento, casi 50, de paro juvenil, es un país fracasado. Por sí solos estos datos son suficientes, o cuando menos me lo parecen. Y es que dentro del contexto de Occidente resultan insólitos. Al menos dentro de la llamada Unión Europea, que cada día parece más débil en cuanto Unión, a pesar de los dineros que se ponen encima de la mesa para tratar de cementarla. Dineros artificiales, por otro lado, que fundamentalmente contribuyen a desplazar carga a generaciones futuras.

Esta misma mañana de agosto, que, por cierto, se presentó algo lluviosa después de mucho tiempo de ausencia, demasiado para estas tierras gallegas, leía los últimos datos de desempleo. En la zona euro se mantuvo estable en un nivel del 9,9 por ciento. En España superábamos el 21 por ciento. ¿Por qué Austria con su 4 por ciento de desempleo, los Países Bajos, que ostentan un 4,1, o Luxemburgo, que no sobrepasa el 4,5, tienen que mantener una distancia tan sideral con España en un asunto que afecta de modo directo e inmediato a los cimientos de la convivencia social? ¿Qué especie de maldición bíblica tenemos que soportar los españoles para que en un asunto tan capital nos sintamos tan tristemente inferiores a otros? ¿Es que llevamos en nuestro ADN algún mensaje, alguna fórmula bioquímica secreta que nos impide normalizar unas relaciones convivenciales del modo en que otros lo consiguen? ¿Es acaso la maldición del Sur? ¿No ha sido el Mediterráneo cuna de cultura? En fin, que no me resigno a aceptar semejante destino de inferioridad. Ahora, sigamos con nuestro relato. Tiempo hay —y páginas libres quedan— para abordar las cuestiones esenciales.

Quizá el caso Bildu, que ha conmocionado a buena parte de la sociedad española, por el cual personas directa o indirectamente, cuando menos emocionalmente, vinculadas a la organización etarra ocupan importantes parcelas de poder en el País Vasco, singularmente en Guipúzcoa, ha contribuido de modo muy decisivo a abrir los ojos a muchas personas. Mi mujer actual, María Pérez-Ugena, con quien contraje matrimonio años después del fallecimiento de Lourdes Arroyo, es profesora titular de Derecho Constitucional, y uno de los presidentes del Tribunal Constitucional, Manuel Jiménez de Parga, fue el director de su tesis doctoral. Quizá por ello, además de por su prudencia congénita, se dirigía a mí en tono no propiamente recriminatorio, pero sí inquisitivo, cuando hurgaba en una sentencia que me resultó algo más que un despropósito.

Evidentemente, a ella tampoco le gusta el resultado de que personas así se sienten en centros de poder, como sin duda lo son la Alcaldía de San Sebastián y la Diputación General de Guipúzcoa, pero, como jurista y profesora, precisamente de esa rama del Derecho —¿de la política?— que llaman Constitucional, quería ser exquisita y prudente en la crítica a la sentencia que yo efectuaba en televisión y en colaboraciones escritas de manera implacable.

—Hay que tener en cuenta que es un asunto de pruebas —decía María— y que, cuando el tema es limitar derechos fundamentales, el rigor en la prueba es decisivo.

Tiene razón. Se trate de Bildu o de quien sea. Pero teníamos un dato previo ciertamente brutal. El presidente del PNV declaró ante la prensa que si el Gobierno no obligaba —más o menos— al Tribunal Constitucional a que dictara sentencia permitiendo a Bildu presentarse a las elecciones municipales y autonómicas de 2011, no daría apoyo a Zapatero para la aprobación de los Presupuestos y en consecuencia tumbaría al Gobierno. Es brutal que el presidente de un partido político de la importancia —para bien o para mal— del PNV se permita demoler de un plumazo ante los ojos de los atónitos españoles —quizá ya no tan atónitos— el principio de la independencia judicial, porque si el Gobierno es capaz de forzar la sentencia, la independencia del organismo sería una entelequia para consumo no ya de almas cándidas, sino de almas encandiladas.

Pero conviene no olvidarse de que la más escandalosa prueba de falta de respeto a un Tribunal la protagonizó el propio presidente del Gobierno, ya casi en funciones, a raíz del Estatuto de Cataluña. Supongo que algún día podremos conocer los subterráneos de una sentencia que solo sirvió para destrozar lo que quedaba de imagen de ese Tribunal, rematado por la pronunciada en el caso Bildu. Lo malo es que declaró inconstitucionales, aunque con más miedo que vergüenza, algunos preceptos del Estatuto votado por una minoría de catalanes, porque el nivel de asistencia al referéndum no alcanzó el 50 por ciento. Pues bien, el propio presidente del Gobierno se atrevió a decir en público que iba a ver cómo conseguía reformar por vía de Ley Orgánica las limitaciones impuestas por el Constitucional. No cabe mayor desprecio. Bueno, sí, porque, además, dijo que iba a consultar con la abogacía del Estado para ver cómo lo instrumentaba. No conozco lo que sucede actualmente en el interior del Cuerpo de funcionarios al que me honro en pertenecer, aunque mi estancia activa en sus filas ni siquiera llegara a tres años, pero he visto algún ejemplo humano al servicio de la Agencia Tributaria que ha conseguido inquietarme mucho. Bueno, más que inquietarme, me ha dolido porque ser capaz de llegar a esos extremos es algo nunca visto en mi experiencia como miembro de ese Cuerpo.

Con independencia de estos comportamientos, lo que decía María en términos jurídicos era más que respetable, aunque para mí existía una aproximación al asunto incuestionable, y así lo dije en alta voz:

—De acuerdo en que hay que valorar pruebas, pero una de ellas es evidente de evidencia total.

—¿Cuál?

—El hecho de que se nieguen a rechazar mil asesinatos.

—Sí, claro, así es.

—Esta gente dice que rechaza la violencia, pero a partir de aquí, desde ahora en adelante. Sin embargo, el terrorismo ha dejado miles de muertos inocentes y se les ha pedido que condenen esas muertes, y se niegan. Sencillamente, no quieren condenar mil muertos inocentes. ¿No es suficiente?

Para mí no cabía más que una respuesta, que fue la que me proporcionó María aceptando el razonamiento. Quizá en puridad jurídica sea discutible lo que sostengo porque la Ley se refiere al futuro, pero moralmente, no me cabía duda. Además de que ese hecho, semejante dato avisaba de cuál sería el comportamiento futuro en el caso de que consiguieran poder. Y todos los días lo comprobamos de manera implacable. Por ejemplo, hace nada que el diputado general de Guipúzcoa, perteneciente a Bildu, participaba en un homenaje a los presos de ETA, y poco después discriminaba —al menos aparentemente— entre las diferentes víctimas. Se trata de situar el problema del terrorismo dentro de una tesis de conflicto político que sería asumible si no llega a ser porque la historia —a juicio de muchos historiadores— la niega, y porque miles de muertos lo colocan en su lugar. Incluso se puede pasar por encima de la Historia, porque al fin y al cabo caben interpretaciones diversas, aunque lo cierto y verdad es que, al menos en lo que yo conozco, nunca ha existido una organización jurídico-política vasca que no fuera integrada en Castilla. Claro que otros afirman lo contrario.

Cuando estuve en prisión, en el segundo de mis encierros, me trajeron a leer un libro que constituía una especie de dogma para los nacionalistas vascos de cierta tendencia. Se llamaba *La Navarra marítima,* o algo así. La tesis es bien simple: el País Vasco formaba parte del viejo reino de Navarra y era su salida al mar Cantábrico. Curioso por lo alambicado de la construcción y porque evidencia que esa zona de la Península siempre estuvo integrada, marcos forales aparte, dentro de la estructura jurídico-política de Castilla y después del Estado español y por ello, para construir un modelo de cierta solidez, se apela a la indiscutible Navarra, cuya singularidad nunca ha sido caldo para que fermentara un «yo-no-soy-tú». Posiblemente porque cuando un pueblo se siente seguro en su identidad no necesita edificarla negando la de otro. Y esto nada tiene que ver con consideraciones raciales, de imposible deglución en estos tiempos que corren, ni con la existencia de singularidades culturales que merecen ser y deben ser atendidas, y creo que potenciadas en cuanto tales. Como gallego sé bien lo que digo. Y por eso sostengo que una cosa son las singularidades culturales, entre las que la lengua forma parte esencial, y otra edificar, con pretensiones excluyentes, una suerte de sistema jurídico-político de nuevo cuño basado en el «no-soy-tú» en un contexto mundial de apertura generalizada. Administrar es una cosa. Desconcentrar, otra. Reconstruir soberanías excluyentes en un mundo de apertura, otra. Y, en cualquier caso, matar es matar, y lo será siempre.

¿Acaso estoy negando el derecho democrático de unos españoles —los habitantes del País Vasco— a votar a quien mejor les parezca? ¿Acaso pretendo recortar la oferta electoral en aquellos que pueden no ser de mi agrado? ¿Es eso? Para nada. Esa aproximación al asunto carece de una mínima solidez. Por supuesto que se puede presentar quien quiera. Incluso aquellos que defiendan la propia desintegración del Estado español buscando la independencia. Será discutible, pero lo cierto es que este posicionamiento ideológico y electoral es legalmente admisible en España. No en todos los países, pero sí en el nuestro. De lo que se trata es más simple: de negar acceso electoral a quienes son terminal de o mantienen nítidas vinculaciones con el terrorismo, con organizaciones que en aras de un planteamiento político se dedican a matar inocentes. Batasuna, en cuanto partido, no solo fue ilegalizado, sino que se incluyó en la lista de organizaciones terroristas, y no solo por los españoles, sino por una decisión más amplia. De acuerdo con las medidas adoptadas en España, el Consejo de Ministros del Interior y de Justicia de la Unión Europea, en la reunión del Consejo de Europa del 5 de junio de 2003, acordó la ampliación de la lista de personas y organizaciones terroristas. En esta ampliación, se incluyó a Batasuna y algunas otras organizaciones presuntamente satélites de ETA.

Terrorismo es terrorismo, venga de donde venga.

Por cierto que en mi libro *Memorias de un preso* relaté un encuentro con De Juana Chaos, uno de los terroristas más sanguinarios, vistos los miles de asesinatos cometidos. Sucedió, como allí digo, en la cárcel de Alcalá-Meco, adonde fue trasladado como consecuencia de unas diligencias judiciales que tuvo que realizar en el Juzgado Central de Vigilancia Penitenciaria. Aquel hombre, de apariencia gélida más que fría, acostumbrado a cultivar silencios arando los barbechos del interior del alma con arados forjados de odio, encerrado en celdas de primer grado, acompañado de su soledad y, de no ser por su fragua anímica singular, rodeado de remordimientos por el dolor causado. Años de aislamiento, en todo caso muchos menos años que los que sumarían las vidas por él segadas, provocaron que destilara un brillo en sus ojos capaz de entumecer emocionalmente a cualquiera que no tuviera experiencia en idéntico oficio. Cruzó conmigo unas palabras que me provocaron entonces un sentimiento de cierta confusión, hoy mucho más definido en sus contornos a la vista de lo sucedido, con su avatar judicial y penitenciario.

Antes que nada el modo y manera en el que le fue aplicado el polémico artículo 100.2 del Reglamento Penitenciario que lo situó, si mal no recuerdo, en una libertad forzada. Pero sobre todo su salida al extranjero, su huida a Irlanda, su «reclamado» documental, casi virtual y supongo que escasamente real, por las autoridades españolas, su localización a golpe de reclamo mediático en paradero desconocido y su marginación lacerante de la acción de la llamada Justicia. No puedo dejar de decir, porque sería traicionarme a mí mismo, que estoy convencido de que en todo este galimatías, por llamarlo de modo cariñoso, de su estancia fuera de España supuestamente buscado por nuestros tribunales, se encuentra un cálculo, acertado o erróneo, pero cálculo al fin y al cabo, de la conveniencia de que nada estorbe al proceso de paz, a la entrega de armas por la banda terrorista. Ya sé que más de uno va a acusarme de muchas cosas, insultos gruesos incluidos, pero a mi edad, y después de haber vivido/sufrido lo que me ha tocado —con empujones, claro— vivir/sufrir, el poder decir lo que pienso carece de precio. Así que lo digo: la paz interesa como activo electoral para quien pueda proclamarla a los cuatro o cinco vientos, y cuanto más deteriorada se encuentra su imagen, cuanto más socavado su suelo electoral y más grietas presente su techo de votos, más altas serán las voces que se envíen a esos vientos. No por ello dejarán de interesar a los mínimamente bien nacidos las vidas humanas, la convivencia pacífica, los deseos de un pueblo de vivir sin amenazas. Todo eso importa, les importa, nos importa. Claro que sí. No seré yo quien lo niegue y sí quien lo proclame con sinceridad absoluta. Pero creo, y es creencia con vocación de convicción, que en el fondo, al menos en determinados momentos, el activo electoral —real o supuesto— es superior a cualquier otra consideración. Así es esta democracia dominada por un Sistema de poder cuyo lema es: lo bueno es lo conveniente.

Bien, pues en aquella intensa, corta e inolvidable conversación, De Juana me reconoció su condición de terrorista, en el sentido de persona que mata, asumiendo su responsabilidad en asesinatos. Pero a continuación, sin que en su rostro yo fuera capaz de identificar siquiera incomodidad, no digo ira, sino simple esbozo de irritación, me argumentó con una frialdad en estado glacial del siguiente modo:

—Es cierto que nosotros matamos. Pero pagamos en términos de vidas y libertad. Nos arriesgamos y sufrimos. Unos mueren. Otros nos pasamos la vida en prisión peleando por subsistir. El Estado, ellos, también matan. Y asesinan. Pero no tienen riesgo. Disponen de jueces y fiscales a su servicio. Hacen lo mismo que nosotros, pero sin temor a sufrir las consecuencias de sus actos.

Me alejé de la reja de la celda americana en que se encontraba. De Juana, pronunciadas estas palabras, depositó su mirada en ningún sitio. El silencio del cuarto de acceso al módulo de Ingresos resonaba con furia interna. Ni siquiera una brizna de viento, de esas que habitualmente nos acompañaban en verano e invierno colándose por los ventanucos del costado norte de la prisión castellana, edificada a golpe de cemento y hierro y rodeada de una carencia de la menor de las estéticas que despacharse puedan, quiso hacer acto de presencia. No deseaba perturbar la magia, ponderada en términos de brutalidad, de aquel instante. Mi mente funcionaba a demasiada velocidad porque se tropezaban, se agolpaban y se confundían, se entremezclaban sin concierto los razonamientos y las emociones, y ninguno de ellos era capaz de ocupar la primera plaza en la puerta de salida al exterior. Le dirigí al etarra una última mirada. Seguía absorto en sí mismo, rígido, seco, estático, imperturbable.

Caminé por el largo pasillo que conducía a mi cubículo del almacén de Ingresos y Libertades y creí percibir que ese olor inconfundible de la cárcel se apropió de mi pituitaria con más intensidad de la habitual y eso que a fuerza de tanto ahorcarla con olores la tenía casi embotada. Alcancé la puerta interior del almacén y me di cuenta de que mis pulsaciones se habían incrementado casi tanto como en aquellas tardes de verano de 2002, recién ingresado por tercera vez, cuando regresaba de recorrer por media hora girando sin parar el patio de presos. El comentario consiguió excitarme sobremanera. Me senté en la mesa contigua a la improvisada cocina en la que Charlie preparaba la comida a ciertos funcionarios. Estaba cansado. Pero no físicamente, sino emocionalmente. Me levanté al darme cuenta de que no estaba en mi sitio, como diría el Don Juan de Castañeda. Necesitaba un ejercicio de relajación y a ello me puse, ejecutando la tabla que practicaba a diario y que fue compañera impertérrita durante los años de encierro.

Al cabo de un rato ya me encontraba mejor, así que crucé las piernas y dejé de pensar en términos estrictamente racionales buscando en el interior de mí mismo aquello que fue capaz de situarme en posición de excitación considerable. A veces, si sabes hacerlo, si te abandonas, si no quieres evitar nada, ni controlarlo todo, los pensamientos vienen como si fueran oleadas de energía. Bueno, es que eso son, precisamente. Y así fue. No podía apartar de mí que algo de lo que decía el terrorista tenía cierto sentido. No podía rechazar de raíz la idea de que el Estado también mata. La Historia lo enseña de un modo cruel, brutal. El Estado y la Iglesia. Las Iglesias, las confesiones religiosas, no solo la cristiana. Tal vez ni siquiera preferentemente, aunque creo que no se conocen asesinatos en nombre de Buda, aunque sí sacrificios humanos en nombre de deidades de muy diverso porte. El genocidio cátaro me conmovía interiormente de modo muy singular, y casi en idéntico plano lo que fueron capaces de hacer con el Maestro Eckhart, para mí el mejor místico cristiano. En fin, los destrozos del hombre sobre el hombre. Detrás de ellos una organización de poder juridificada de alguna manera. Da igual como queramos llamarla, pero lo cierto es que esas organizaciones también matan a inocentes.

Ciertamente, los asesinos de ETA son lo más lejano a la noción de inocentes, pero los ejemplos en el devenir del hombre sobre la Historia se acumulaban en mi mente y me golpeaban sin miramiento. Cioran, el rumano escritor en lengua francesa, dijo algo parecido a que sentía náuseas al contemplar el surco que dejaba el paso del hombre sobre la Historia. Por eso quería renunciar a la condición de humano, en un gesto plagado de un simbolismo demoledor de sí mismo y del concepto Humanidad. Y hablando sinceramente para mis adentros no pude menos de reconocer que la afirmación de De Juana me causó tanto dolor porque en el fondo conocía lo que el Estado había hecho en mi caso, en nuestro caso, manejando la Justicia en aras de una razón de Estado que no era sino razón de gobernantes. Pero es evidente que mi interiorización del asunto que me retenía en prisión, el paso a velocidad incalculable por los circuitos de memoria de mi cerebro, me hizo acercarme a aquel individuo por unos segundos, quizá unos minutos en los que compartir, aunque fuera en la epidermis jurídico-política, un juicio sencillamente demoledor.

En fin. Es imprescindible en todo momento mantener la cordura. Nada justifica la violencia ilegal. Es difícil encontrar los límites de justificación moral de la violencia al servicio de causa justa, pero la violencia ilegal es abominable y solo conduce a más violencia. Y cuando en el corazón de las personas ha prendido la semilla de la violencia, en forma de odio o cualquier otro desperfecto del alma, es difícil erradicarla de una vez para siempre. Me di cuenta con total nitidez de la importancia de tener el alma libre de esos sentimientos, porque almacenarlos en cualquier medida, aunque sea ínfima, es convertirse en esclavo de emociones que te obligan a renunciar casi a la dignidad de ser humano.

Por ello mismo se trata de si se debe o no permitir que personas vinculadas con el terrorismo puedan acceder a puestos del Estado. Y no hay que valorar exclusivamente el que mediante ese acceso tengan la posibilidad de manejar ingentes cantidades de dinero del Estado al que desprecian e insultan. Eso es importante, pero para mí subyace sobre todo una cuestión moral. ¿Moral? Pues sí, moral. Ya sé que este tipo de consideraciones no están de moda en una civilización que se ha rendido a lo cuantitativo, al reino de la cantidad. Pero para mí lo importante es que moralmente no puede permitirse algo semejante por respeto a los miles de asesinados. No se trata de pasar página sin más. Un pueblo no puede, creo, perder esa sensación de que hay límites infranqueables que no pueden ser superados por el postulado de la conveniencia política. Eso lleva a mal puerto.

Este es el problema del Sistema: el único límite es el que ellos quieran imponerse. Así funcionan las cosas. El cáncer de nuestro modelo de convivencia es la renuncia a principios intocables. Ni jurídicos ni morales. Hemos elevado al altar a la diosa conveniencia. Todo vale si resulta conveniente. Ese es el principio del fin.

Para mí es claro que esa amenaza del presidente del PNV respecto de los Presupuestos no solo evidencia ese maltrato y desprecio por el principio de separación de poderes, sino, además, la utilización más partidista posible en un momento de coyuntura, porque en el fondo no se trataba única y exclusivamente de que Bildu pudiera presentarse, sino de que se continuara con la política tan dañina de efectuar transferencias competenciales, incluso más allá de los Estatutos aprobados y hasta de la propia Constitución, si se me apura, aprovechando una coyuntura en la que el Gobierno no tuviera más remedio que ceder. Siempre queda, quizá, un presidente del Gobierno dedicado a arreglar *ex post facto* el deterioro, pero lo malo es que aquí «arreglo», esa expresión, significa exactamente lo contrario...

Este es sin duda uno de los problemas capitales con los que tenemos que enfrentarnos: la utilización de las competencias del Estado español y sus transferencias para asentar proyectos personales de Gobierno. El asunto es doble: por un lado los dos gobiernos, esto es, los del PP y los del PSOE, han utilizado esta «técnica», por llamarla de algún modo. Y como las adhesiones a uno y otro, cada uno en su «familia», suelen ser emocionalmente —además de interesadamente— incombustibles, se está dispuesto a ver la paja en ojo ajeno cuando la viga se desborda por el iris del propio. Y si hemos de ser sinceros, empezaremos por reconocer que el gran momento en el que se cambia una posición personal de poder por una transferencia de competencias estatales es en 1996, con el acceso de Aznar a la presidencia del Gobierno.

Ya sé que a muchos les molesta que se recuerde ese dato. Insisto: dato, no elucubración intencionada. En uno de los peores momentos del socialismo español, con un Felipe González casi en caída libre, con el GAL y los casos de corrupción asolando al PSOE por los cuatro costados, Aznar no fue capaz de ganar más que por un puñado de votos. Creo recordar que apenas 300 000. Y queda por escribir —lo he dicho y lo repito— el armazón que fue creado para que, mediante la utilización del caso GAL, se pudiera garantizar —por así decir— el acceso del presidente del PP a la presidencia del Gobierno.

El pasado 23 de julio, por invitación de Raúl Heras —periodista de dimensión nacional—, compartí una hora y media con estudiantes de periodismo y hablamos sobre algo tan arduo como la capacidad de los medios de comunicación social de presionar a la sociedad. En lo que ahora me afecta, en el asunto al que me estoy refiriendo, recordé que Luis María Anson, el exdirector de *Abc* y *La Razón,* y un hombre que, al margen de otras consideraciones —todos en la vida tenemos algunas consideraciones—, es un pilar del periodismo español del siglo xx, denunció en la revista *Tiempo* la existencia de una especie de conspiración para lograr que Aznar conquistara el poder, esto es, la presidencia del Gobierno. Se le echaron encima algunos como lobos, más que como buitres, porque Luis María gozaba en ese instante de buena salud, física y sobre todo mental.

Y es que tenía razón. No sé si llamarla conspiración, pero en todo caso la palabra es lo de menos. Lo cierto es que se concertaron voluntades de personas vinculadas con la política y el periodismo. Singularmente y de manera muy directa Pedro J. Ramírez y José María Aznar, que en aquellos días formaban un equipo uniforme. Y se trataba de evitar por todos los medios que González volviera a ganar las elecciones, que era el sueño que me describió José Barrionuevo, exministro de González, en un encuentro en Alpedrete con Jesús Santaella de testigo. Aznar y Pedro J. tenían mucho que perder ante semejante hipótesis. Muchos sostenían que el país, esto es, España, también, pero esto era más opinable. Lo otro no. Porque una tercera derrota de Aznar habría supuesto una crisis total en el PP y eso se sabe que se salda con cuando menos una nueva confrontación electoral perdida. Y la situación del diario *El Mundo* en aquellos días y la de su director en particular permitía concluir, sin exceso de consumo de imaginación ni inteligencia emocional, que lo pasaría mal, pero que muy mal si González volvía a ganar. Así que era cuestión de vida o muerte. Por eso se puso todo el empeño. Por eso se coordinaron voluntades. Por eso se orquestó cuidadosamente el manejo de documentación altamente sensible.

Este es un punto capital. El Sistema reacciona al unísono cuando teme por su supervivencia conjunta. Una alternancia en el Gobierno en nada afecta al Sistema en cuanto tal. A los hechos me remito. Los ejemplos de los sucesivos gobiernos PP/PSOE evidencian que el Sistema pervive intocado. No es cuestión de cambio de Gobierno. Se sabía que los cambios estructurales que iba a introducir Aznar en su Gobierno eran mínimos, en lo que afecta a las relaciones reales del poder, al margen de otros asuntos de importancia diferente. Y así fue. Porque para cambiar el Sistema hace falta una premisa incuestionable: querer hacerlo. Además se reclama saber cómo, pero sin la llave que abre la puerta no se penetra en la habitación, al menos, claro, que se derribe a patadas, como decían algunos con aquello de la patada en la puerta. Por eso las reacciones del Sistema se producen solo cuando peligra el conjunto, esto es, todos ellos, su modo de vida, de relacionarse, de entender la política, de manejar el poder, de subsistir dentro y fuera de él... En los casos en los que esa percepción alcanza un nivel determinado, todos se unen y son capaces de hacer lo que sea. Funciona una especie de legítima defensa conjunta, que será defensa, de eso no me cabe duda, pero lo que no se puede decir seriamente que sea legítimo es el manejo espurio institucional al servicio de esos fines egoístas. Atención por eso al dato: el Sistema solo reacciona cuando ve peligrar el conjunto. Nada más. Y ahora son algunos muy cualificados los que dicen que el Sistema tiene que ser reformado en profundidad.

Es verdad que contaron, como bien sabe Jesús Santaella, con la colaboración casi entusiasta, en todo caso egoísta, de algún ministro del propio Gobierno de González de aquellos días. Pues a pesar de que se sometió al Estado a semejante tratamiento de quimioterapia, la victoria se consiguió solo por un puñado de votos. En ese momento Aznar, presidente del partido ganador, necesitaba el apoyo de los nacionalistas. En aquellos días en el PNV ostentaba el mando Xabier Arzalluz, cuyas pretensiones independentistas conectaban con ciertas consideraciones raciales. En el costado este, en Cataluña, Jordi Pujol ostentaba el señorío del territorio que fue de los francos. Ambos eran enemigos declarados del PP. Hasta que funcionó el Sistema.

Gracias a una Ley Electoral que nadie parece querer modificar, los votos en el Parlamento nacional de dos partidos que un día y otro también ponían en cuestión la estructura del Estado podían atribuir o negar la presidencia del Gobierno a Aznar. Y lo hicieron. A cambio, claro, de compensaciones medidas en términos de deterioro neto de la unidad de España. Además se sacrificaron personas de indiscutible valía, como es el caso de Alejo Vidal-Quadras en Cataluña. Nada se opuso a un proyecto personal de poder.

Esta es una característica esencial del Sistema: se carece de proyecto de país. Se tienen proyectos personales de gobierno. Personales incluye aquí también proyectos de poder de partido, puesto que son muchos los que se incardinan en la estructura de un partido político observando la ciega obediencia que se reclama con la esperanza de que algún día, cuando se ganen unas elecciones, se le conceda un trozo de poder del que vivir, o, si se pierden, cuando menos se disponga de un puesto en esa organización partidista que incomprensiblemente seguimos financiando todos los españoles.

Ahora muchos comienzan a ver más claro. Todos no, porque ya he dicho que a muchos no les interesa ver. Ni lo que sucede en la política de bajura ni en la vida social. No hay límites reales para el Sistema. Ni siquiera la conciencia de que con determinadas cesiones se lesiona el aparato del Estado, debido no solo a un error en la confección del título VIII, el que regula las autonomías en la Constitución del 78, sino, lo que es peor, a las cesiones constitucionales obtenidas por los nacionalismos para dar su voto sea a la presidencia del señor tal o cual, o para determinados proyectos de ley, en los que, por ejemplo, la Ley de Presupuestos es territorio casi abonado para estos mecanismos de presión.

—Por cierto, y ahora, a la vista de lo que hacen los que llaman *indignados,* ¿no te llama la atención que usen la palabra «Sistema»?

Me sorprendió mi sobrino. Interpreté su silencio como que carecía de ganas de hablar una vez que, con todas las renuncias del mundo en lo laboral, había conseguido, cuando menos de momento, superar una situación crítica en lo económico, y en menor medida en lo personal. Pero el empleo de la expresión «Sistema» situaba ahora la conversación en un terreno casi más complejo que el del paro juvenil.

No era la primera vez que me lo decían. María, por ejemplo, sonreía cuando veía que el movimiento de los jóvenes llamados *indignados* que comenzó el 15-M protestaba y pedía un cambio del Sistema. Hasta ese instante mentar la palabra «Sistema» era como dicen por el sur mentar la bicha, en referencia a la culebra, que tanto parece asustar a los habitantes de aquellas tierras. Recuerdo un día en que regresaba de un paseo por el campo. En la parte inferior de una loma sobre la que se edificaron las casas, se perforó y encontró agua en cantidad más que apreciable, así que decidieron que una caseta de cemento debería cubrir las instalaciones de ascenso del agua desde ese punto a los depósitos situados en la cima que suministrarían a las casas y a los jardines. Pues bien, aquella tarde, una vez que el calor se debilitaba algo, no demasiado, que cuando aprieta por el sur la cosa va en serio, en lo alto del cemento del techo de la caseta vi una culebra extraña. Digo extraña porque me pareció mucho más larga y gorda que las que de vez en cuando se te cruzan en el campo. Y el tamaño no necesariamente se une a la peligrosidad, porque las víboras son pequeñas y hay unos ejemplares africanos, que contemplé en mi estancia en Tanzania en 1993, que si te rozan, solo si te rozan, eres hombre muerto, salvo que soportes la brutalidad de la fuerza del antídoto. Por eso me dijo un masai, traducido al inglés por el cazador blanco, que si te picaba esa víbora morías o por el veneno o por el antídoto. En todo caso, sin solución. Es una lección a tener en cuenta porque es útil para comprender muchas situaciones. Por cierto que también me aseguró que a ellos, a los masais, las víboras no les pican. No me lo creí, así como tampoco la explicación que me dio para tan raro fenómeno: ellos, los masais, forman parte del ambiente, del equilibrio ecológico africano, así que todos conviven en armonía. Bonito, pero no cierto. ¿Acaso no hay masais que han sucumbido, por ejemplo, a la voracidad hambrienta de los leones? Bien es verdad que en Seloux contemplé cómo a una niña disminuida la dejaban sola en la selva para que, vista su inutilidad para la tribu, pudiera ser útil para el ciclo biológico global alimentando a los leones que se la comerían esa misma noche... Pero dejando esto a un lado, lo cierto es que cuando llegué a casa y mencioné el encuentro, la respuesta no fue indagar sobre el tipo de culebra, preguntar qué hacía allí, explorar si existía alguna colonia de esos productos. No. La frase fue: «No miente usted a la bicha», pronunciada al modo andaluz, es decir, soplando la ch para —digo yo— darle más suavidad al vocablo, lo que concuerda con el sur, en donde la suavidad parece ser norma de obligado cumplimiento en todas las facetas de la vida. He conocido a algunos andaluces tan suaves en el trabajo que caminaban directos a la vagancia. Otros, muchos otros, no. Pero el culto al no trabajo alcanza en Andalucía proporciones muy superiores a las de otras regiones españolas. Decía Mazón que los que tienen razón son los andaluces y nosotros los gallegos somos unos degenerados.

—¿Por qué dices eso? —pregunté sin sentirme ofendido ni en la corteza.

—Pues porque la esencia de la vida es no trabajar, y los andaluces quieren ajustarse a ese patrón. Sin embargo, los gallegos sois unos degenerados porque lo que os gusta es trabajar.

Coñas aparte, Andalucía es una magnífica tierra, preñada y plagada de cultura, con gente de una filosofía profunda y seria, que desgraciadamente se ha visto sometida a un gobierno durante demasiados años dedicado a estimular, por consideraciones de voto, las facetas más manipulables del carácter de los hombres y mujeres de aquellas tierras del sur.

Pues mentar al Sistema era la bicha del propio Sistema. A la mínima crítica te acusaban de ser un antisistema. No se analizaba el contenido de las críticas, la razón o sinrazón de lo que decías, si podías tener una experiencia útil que fuera merecedora de ser tenida en cuenta. No. Se descalificaba de modo directo, inmediato, absoluto, sin concesiones de ningún tipo.

—Es un antisistema.

Y ya está. Lo malo es que la gente tragaba con esa descalificación. Consiguieron mediante el lenguaje cortocircuitar los razonamientos. El poder del lenguaje... Dice Alfredo Conde, mi pariente y gran escritor, que los cambios sociales de profundidad se perciben cuando comienza un nuevo lenguaje.

—¿Tú crees que ellos tienen claro qué es el Sistema? —pregunté a mi sobrino como respuesta a su pregunta, sin que por ello quisiera caer en el tópico que dicen ser propio de los gallegos.

—No, ni falta que hace —contestó—. Supongo que es lo establecido, el poder, los que mandan, ¿o no es así?

—Es algo más profundo que eso...

—Pues será, pero, para ellos, Sistema es lo que tienen encima, el modelo, lo que les ha llevado a esta situación, y por eso protestan contra todo a la vez, por eso no es un movimiento de partido.

—Bueno, eso es discutible; cuando menos debatible, en el sentido de que algunos tratan de apropiarse del 15-M —precisé.

—Eso es normal. Siempre pasa. Los partidos comen gracias a los votos de la gente y por eso cuando ven votos van a por ellos de cabeza. Otra cosa es que la gente se deje.

—Pues son muchos los que dicen que se dejan...

—Son algunos los que permiten ser controlados, pero tengo claro que este no es un movimiento de partido. Y se equivocan de raíz los que creen que insultando a esa gente van a terminar con el movimiento.

—Pues algunas de sus propuestas tienen un sabor claramente revolucionario, y además de una revolución que huele a rancia y a inútil, con fórmulas que se han demostrado inservibles y perjudiciales, al menos en mi experiencia, y ya tengo unos años.

—Es posible. Pero no hay que equivocarse: ellos protestan. Otra cosa es que sepan cómo salir de aquí. Saben lo que no les gusta. Pero no tienen la experiencia de cómo se arregla. Y tratándose de gente joven es normal que pidan cosas imposibles. Sobre todo cuando lo posible consiste en que no tienen ni trabajo ni esperanza.

Tenía razón. Al menos en lo que a respuesta global se refiere. Seguramente no sabrían muy bien, ni pretenderían definir con claridad qué es el Sistema. Por ello mismo, para testar ese estado de la cuestión, le pregunté de modo directo:

—¿Tú crees que el Rey es Sistema?

—Pues claro. ¿Quién lo mantiene si no es el propio Sistema?

—Hombre, pues debería ser la propia sociedad civil.

—¿Sabes qué te digo? Que llevas mucho tiempo hablando del Sistema y de la sociedad civil. En casa lo hemos comentado mil veces, y creo que la gente no tiene ni idea de qué es ni el Sistema ni la sociedad civil. Usan las palabras, pero no saben el fondo. ¿O estoy equivocado?

—Desgraciadamente, creo que no, pero el mundo se ejecuta a base de palabras y no, lamentablemente, de conceptos. Y ahora las palabras se convierten en referentes de protesta. Pero hay algo debajo. O por lo menos debería haberlo, ¿no crees?

—Pues claro que lo hay: el descontento general con lo que habéis creado, como te dije el año pasado. Alguna responsabilidad, o mucha, tenéis los de tu generación porque sois los que habéis construido todo este desastre y nosotros los que tenemos que sufrirlo.

—Hombre, que me digas eso a mí, sabiendo lo que sabes...

Mi tono era algo reprobatorio porque era evidente que mi familia conoce bien mi peripecia vital. Pero mi sobrino no se amilanó.

—Puede ser injusto en lo individual, y seguro que lo es en tu caso, porque lo has denunciado hace tiempo. Pero yo me refiero a vosotros en su conjunto, como algo diferente de nosotros en nuestro conjunto. Seguro que entre nosotros hay tipos que ni siquiera se lamentan de esta situación, que les parece de puta madre, que su mundo es otro, la droga o lo que sea...Yo hablo en términos de generación. Una construyó este desastre, que es la vuestra. Otra vivimos en la cárcel que nos habéis dejado.

El referente carcelario me impactó. En ese instante apareció el menor de los hijos de mi sobrino y su padre se dedicó a atenderle. Me moví a la parte trasera del jardín, allí donde florecen en esta época del año los geranios y las hortensias, sobre todo estas últimas, enormes en tamaño y casi inconcebibles en colorido, en ese tono azulado que trato de conseguir con fracaso completo manejando las paletas de colores que me proporciona el mundo de la electrónica. La primera vez que leí aquello de que el programa te permitía el manejo de millones de colores pensé que me estaban tomando el pelo. ¿Acaso existen millones de colores? Pues sí. Es cuestión de sutileza. Y eso me enseñó que la vida es cuestión de sutileza. El tránsito de lo corpóreo a lo espiritual es sutileza vibratoria, pero vamos a dejar esto ahora.

Me senté debajo de aquella ventana abierta al sur en el dormitorio que me adjudicaron y en el que viví en casa de mis padres, como dije, hasta que en 1974 nos trasladamos a veranear a Mallorca. Busqué la sombra mientras al fondo escuchaba los ruidos de los estertores de la fiesta de cumpleaños. Pronto pondríamos rumbo a A Cerca. Mientras tanto podía pensar, aunque desgraciadamente esa es una labor que en mi caso no se fragmenta en función de horarios, situaciones o lugares. Es la nefasta manía que me ha acompañado siempre, tratando de entender, de abstraer la esencia de las cosas, de ver cómo mucho de lo que algunos consideraban anécdota para mí tenía el valor de la categoría.

Era cierto lo que me decía mi sobrino. La sociedad vive ahora en una especie de cárcel. Porque contemplar ese ingente número de parados, ese millón y medio de familias sin ingresos, ese vivir en una cárcel de la que no puedes salir... Es posible que algún alivio temporal cumpla la misión que en el mundo penitenciario se atribuye a los permisos de cuatro días o seis días. Pero se regresa. Al menos en la cárcel física, salvo que tus condenas tengan filiación política, tienen una fecha más o menos cierta de salida. Pero aquí, en esta cárcel en la que viven muchos españoles, la salida física es incierta, y lo es, como decían los aficionados al latín, en el *an* y en el *quando,* es decir, en el «si se producirá» y sobre todo el cuándo.

Pero hay algo que tengo claro, y es que de aquí, de esta cárcel en la que estamos, podemos salir. Recuerdo aquella frase que el 23 de diciembre de 1994, recién ingresado en la prisión de Alcalá-Meco, a la que me envió el Sistema con la firma de un juez *ad hoc* llamado García-Castellón, me dijo un joven a través de la mirilla de la chapa metálica que hace las veces de puerta de la celda que me asignaron en aquella inolvidable noche.

—Don Mario, de aquí se sale.

Ese es el grito de esperanza de todos los que viven en el mundo carcelario. Es verdad que muchos no se plantean siquiera salir, porque la droga inunda sus vidas. La droga y la desesperanza de poder vivir en la sociedad de los hombres supuestamente libres. Así me lo dijo aquel joven que llevaba más de nueve años continuos en prisión. Al día siguiente de nuestro encuentro en el patio de presos cumplía lo que llaman la total, es decir, la condena plena, el número exacto de años de condena. Ya no cabía más alternativa que salir por la puerta de regreso a la libertad. Veía al chaval abatido. Bueno, no sé si la palabra «resignado» perfila con más detalle su estado de ánimo. Aceptaba paciente su destino. Y por eso le dije:

—Bien, pues nada, mañana a la calle, ¿no?

Ni siquiera levantó la cabeza. Transportaba el carrito de comida de los presos, en un circuito que arrancaba desde la cocina y concluía en las dependencias próximas al comedor. Gesticuló indicando el esfuerzo de moverlo, cargado como iba. Su voz sonó lastimera.

—Sí..., mañana... Pero hasta que vuelva en unos días. Es lo único que puedo hacer.

Sentí lástima. Sabía que ese chico consumía los chinos de heroína —así los llamaban— y que era en puridad un drogadicto. Pero podía trabajar. Al menos eso ocupaba parcialmente su tiempo en la prisión. Me resignaba a pensar que no tenía futuro en libertad, y aunque ya sabía su respuesta, le formulé la pregunta:

—¿Por qué dices eso? ¿Es que no quieres vivir en libertad?

—Hombre, don Mario, querer, claro que quiero, pero ¿quién soy? Un preso y drogadicto. Llevo aquí nueve años sin salir y no tengo ni puta idea de nada. Podría trabajar acarreando bultos, como hago aquí, pero ¿quién va a querer contratar a un preso drogadicto? ¿Usted lo haría?

Aquel año en el que tuvo lugar esta conversación España nadaba en una falsa abundancia, en un espejismo creado a golpe de palabras y más palabras. Aquel preso tenía razón: ni siquiera en ese clima de bonanza le contratarían. Por un lado, la prisión de la droga. Por otro, la cárcel del trato social. Al final, el retorno a ser preso. Robaría algo en algún lugar para comer o para comprar droga. Solo cuestión de tiempo —y además, poco— para que le pillaran, le detuvieran y, vistos sus antecedentes, le ingresaran de nuevo. No opondría resistencia porque su sitio no estaba en el mundo de los libres. Su lugar propio era la prisión, hasta que a base de dejar resbalar el tiempo sobre su vida, a base de transportarse con la droga a un mundo irreal, sus límites orgánicos cedieran y apareciera la muerte física. Y digo física porque, al menos en mi concepto, muchas de esas gentes llevan muertas espiritualmente mucho tiempo.

Sentí los pasos de mi sobrino, que se acercaba a mi lugar de meditación. Tomó una silla de tela cuyo descolorido paño mostraba la labor demoledora de la luz. Dicen que Occidente busca explicar la luz y Oriente prefiere indagar en lo que se esconde en las sombras. La luz ciega y come colores. Por eso cuando hablan de iluminación… Bueno, pues eso, que mi sobrino se sentó a mi lado. Se ve que quería continuar charlando y como mis pensamientos se cebaban en la noción de prisión, quise que me transmitiera el sentimiento dominante de la sociedad.

—¿Qué crees tú que es lo que mejor define el estado actual de la sociedad?

—No te entiendo…

—Pues, hombre, que cuál es el sentimiento dominante en estos momentos.

Me sorprendió que no se tomara unos segundos para reflexionar. Su respuesta salió abrupta, directa, inmediata, como agua almacenada ante la rotura de la presa que la sujeta en su esclavitud estática.

—Miedo. Sobre todo miedo.

Un grito desde el otro costado de la casa le reclamó. Me dejó con su frase y sus palabras: miedo. Y es que tenía razón. Muchos presos lo sienten. Es el miedo al futuro en libertad. Miedo a que la sociedad les rechace o a que no sean capaces de adaptarse al entorno. Miedo a ser productos humanos inservibles para eso que llaman vivir en sociedad, por mucho que en esa sociedad vivan, y en su vivir dañen, sujetos que como productos humanos dejan mucho que desear.

Pero era cierto. La sociedad tenía sobre todo miedo. Y un miedo que se extendía por todas las capas sociales. Los empresarios pequeños y medianos sienten miedo a no poder pagar las nóminas, a no tener capacidad de respuesta financiera, a tener que despedir a gentes que con ellos ha trabajado durante muchos años, a ver frustrada la obra de una vida, a crear su empresa, a ser desalojados de sus casas por ejecución de las hipotecas que sobre ellas concedieron para obtener dinero con el que financiar la vida de la empresa que ahora desaparece... Más de 400 000 pequeñas y medianas empresas desaparecidas diseñaban un mundo de sufrimiento. Porque hablamos de los parados. Y con razón. De paro de los mayores y de los jóvenes. Pero detrás de ese paro, de ese desempleo, existen cientos de miles de empresarios frustrados, que han visto desaparecer las empresas que constituían la obra de su vida. Que han perdido sus casas. Y lo que es incluso peor: que han arrojado por la borda, a golpe de vida, la ilusión de emprender, de crear, de acometer proyectos. Se ha liquidado una buena parte del activo humano capaz de contribuir al crecimiento de este país. Es una pérdida de enorme valor. Pocos se dan cuenta de ello, pero los que sentimos la necesidad de contar con gentes adecuadas para implementar proyectos necesarios nos damos cuenta del daño.

Y miedo del empleado a perder su empleo. Me decía gráficamente un viejo amigo:

—Antes, en la época de bonanza, cuando te llamaba el jefe de Personal salías corriendo porque esperabas una gratificación, un aumento de sueldo o un ascenso de categoría. Ahora, si suena el teléfono y es él, se te hiela la sangre porque sabes que te va a tocar o una reducción de sueldo o una salida al paro.

Miedo de las amas de casa. Miedo de los jubilados. Y este es uno de los sectores más dañados. No solo porque ven amenazadas sus pensiones en términos cuantitativos, sino por algo más grave: porque están financiando una parte del desastre.

La biblioteca de A Cerca la construyó un carpintero de Verín, un tipo joven de ideas claras, empresario autónomo y que pelea veinticuatro horas sobre veinticuatro para sacar su vida, familia y empresa en este ambiente poco amable para con esas buenas intenciones. Pero lo consigue a base de esfuerzo y trabajo, que es como se alcanzan esas cosas. Y de actuar con inteligencia, sabiendo el mundo en el que vives, que esta es otra. Pues bien, el otro día, mientras me colocaba el último de los dieciséis cuerpos de librería que le encargué, me contó algo que define de manera muy rigurosa, con una cromía y un detalle propio de un maestro del realismo pictórico, el fracaso de ciertas políticas.

Su mujer trabaja en una casa a la que se llevan los ancianos de los que no se pueden/quieren ocupar sus hijos o nietos. La gerencian monjitas, como él decía. Por cierto, monjitas que hacen propaganda poco estruendosa, pero propaganda al fin y al cabo, en favor de los partidos de derecha, por ese miedo a que los socialistas no son cristianos.

La verdad es que el movimiento socialista no es en modo alguno incompatible con el cristianismo, y hasta si me aprietan son localizables claros puntos de encuentro, pero hay que reconocer que en la época de Zapatero como presidente del Gobierno, que tocará a su fin el próximo 20 de noviembre de 2011, si las finanzas internacionales no lo fuerzan antes, se aplicó la doctrina de que el laicismo neutral del Estado español debía corresponderse con una suerte de persecución de la Iglesia católica, lo que, por cierto, nada tiene que ver. Al menos ese es el clima que viven muchos pertenecientes a la Iglesia, porque se sienten acosados. Es verdad que la propia Iglesia persiguió y sacrificó implacablemente a no creyentes muchos años atrás. La Inquisición sigue siendo un ejemplo demoledor para determinadas creencias en la neutralidad de todos los que habitan en ese mundo que debió ser exclusivamente espiritual. Pero ya no vivimos en el siglo XVIII y dedicarse a prácticas de corte inquisitorial no es lo más aconsejable para entender adecuadamente la laicidad y la neutralidad religiosa del Estado, y para una adecuada comprensión de la libertad religiosa.

Pues bien, en ese lugar de acogida se produce una conducta que es buen termómetro de la fiebre social que padecemos.

—Mire, hace algunos años los hijos y los nietos iban a esa casa a dejar a sus padres y abuelos para que los cuidaran las monjitas, porque ellos no podían. Yo creo —añadió como coletilla— que algunos de ellos poder sí que podían, pero no querían ocuparse. ¿Y sabe qué pasa ahora?

No le contesté porque era obvio que la pregunta era solo un recurso para enfatizar lo que venía a continuación, para llamar más mi atención sobre lo que me quería transmitir:

—Pues que van a recogerlos. ¿Y sabe por qué? Pues porque viven de las pensiones de los padres y los abuelos.

¿Se necesita una mejor prueba del fracaso del modelo? Las pensiones de quienes trabajaron a lo largo de sus vidas financian ahora, cumplido su periodo laboral, los pagos de las hipotecas de los nietos, o de los créditos provocados por un consumo enloquecido envuelto en el clima de falsa euforia.

Uno de los directores bancarios con los que me topé en una exhibición de ganado, de esas que se celebran en el mes de agosto en varios lugares de Galicia, al preguntarle por este punto, me lo confirmó:

—Estamos transfiriendo dinero desde las cuentas de los pensionistas a las de los hijos y nietos para pagar sus deudas.

Es imposible no reflexionar mínimamente sobre las consecuencias posibles derivadas de una situación como la que se describe con estos datos que perfilan lo que sucede de modo mucho más gráfico, y para muchos más entendible, que los análisis de los especialistas que manejan macromagnitudes y que después de leerlos no sabes bien si vamos hacia delante o hacia atrás. Ahora bien, cuando los ancianos tienen que volver a las casas de sus hijos o nietos porque la pensión es el único ingreso con el que estos pueden subsistir, porque padres e hijos se encuentran, con nombres y apellidos, entre los millones de personas que no son capaces de encontrar un trabajo digno, entonces la cosa ya admite pocas dudas: el modelo está haciendo aguas por la parte más sensible.

Tanto que incluso algunos hablan de un posible cambio en el clima social. De altercados, para entendernos. Hace un par de años, aproximadamente, María y yo cenamos con un alemán vecino del campo sevillano. Es propietario de muchas cosas, entre ellas de una finca en la que ha invertido una gigantesca cantidad de dinero, en algunos casos, al menos para muchos conocedores del terreno español en general y del andaluz en particular, de manera incomprensible, porque, por mucho dinero que pongamos en lo alto —como ellos dicen—, no vamos a conseguir transformar un trozo de tierra andaluz en una pradera suiza. Pero, en fin, el hombre no pudo tener mejor voluntad en ese gasto, aunque a día de hoy, como tantos otros, se encuentra absolutamente desencantado con el trato recibido del pueblo colindante con sus tierras, y de quienes desde hace décadas las gobiernan, salvo algunas excepciones, de un modo que para muchos es claramente sectario y abusivo. Difícil, muy difícil el carácter andaluz en determinados asuntos, y la tierra y su posesión es uno de ellos. El estereotipo del señorito terrateniente sigue vivo en algunas mentes, conformando una especie de memoria histórica muy poco constructiva. Pero, en fin, así siguen siendo las cosas por ese costado de España que no se merece semejante trato. Andalucía, su tierra, su luz, su modo de medir el tiempo, su filosofía de vida y muchas de sus gentes resultan en muchos casos admirables. En otros, desgraciadamente no.

Pues bien, el hombre, que, como digo, tiene una enorme fortuna, aunque no sé exactamente el origen de sus capitales, nos contó que poco tiempo atrás conversó con un amigo suyo que ejerció de ministro de Economía en Alemania, y que ahora, en su condición de exministro, podía hablar con más claridad de la que permiten los condicionantes del cargo. Le desaconsejó inversiones en España porque como país lo íbamos a pasar muy mal. De modo muy particular, le instó a que vendiera los activos inmobiliarios, en especial los rústicos, porque, según le aventuró, la situación en España se complicaría tanto que acabaría siendo peligroso residir en zonas no urbanas. Este hombre, el alemán rico, no tiene reparo en gastar dinero en protección, y ha montado un servicio de seguridad muy poderoso para protegerse de esa manía de los andaluces, de determinados andaluces, que cuando algo no les gusta deciden prender fuego al campo, como si quemando encinas y pastos se contribuyera a que ellos vivan mejor.

El exministro acertó, sin duda, pero a decir verdad eso lo podía predecir cualquiera que conociera el auténtico fondo de nuestro modelo, de nuestro modo de vivir y de gastar. Pero lo de la peligrosidad de las zonas rurales ya es harina de costal diferente. Hasta el momento debo decir que yo no lo percibo, al menos no como alarma más o menos inmediata. Cierto es que vivo mucho más tiempo en Galicia, en una zona rural por excelencia, en una aldea de proporciones muy pequeñas, y que por ahí no se respira ningún ambiente de ese tipo. Por decirlo claro: aquí ni siquiera se siente la crisis en su brutalidad, precisamente porque tampoco se vivió la falsa euforia a la manera de otras zonas, singularmente Andalucía y el Levante español.

Pero son muchos los que, en cuanto entramos en la conversación sobre el presente y futuro de España, me formulan la pregunta:

—¿Cree usted que tendremos revueltas?

Hombre, si se mantiene mucho tiempo la situación actual, no es impensable cierto movimiento social. De hecho, ya lo tenemos entre nosotros con el que protagonizan los llamados *indignados*. El que, como decía antes, se hayan decantado por una caricaturización en muchos casos esperpéntica no elimina el verdadero fondo, como tampoco lo destruye el intento, y algo más que intento —¿hay dineros extranjeros por en medio?—, de apropiarse del movimiento por los partidos. Al contrario: la aproximación del partido demuestra que el movimiento tiene fondo e importancia.

Pero, aun así, no vivimos en un clima de violencia social. Al menos yo no lo percibo cuando escribo estas líneas en el mes de agosto de 2011. Cierto es que hay síntomas muy alarmantes, pero la revuelta social reclama hambre. Quiero decir que mientras no llegue el hambre a la población, a una proporción significativa, no es probable esa revuelta. Al menos, insisto, yo no soy capaz de vislumbrarla. Pero hay que estar muy atento y no dejarse engañar por las apariencias de serenidad.

Hace un par de años acudí a Sanlúcar de Barrameda a visitar unas bodegas, las que elaboran Barbadillo, y pronunciar una charla sobre este asunto que nos ocupa. Descendimos caminando por la calle desde la residencia enclavada en el magnífico palacio de Medina Sidonia, cuyo archivo histórico —un sueño— tuve ocasión de visitar y contemplar por mí mismo. En pleno centro urbano me percaté de una aglomeración de personas, casi todas ellas mujeres, en cuyos rostros podía leerse, sin ser experto en labores de psicología, un indudable desencanto, o, mejor, una concluyente tristeza cercada por una actitud de resignación. Tenían casi todas ellas un carrito metálico en sus manos. Se suponía que iban a recoger bultos, paquetes o lo que fuera. Y así era, pero, lejos de lo que imaginé, esas mujeres esperaban a que una organización de caridad les entregara comida para llevarla a sus casas. Comida en sentido estricto. Y desgraciadamente, no es un caso simbólico o excepcional.

En ese mismo año asistí a un almuerzo/conferencia que organizó el Club Rotario de Madrid. Su presidente me puso al tanto de una obra social que llevan a cabo, consistente en recoger comida sobrante de los restaurantes madrileños y distribuirla en comedores sociales a los necesitados. Era, insisto, 2009, y ya los datos evidenciaban lo que vendría, porque lo que empezó de modo modesto se incrementó de manera exponencial, de forma que ya no daban abasto por la demanda que recibían, por lo que tenían que controlar la entrada en comedores sociales mediante casi un procedimiento de sorteo.

El ejemplo de Argentina no es lejano a nosotros en muchos aspectos, se pongan como se pongan los que se empeñan en negar sin razonar, los que yo llamo consumidores de aprioris. Una de las características de ese país, a Argentina me refiero, es que no pasó hambre en su historia de nación. Al menos no en las zonas rurales. Otra cosa son ciertos barrios capitalinos nacidos arbitrariamente a consecuencia de demagogias peronistas. En Argentina, insisto, no se pasaba hambre. Pero Menem se empeñó en dolarizarla, es decir, en convertir el dólar USA en moneda de curso legal en su país, transfiriendo de este modo la soberanía monetaria. Y lo hizo. Y en Argentina llegaron a coexistir veinte millones de pobres. Y apareció el hambre en un país que siempre tuvo un ganado para cocinar y comer. Nacieron las protestas en la población y el sistema tuvo que ser modificado. Los daños no se curan en un año, ni en dos, ni siquiera en un lustro. Pero ahora parece que al menos esa hambre ya no existe, aunque su situación diste mucho de ser realmente envidiable.

A día de hoy, en España sigo sin ver hambre en esas proporciones. No son baladíes los ejemplos que traigo y por eso los relato. Pero no es suficiente para asegurar que estamos en un país con hambre en un grado considerable. Por eso no veo caldo de cultivo de un movimiento social de cierta violencia. Pero sí que vislumbro, y con toda claridad y eso me preocupa, el movimiento de fracaso en lo que al funcionamiento de nuestras instituciones se refiere. Y eso genera un desconcierto general en la población, que no sabe qué es exactamente lo que ha sucedido. Hay más conciencia de fracaso institucional que hambre en sentido estricto, pero ambas pueden crecer.

—¿Por qué hemos llegado hasta aquí? ¿Qué es lo que ha fallado para estar como estamos? ¿Son Zapatero y el PSOE los únicos responsables?

Estas y otras preguntas similares se formulan todos los días. A mí me las hacen desde muchos ángulos. Bueno, en realidad no se trata, cuando menos en muchos de esos preguntadores, de saber por qué estamos así, sino de la cuestión más concreta de cuándo vamos a salir, cuánto va a durar la crisis. Algo, claro, que a todos nos gustaría saber, pero que es imposible de predecir con la exactitud que muchos demandan agobiados por la situación que les toca vivir.

Antes que nada, conviene no equivocarse. No todos desean un cambio de Sistema, un modo de vivir mejor, menos dominado por eso que llamo la tiranía de lo cuantitativo. Son muchos los que en el fondo lo que quieren es que vuelva la especulación de la vivienda, que se retorne a construir sin orden ni concierto, que la especulación financiera vuelva a crear el espejismo de una falsa riqueza. Ya sé que eso no va a pasar, al menos no en mucho tiempo. Pero cuando de transformar un país se trata, hay que contar con que una porción nada desdeñable de su población no busca algo mejor, sino repetir lo de antes, porque ese «antes» es para ellos lo mejor del mundo, dado que han vivido encantados bajo sus dominios.

Eso, como digo, no va a suceder. No se trata de una crisis meramente cíclica, de las que según los economistas siempre aparecen para desaparecer después, porque son parte integrante y consustancial al movimiento de avance, como si esos aparentes retrocesos no fueran sino un girar ligeramente atrás para tomar más fuerza en el subsiguiente impulso. No, lo que vivimos es otra cosa. Los indicadores económicos son terribles, pero los sociales, los de fondo, mucho más. Terribles y al tiempo esperanzadores. Al menos para los que creemos que estamos sobre todo ante una gran oportunidad. No para retornar a la artificialidad dañina de una falsa abundancia, sino para reconstruir un Sistema mucho más humano que nos permita vivir mejor y con menos cantidad de sobresaltos.

Y entenderlo bien es sustancial para conocer el peligro de no actuar de modo adecuado. Encuentro a veces otro tipo de actitud paralela que también me parece peligrosa. Son aquellos que se quejan de que escriba sobre el pasado, que me piden que deje ya los sucesos de otros tiempos, porque —aseguran— me siento prisionero de una experiencia personal y, encerrado en esa cárcel, no voy a poder ver las cosas con la mínima objetividad necesaria. En particular me dicen:

—Tienes ya que dejar de escribir sobre Banesto y de poner ejemplos derivados de esa experiencia. Ya sabemos que fue una barbaridad y que se cometieron muchas tropelías, pero ahora es momento de mirar al futuro.

Antes que nada, ese «sabemos» hay que matizarlo porque algunos de los que hoy esa frase pronuncian, tiempo atrás no aseguraban lo mismo, sino que, por los motivos que fueran, preferían atribuir culpabilidades y responsabilidades, antes que ponerse a analizar con ese mínimo de objetividad que reclaman en otros. Pero dejando esto a un lado, a mí no me encierran en ninguna cárcel los análisis de los acontecimientos del pasado. Eso lo tengo muy claro. Lo que sucede es que, del mismo modo que los pueblos que no saben de dónde vienen difícilmente encontrarán un camino seguro para recorrer, si no somos capaces de explicar de modo coherente y convincente por qué nos sucede lo que nos ocurre, el porqué de esta crisis que tiene asoladas a millones de personas, el porqué de esta desconfianza en nuestras instituciones básicas, no podremos construir un proyecto nuevo con un mínimo de garantías. No se trata de refocilarse en los errores del pasado. El objetivo es más constructivo: es necesario conocerlos, analizarlos, explorarlos, verlos en su dimensión espaciotemporal, y una vez deglutidos tratar de evitarlos. Si no conseguimos un buen diagnóstico, no podremos formular un correcto tratamiento.

No. No se trata de eso que llaman «instalarse en el pasado». ¿En qué consiste realmente ese instalarse? ¿Hablar de lo que ocurrió es vivir-en-el-pasado? ¿Viven los historiadores en el pasado? Hace unos días, una persona, golpeada por una muerte que trajo a su vida un brutal vacío, escribió esta frase en una comunicación privada: «Se acabó mi pasado». La pregunta es: ¿puede acabarse un pasado?

No. El pasado no se acaba porque es almacenado en la memoria y sin memoria no funciona nuestro procesador cerebral. El pasado se actualiza en cada pensamiento. El funcionamiento del cerebro reclama memoria para ese acto al que llamamos pensar. Así que el pasado no concluye mientras nosotros no nos extingamos. Krishnamurti dice algo parecido a que somos pasado en movimiento. Quizá no lo diga él, pero en todo caso lo sostengo yo ahora. Por eso la pérdida de referentes del pasado equivale a lastimar la capacidad de pensar ordenadamente. La clave consiste en saber manejar nuestra relación, la que tenemos como sujetos del presente con ese pasado almacenado en la memoria de nuestro ordenador cerebral y al que calificamos como «recuerdo». Por eso desde hace mucho tiempo vengo sosteniendo que si queremos alcanzar la serenidad, al menos una mínima serenidad en el vivir nuestro de cada día, una de las asignaturas más complejas consiste en la gestión del recuerdo.

Tenemos que ser capaces de gestionar el recuerdo de forma madura, aun sabiendo, admitiendo que no es tan fácil, porque el poder de la emoción es brutal en nuestra arquitectura de humanos, y, por ello mismo, el control de las emociones es presupuesto imprescindible para una adecuada gestión del recuerdo. Pero conseguirlo no significa perder la capacidad de emocionarse. Está claro que el presente y el futuro están escritos con letra de pasado. Por eso hay que conocerlo. Pero asumiendo que, aunque ese pasado está presente y activo en nuestro ahora, el pasado es un lugar al que no se puede ir, no existe vehículo que te transporte a semejante valle. Yo no sé si en algún momento alguien será capaz de diseñar una máquina capaz de transitar sobre la curvatura del tiempo, pero de momento, mientras eso no sucede, admitamos que el pasado es algo inexorable, y aprendamos de él para construir nuestro ahora. Hoy, 7 de agosto, domingo, leía un artículo estupendo de Alejo Vidal-Quadras en *La Gaceta*. Concluía con esta frase: «Lo que procede es una reforma profunda del sistema, una reforma que nos proteja en el futuro de nosotros mismos». Eso es: analizar el pasado sirve para protegernos de nosotros mismos, para no volver a caminar por el mismo sendero, para modificarlo.

Es curioso, pero cuando se trata de grandes acontecimientos, como las guerras o las revoluciones, desde que era joven me atraían mucho más los días previos a que estallaran los conflictos que estos en sí mismos considerados. Recuerdo una película en la que dos personas conversaban sobre la situación de la Alemania nazi. Una de ellas, cauto y buen analista de la realidad, le aseguraba a su compañero de tertulia que la cosa estaba francamente mal, que la locura o una suerte de patología mental se había apoderado del alma de Alemania y que algo muy serio iba a ocurrir inevitablemente. Por ello, el que así pensaba le dijo a su compañero de tertulia, que además era hermano de sangre, que pensaba irse de ese país e instalarse en Suiza, por aquello de la neutralidad helvética.

El otro, consumidor de buenismo suicida, le replicaba que todo eso eran fantasías, que al final no llegaría la sangre al río, que había que confiar en los humanos, en su capacidad de reaccionar y otras consideraciones del mismo estilo. La escena final me resultó impactante: mientras el hermano que fue a Suiza podía tomarse una copa sentado tranquilamente en una cafetería desde la que se contempla el lago de Ginebra, su otro hermano, el que confió en el ser humano, el que decidió permanecer en Alemania, moría asesinado por los nazis debido a su condición de judío. Y rico, claro, que eso también contaba en aquellos tiempos.

La enseñanza es clara: hay que leer los acontecimientos de la actualidad y valorarlos en términos de tendencias con el fin de tratar de descubrir las fuerzas que conformarán el inmediato futuro. Hay que saber «barruntar», como dicen por Ciudad Real, cuándo las reses en un día claro se refugian en lo alto de los montes, a cubierto de encinas, quejidos y madroños. Poco después, llega la tormenta. Las reses —dicen— «barruntan» el cambio. Pues algunos humanos han perdido, si es que la tuvieron en algún momento, la capacidad de barruntar.

Uno de los libros que más me impactaron en mi juventud, en la que cultivé mi afición a la Historia y que pervive incrementada a día de hoy, se llama *Historia social de la Revolución francesa*. Lo editó Alianza Editorial y su autor es Norman Hampson. Describe con mucha objetividad el proceso previo a la revolución de 1789. Nadie puede creerse que algo tan brutal como lo que sucedió en ese momento histórico que condicionó al mundo fuese fruto de un movimiento espontáneo nacido de la noche a la mañana. Nunca suceden las cosas así. Se gestan por un largo periodo de tiempo y al final se produce el estallido. Me voy a permitir transcribir unas palabras de su prefacio. Dicen así: «Las grandes revoluciones sociales son como fallas geológicas: la ondulada evolución del paisaje histórico sufre repentinamente una ruptura y la continuidad de sus estratos queda interrumpida; lo que surge se ha condicionado por lo que antes existía. No obstante, a diferencia de las fallas geológicas, las revoluciones sociales son un resultado —por inesperado e inoportuno que sea— de la acción humana. Los cambios estructurales que se han ido produciendo de modo gradual y lento, sin planeación deliberada y sin que nadie llegue a percibir la mayoría de las veces su significación acumulativa, se convierten de pronto en el centro de la atención política».

Pues eso es lo que parece que está sucediendo. De repente, de golpe y porrazo hemos pasado de un falso bienestar a percatarnos de nuestra penuria social actual. Si alguien quiere que sustituya la palabra «penuria» por «carencia», «insuficiencia» o «escasez», no tengo inconveniente, porque hablamos de lo mismo. La palabra no es la cosa. Y es evidente que, en todo caso, esa situación no se ha producido como consecuencia de la política vivida en estos años de zapaterismo. Pretender cebar en el todavía presidente, tal vez más nominal que real, el monopolio de los desperfectos es una pretensión inútil y nociva. Me gustaría que fuera así, porque tendría un remedio mucho más fácil. Pero no. Primero, porque los hechos son los hechos. Segundo, porque sostener semejante tesis impide ver la magnitud de lo que tenemos encima y empaña el verdadero propósito de modificarlo. La crisis viene de atrás, de muy atrás. A eso se refiere Hampson con estas palabras, que vuelvo a transcribir porque son lúcidas: «Los cambios estructurales que se han ido produciendo de modo gradual y lento, sin planeación deliberada y sin que nadie llegue a percibir la mayoría de las veces su significación acumulativa». Atención a eso que llama la «significación acumulativa». Un día es una cosa, otro día otra, al mes siguiente otra... Aparentemente, todo eso carece de una conexión entre sí, pero la tiene. Ya lo creo que la tiene. Se van acumulando unas cosas sobre otras y al final llega el hartazgo social y si eso no se entiende, es cuando se produce el estallido. Comprender o vivir el estallido. Bueno, comprender y reaccionar o vivir las consecuencias de la inacción. Ese es el dilema.

Existe hoy un grado de convicción muy notable en la sociedad española. Posiblemente podría decir en la occidental/mundial, porque a la vista está que los acontecimientos se multiplican por todas partes. Hoy mismo, 7 de agosto de 2011, me llamaba por teléfono César Mora desde Santander. Me decía:

—¿Qué opinas de lo que está pasando?

—¿A qué te refieres?

—Pues que hace tiempo que no veía las noticias y ahora que les he echado una ojeada, compruebo que todo el mundo anda revuelto, que aparecen *indignados* en Francia, Alemania, Pakistán, Indonesia...

—Lo que sucede, como tantas veces hemos hablado, es que el modelo occidental hace aguas.

—Bueno, y el no occidental, porque en esos países también la están organizando.

—Lo curioso es que parece que se entrecruzan dos líneas de pensamiento y evolución que en cierta medida son contradictorias.

—¿Qué quieres decir?

—Pues que en el norte de África da la sensación —cierta o falsa— de que se trata de aspirar a una especie de democracia homologable con la nuestra, con la europea. Y, curiosamente, nosotros, aquí, en Europa, estamos cuestionando nuestro modelo porque entendemos que ha fracasado. Es como si ellos quisieran llegar a un paraíso que nosotros abandonamos, o eso pretendemos, porque el cacareado paraíso tiene bastantes lugares parecidos al infierno.

Así son las cosas. Por eso conviene detenerse a reflexionar un poco acerca de cómo y por qué hemos llegado hasta aquí. De qué manera se ha ido gestando esa «significación acumulativa». Está muy claro que Zapatero no ha sabido ser un presidente del Gobierno español que superara siquiera un aprobado raspado. Su calificación inevitablemente es suspenso. Porque no quiso ver lo que se venía encima y cuando lo tuvo sobre sus hombros no supo adoptar las medidas imprescindibles no para evitar la crisis, pero sí, cuando menos, para paliar en algo los efectos más demoledores, sobre todo en determinadas capas sociales. Pero eso es una cosa y otra, que la crisis tenga filiación exclusiva en su falta de competencia técnica y política. No es así. Y es imprescindible esa reflexión sobre el pasado para saber cómo hemos de edificar el presente. Porque, y esto es lo grave y al tiempo lo esperanzador, es tan profunda la crisis en los planos moral, institucional y económico que disponemos de una gigantesca oportunidad.

Cenábamos en un restaurante de carretera, lindando casi con O Pereiro, que abre camino hacia Benavente o hacia Ourense, según uno se dirija a Galicia o a Castilla. Les conté a unos amigos la idea de que, según el abogado Mazón sostenía, estábamos en las puertas de una extinción de la Humanidad en un plazo de cincuenta años, o tal vez incluso menos. Ella, conservadora y del PP, apegada a la tierra como las raíces de los castaños que se crían y subsisten, centenarios y hasta milenarios, en el lugar en el que viven, sin pretender sentar ninguna tesis, sino simplemente responder a un impulso interior, dijo:

—Yo eso no lo sé. Pero siento que estamos en la fase final de algo.

Antes de dormir, de regreso en A Cerca después de la cena, mi mente se vio invadida por un pensamiento que me alteró mucho: «Siempre has dicho eso de que "de aquí se sale". La cuestión no es si salimos, que eso es claro. La pregunta es: salimos, sí, pero ¿dónde entramos?».

2

UNA CENA EN MALLORCA.
¿PODEMOS ACABAR SIENDO UN *LAND*?

El domingo 7 de agosto dejamos Santiago de Compostela mientras una lluvia persistente se encargaba de recordarnos que aunque vivas el mes de mayor calor del año —al menos en teoría— Galicia es siempre Galicia, y la lluvia veraniega es cliente relativamente habitual de nuestra tierra. Esa es mi experiencia de muchos años transitando por agostos en las estribaciones del Monte Lourido, y espero que continúe por otros tantos más, aunque ocupe ahora tierras del interior —As Frieiras— situadas a mil metros de altura sobre el mar. Nuestro destino era Mallorca, Pollensa, para ser más concretos. Y allí, en Can Poleta, la casa mallorquina localizada debajo del monte Sagrado del Corazón de María, donde los pollensinos, situados en torno a un altar de piedra y vestidos de un riguroso blanco, celebraban, tiempos atrás, cultos lunares, aparecimos a cenar conforme a lo convenido y sin demora alguna, a eso de las nueve de la noche. Insisto en lo de «sin demora» debido a que por alguna extraña circunstancia que no acabo de entender bien, el avión que nos transportaba —por cierto, alemán— no sufrió ninguno de esos retrasos habituales, casi diría que estructurales, que ya forman parte de la nueva escenografía del transporte aéreo en la que el desnudo, casi integral, por motivos de seguridad, cobra más y más fuerza y colorido, proporcionando en ocasiones ciertas visiones singulares, unas casi cómicas y otras posiblemente penosas. Eso de viajar en avión se está transformando en un cierto suplicio, pero no hay, en determinados destinos, más remedio que sujetarse a sus disciplinas, salvo que, como los antiguos, tuvieras las semanas, los meses y hasta los años para consumirlos en viaje marítimo.

El tema central de la cena, una vez cumplimentados los asuntos de rigor referidos al clima, cómo va el verano, qué tal por aquí, mucha o poca gente, traen dinero o gastan poco, y cosas muy pero que muy parecidas, derivó hacia el mundo de las finanzas, no solo porque estos días de agosto estaban siendo particularmente agitados, tanto que algunos pensaban en un adelanto sobre el adelanto electoral, sino además y sobre todo por la presencia de dos expertos financieros entre los comensales. Me dio un poco de reparo ponerme a hablar en una mesa de verano de estos asuntos, porque no todos los comensales, ni mucho menos, eran expertos en materias financieras. Por eso pedí permiso y uno de los comensales, mujer para ser más preciso, metida en los 33 años de edad, casada y con tres hijos, de nombre Alejandra y de filiación mi hija, me sugirió que esos asuntos son un rollo si quien los explica no es capaz de hacerse entender, pero que todos, o muchos, querrían saber qué está pasando, aunque no encuentran quién sea capaz de exponerlo de manera inteligible para la generalidad de las personas no expertas.

Eso me animó. Como digo, agosto, para sorpresa de algunos, se mostraba violento en lo financiero, mucho más que en lo climatológico. Por ello quisimos reflexionar y tratar de adivinar —ese deporte al que tan aficionados somos los humanos— por dónde vendría el futuro a la vista del caos reinante en los mercados internacionales de deuda pública, los sustos de la banca, los impagos de empresas, en fin, todo ese conjunto de cosas que provocan pánico a quienes de alguna u otra manera de ellas o con ellas tienen que vivir.

Comprendo que estos asuntos financieros normalmente resultan extremadamente aburridos para los no doctos en tales materias, entre otras razones porque se suele utilizar un metalenguaje que distancia la comprensión de aquello sobre lo que se debate. Es curioso esto del metalenguaje: casi cada casta, profesional o de otro tipo, genera su propio lenguaje. Los juristas no somos ajenos a ello, desde luego, pero creo que los financieros se llevan la palma, entre otras cosas por la enorme cantidad de palabras anglosajonas con las que sazonan sus explicaciones, como si eso de dominar el inglés fuera aval incuestionable de mejor comprensión y análisis de lo financiero. Un error de bulto, porque en mi vida he llegado a la conclusión de que, por difícil que sea un asunto —salvo extremos cuánticos—, si realmente lo comprendes, si entiendes el fondo y sus coordenadas, si dispones de la adecuada capacidad de síntesis, puedes llegar a explicarlo de modo suficientemente claro, incluso, para no expertos. Y si no lo consigues será o que no lo acabas de entender del todo o que lo tuyo no es la facilidad de comunicación. A eso se refería Alejandra.

Años atrás, cuando vivíamos en la aparente calma de una artificial abundancia, en las épocas doradas del «España va bien», estos temas de conversación no resultaban frecuentes y si alguien se ponía en una cena de verano a manejar conceptos financieros, salvo que se tratara de colegas de probado fervor por la causa, la respuesta del resto de la mesa, en el caso de que fueran educados sus componentes, consistía en un mirar para otro lado y comenzar a tratar asuntos más banales, como el golf, por ejemplo, con el que suelen aburrir a los no golfistas hasta la más severa desesperación. En el caso de que esos comensales no tuvieran la educación —y paciencia consiguiente— para soportar el ladrillo financiero, la respuesta sería del estilo de la proporcionada por el rey Juan Carlos al hoy enfermo presidente de Venezuela, al que espetó aquello de «¿por qué no te callas?».

Eso era entonces del modo que describo. Pero ya no. Hoy la gente, al menos mucha gente, aunque no comprenda bien esas materias de dineros, deudas y cosas así, siente, presiente y teme que algo gordo está sucediendo, algo que no solo afecta a cotizaciones y precios de títulos y valores, sino a algo más tangible y concreto, a sus vidas, a las suyas y a las de quienes les rodean y, en su caso, a las de quienes les sucederán el día de mañana, aunque a fuer de sinceridad es tan potente, tan descarnada la preocupación que cada uno de nosotros siente por sí mismo que la especulación acerca del futuro de los descendientes comienza a situarse en segundo plano.

—Eso de preocuparte ahora por los nietos —me dijo un gallego de toda galleguidad— es un lujo, casi un esnobismo, porque con la que está cayendo bastante tenemos con preocuparnos de nosotros mismos, del mañana y como tarde del pasado mañana, no de dentro de veinte años.

Y eso es lo malo. Las personas, vivan donde vivan aunque particularmente me refiero a España, se sienten víctimas de un sistema mundial de finanzas que ni siquiera son capaces de comprender. Saben, insisto, que algo gordo está pasando con los bancos, con los países, que si quiebran, que si no quiebran, que si les rescatan, que si no... Y es que no les resulta posible ver un telediario, sea cual fuere la cadena, ni abrir un periódico, incluso los más conspicuos adoradores del Sistema, sin que esas noticias financieras, vestidas de alarma, aparezcan en sus portadas y comentarios de analistas. Hubo una época en que la comunicación, lo que decían los medios, se vistió de finanzas, pero de finanzas de las buenas, de las de todo sube, la Bolsa, la vivienda, las ventas, los beneficios... Ahora sigue teñido el escenario, pero los actores parecen ser del gremio de los malos. Y como lo que más miedo produce es aquello que no se acaba de entender pero se teme que afecte a la vida y hacienda de quien eso recibe, el resultado es una sociedad temerosa de lo inmediato, esto es, su trabajo, su empresa, su pensión, sus dineros, y temerosa también de lo abstracto, eso que se suele expresar de esta forma: no se adónde vamos ni qué va a ocurrir con las generaciones futuras. Ni saben de dónde venimos, ni por qué estamos donde estamos, ni cómo se sale ni dónde se entra. Y eso se llama miedo. Y de alargarse en el tiempo sin solución puede comenzar a llamarse algo parecido a espanto.

—La cosa está muy complicada y la salida no es fácil —señaló Daniel, de unos treinta y bastantes años, que es buen dominador de los secretos de las finanzas internacionales y que ha conseguido montar su propio negocio, en el que canaliza y vende una variedad de productos financieros a lo largo y ancho del mundo occidental.

—Ya, eso es claro, pero de lo que se trata es de encontrarla y personalmente no la veo clara. Yo creo que el euro está distorsionando de manera brutal el poder llamar a las cosas por su nombre y su nombre es que hemos vivido rodeados de mentira.

Admito que me gusta provocar la discusión forzando el argumento, situándolo en un punto límite que genere la necesidad de ir al fondo de los asuntos, no deteniéndose en algunos de los descansaderos del intelecto que proporcionan los dogmas de rigor.

—Sí, es posible, pero a día de hoy la desaparición del euro no es viable porque generaría un caos insoportable —adicionó Fernando, en los treinta y nueve de edad, también buen conocedor de este mundo abstruso y ejecutivo de alto nivel de una de las instituciones europeas de mayor fuerza en el sur de Europa.

—Pues —puntualicé— será un caos, aunque, para mí, insistir un día y otro en la mentira acaba produciendo consecuencias mucho peores. A lo mejor es más claro decir: señores, esto no funciona y vamos a buscar alternativa.

—Que el diseño del euro estuvo mal concebido es algo que hoy admite todo el mundo —intervino Daniel—, y que en su día, en 1992, solo te atreviste a decirlo tú —dirigiéndose a mí— y recibiste muchas críticas por ello. Pero eso no quiere decir que una vez instalado es posible o siquiera pensable la ruptura.

—Hombre, es un tipo de razonamiento algo singular... Admitir que nos equivocamos pero empecinarnos en el error para no reconocerlo... Me parece más propio de políticos que trabajan a corto plazo que de empresarios que buscan estabilizar las cosas llamándolas por su nombre.

—Es posible, pero es que con eso no se consigue estabilizar nada, sino más bien sembrar un caos adicional —replicó Fernando.

—Mira, yo creo que lo que va a suceder es que Alemania gane la partida —señaló rotundo Daniel.

—¿Gane la partida? ¿Qué quieres decir? —dije enfatizando

sonoramente la pregunta para transmitir la sensación de que estaba tocando un asunto capital.

Daniel se prepara bien el discurso. Cuando es consciente de que tiene que exponer algo serio y que resulta imprescindible hacerse entender, se detiene unos segundos antes de hablar, traga saliva, mentalmente estructura el esquema de lo que va a decir y a continuación, con parsimonia, con la calma reclamada por la materia a tratar y el objetivo a alcanzar, comienza a desgranar razonamientos, que admito no son asequibles a todos, porque un mínimo de conocimientos técnicos debes tener, pero que encierran un fondo que cuando menos reclama algo de reflexión serena.

—Vamos a ver. Todos los problemas del euro se solventarían si Alemania aceptara la emisión de eurobonos, ¿no es así? —comenzó su tesis Daniel.

—¿Eurobonos? ¿Qué es eso? A ver si habláis más claro, que no nos enteramos —gritó alguien desde el costado norte de la mesa. Me pareció que no era Alejandra.

Antes de contestarle, de intentar explicar la cosa, preferí abordar por directo la precisión última de Daniel.

—Sí, claro, Daniel, pero eso no lo va a admitir Alemania porque implicaría penalizar el ahorro alemán, o, dicho de otro modo, que el dinero de los alemanes sirva para financiar el despilfarro de los griegos o de los españoles, por ejemplo. Te contesto ahora con lo de los eurobonos.

Es curioso, pero esta idea que es tan fácil de entender a nada que se piense un poco en ella permanece bastante oculta para la gran mayoría de la gente, esa gente que digo que siente temor ante lo desconocido. Y es fácil: los prestamistas, los que tienen dinero y están dispuestos a prestárselo a un Estado, por ejemplo, el griego o el alemán o el español, es gente que no solo busca la rentabilidad a su dinero mediante el tipo de interés que le pagan, sino además lo más importante: que le devuelvan el dinero.

Cuando un cliente va a un banco a dejar el dinero en depósito o lo que sea, pregunta cuánto le van a pagar. No se preocupa de si se lo van a devolver, porque lo da por descontado. Bueno, eso era antes. Ahora, con la que está cayendo, no son pocas las personas que te preguntan por el banco que consideras más seguro o por si crees que tienes que guardar el dinero en casa. Hay incluso miedo hasta ese extremo y el mundo de la banca es terriblemente sensible. Si alguien con credibilidad dice algo muy malo de un banco en un medio de comunicación de masas, creo que podría causar un destrozo más que considerable.

Pero si vas al banco a pedir un crédito, si acudes para que sea el banco el que te preste dinero a ti y no al revés, entonces lo que te piden los banqueros es que demuestres cómo lo vas a pagar, es decir, de qué manera lo piensas devolver, y si hay dudas, si no se lo dejas muy claro, entonces las garantías se convierten en la clave. Bueno, eso era así, porque a día de hoy casi ni con garantías te prestan, pero es debido a que los bancos se han quedado casi sin liquidez. Pero si seguimos razonando nos daremos cuenta de que, garantías aparte, cuanto más riesgo corres con tu dinero, más retribución quieres para compensarlo. Es la ley del capitalismo: el beneficio que obtienes se legitima en el riesgo que corres. No es siempre así ni mucho menos, pero bueno, admitámoslo, aunque una suerte de especie hispánica lo niega. Recuerdo un español de pura cepa que me explicó lo que para él era el verdadero negocio.

—Mira, si en un asunto tienes que poner dinero tuyo, entonces eso no es negocio. El negocio consiste en comprar en Bolsa si alguien te filtra que van a subir y vender en caso contrario. Lo otro, lo de los negocios puros, eso hay que dejarlo para la masa, para el personal de a pie...

Tratándose de mortales de a pie —como decía el rico—, la cosa funciona. Por eso a unos se les presta a un interés de 3, por ejemplo, y a otros de 6. Depende de cómo valore el que pone el dinero el riesgo derivado de quien lo recibe para devolverlo.

Está claro que Alemania es más solvente que Grecia, por ejemplo. Es decir, que tiene menos riesgo de que no sea capaz de devolver lo que le prestan. Y no se trata solo de seriedad, sino de ganar el dinero suficiente para pagar lo que debes a Alemania. Grecia parece que mucho menos. Digo gana, no gasta, porque en lo de gastar da la sensación de que Grecia se sitúa proporcionalmente en cabeza. Insisto en esta idea: el que te presta quiere que le expliques cómo vas a ganar el dinero suficiente para devolverle el que te dejó. Así que ganar dinero es clave en este negocio financiero.

Como Alemania parece ser la más solvente de Europa, el precio del dinero que le prestan a ese país los que lo tienen, los que llaman inversores internacionales, es lo que podríamos llamar el nivel mínimo, la cuota correspondiente al mejor del mundo. Es el referente. Para medir el nivel de un lugar sobre el mar tendremos que encontrar el punto cero y este se localiza en Alicante. Así que cuando decimos que Chaguazoso está a mil metros de altura sobre el nivel del mar, queremos significar que lo está sobre el nivel medido en Alicante. Bueno, pues igualmente los intereses que tiene que pagar un país como Grecia, por ejemplo, o como España o como Portugal, se miden en tanto más que los alemanes, de modo que cuanto más alta sea la diferencia, más baja será la solvencia de quien lo recibe. Y los griegos y los españoles pagamos hoy mucho más que los alemanes si queremos que nos presten dinero. Lógico, porque no ganamos tanto dinero como ellos. Y nos lo tienen que prestar porque si no lo conseguimos tendremos que quebrar, es decir, no podremos pagar ni los sueldos de los funcionarios estatales o autonómicos, que esta es otra.

Pues bien, si emitimos eurobonos, es decir, unos bonos que sean los mismos para todos los países del área euro, se llamen Grecia, Alemania, España, Irlanda, Portugal o lo que sea, entonces café para todos, es decir, solo habría un tipo de interés que sería el que pagarían griegos, alemanes, españoles, vamos, todos los que formaran parte de la Unión Monetaria. Pero, claro, la pregunta del millón:

—¿Y qué tipo de interés van a poner los que nos prestan el dinero? ¿El de los alemanes o el de los griegos?

—Hombre, si es café para todos, pues el dinero se va a vender al precio mayor posible. Es decir, al precio de los griegos, si ese es el país más complicado.

—Eso quiere decir, entonces, que los alemanes, que ganan dinero, van a tener que pagar un tipo de interés que es el que se fija para los que no lo ganan.

—Así es, así es...

—¿Y cuál es la lógica de ese sistema?

—Pues complicada, porque habrá que explicarles a los alemanes que sin saber por qué tienen que pagar más por su dinero, siendo eficientes, y los griegos menos por el suyo, siendo derrochadores.

—¿Y se van a dejar?

—Pues gratis total parece que no.

—¿Así que el trabajo de los alemanes sirve para financiar el gasto de los griegos?

—No tan dramático, pero vaya... Pero es que la cosa tiene todavía más coña. Fíjate: salvamos a Grecia. Para eso le damos dinero a un precio de 3, por ejemplo. Y ese dinero en parte lo pone España. Pero España también necesita dinero y lo pide al mercado y se lo cobran a 5, por ejemplo. Así que recibiendo dinero a 5 tenemos que prestarlo a los griegos a 3. ¿No es de locos?

Me di cuenta de que al resto de los comensales, nada expertos en materias financieras, este tipo de esquema les resultaba comprensible. Aunque solo sea porque eso de igualar por abajo ha sido algo que convirtió el socialismo en eje de su política, quizá no el llamado socialismo científico, pero sin duda lo practicó ese socialismo empírico, mitad salón mitad taberna, hasta que, fruto de la «educación» en lo financiero, abandonó sus doctrinas tradicionales para difuminarse por completo, de modo que lo único que se percibía en ellos con total claridad era una rotunda contradicción con ellos mismos. Contradicción, claro, que acabamos pagando todos, puesto que, nos guste o no, gobernaron y mucho tiempo.

Recuerdo aquella conversación con Alfonso Guerra, uno de los pilares del socialismo español, que en un tono entre quejoso y lastimero me decía respecto de Felipe González, entonces secretario general del PSOE:

—El partido tiene claro quién es su líder, que no es otro que

Felipe. El problema es que al líder parece que ahora ya no le gusta el partido socialista y prefiere algo más «urbano»...

Daniel, que entendía a la perfección el fondo del asunto, expuso el siguiente paso de su construcción.

—Así es, pero los alemanes estarán dispuestos a eso que dices, a financiar con su trabajo parcialmente el gasto de los griegos, o de los españoles o los portugueses, a condición de que cedamos de modo absoluto en política fiscal y que la integración sea total y comandada por ellos. Ya controlan la soberanía monetaria. Ahora solo les queda controlar la fiscal.

—¿Qué es eso de política fiscal? —preguntó alguien que quería no perder el hilo y con esa expresión dejaba de comprender.

—Vamos a ver, para que lo entiendas bien. Ahora los alemanes ya dicen cuánto dinero teórico tiene que haber en el sistema porque España no puede imprimir pesetas. ¿De acuerdo?

—Sí, claro.

—Pero puedes gastar un dinero que no tienes.

—¿Ah, sí? ¿Cómo?

—Pues pidiéndolo prestado. Eso, dentro de unos límites, está permitido en la Unión Europea.

—Ya.

—Bueno, pues política fiscal más política monetaria significa que todo lo referente al dinero, al que ganamos y gastamos los españoles, incluso dónde lo gastas..., todo eso lo deciden los alemanes.

—Pues vaya, me voy cambiando de nombre.

—Pero eso, Daniel —intervine—, como bien sabes, significaría que España, Portugal, Italia y en general el resto de los países europeos se convertirían en una especie de *lander* alemanes. Vamos, que pasaríamos a estados de segunda categoría.

—En parte ya lo somos —puntualiza Fernando—, porque ¿qué autonomía real tiene Zapatero respecto de Merkel? No le queda otra que obedecer a lo que le digan.

—Ya, pero una cosa es esa y otra, integrarte de modo definitivo y total. Hay que tener en cuenta que a partir de ese momento la reasignación de recursos internos dentro de la UE se decidiría por Alemania, es decir, que nos dejarían lo que quisieran ellos. Vamos, que las inversiones se harían en lo que ellos dijeran.

—Por supuesto —aclara Daniel—. Pero es que los alemanes han sido los principales beneficiarios del euro. Sus exportaciones son en un 70 por ciento a los países del euro. Gracias al euro se han inflado a vender Audis. Y no solo coches, por supuesto.

—Sí, así es —le respondí—. Por cierto, que ese es un ejemplo que yo uso mucho para evidenciar el despilfarro: hay aldeas de 100 habitantes en Galicia en las que se ven hasta cinco Audis, y no me contestes que es dinero de la droga porque eso es un lugar común que en términos globales explica poco.

—No hablo solo de España, sino de todos los países del euro.

—Sí, claro, pero fíjate: los alemanes ganan dinero, ahorran y nos prestan sus ahorros, con la condición de que nosotros les compremos sus coches, así que su dinero vuelve a Alemania y puede seguir siendo reinvertido en sus industrias. Nosotros nos quedamos con el coche y la deuda... Y la gente sin terminar de enterarse.

—Por eso digo que Alemania está ganando la partida, y seguirá presionando al euro...

—¿Presionando al euro? —le interrumpí de nuevo.

—Sí, porque fíjate que las crisis del euro siempre vienen después de alguna declaración desafortunada de una autoridad alemana...

—Es cierto —puntualizó Fernando.

—Así que según vosotros no hay más alternativa que Alemania se quede con el cotarro y que pasemos a ser *lander* alemanes y que nos gobiernen ellos.

—Hombre, para que nos gobierne Zapatero, yo prefiero un alemán —dijo con poca carga de ironía y mucho más de resignación Daniel.

—Yo estoy de acuerdo con Daniel —se sumó Fernando.

—Pero con eso lo que estáis cuestionando en el fondo es la propia democracia. Porque a Zapatero lo han elegido los españoles. Lo que venís a decir es que no queréis dejar a los españoles que elijan malamente, como dicen por el sur. Pero eso...

—Es que eso es así. Nosotros tenemos los gobernantes que nos merecemos. Algunos dicen que España, el pueblo español, nunca ha tenido gobernantes de su altura. Lo cierto es que nuestros mejores reyes fueron alemanes...

—¿Te refieres a los Habsburgo?

—Sí, claro.

—Pero también tenemos Borbones. Lo que no tuvimos fue un rey español.

—Ya, pero ahora tengo dudas. Yo creo que hoy tenemos el gobierno que nos merecemos, es decir, que nuestro Sistema y nuestro carácter propician la elección de gobernantes tipo Zapatero. Así que mejor que nos gobiernen los alemanes...

—Eso, aparte de muy fuerte, ya se trató como un argumento en favor del euro.

—¿Qué quieres decir?

—Pues que en aquellos días en los que yo protestaba porque el diseño del euro me parecía mal concebido, desde el Banco de España se lanzaba la siguiente tesis: nosotros los españoles somos incapaces de gobernarnos con disciplina financiera. Así que mejor que nos la impongan desde fuera.

—Pues tenían razón.

—¿Razón? Visto el lío en el que estamos todos metidos, me parece que no es lo más claro...

—Es que no nos han gobernado desde fuera. La soberanía financiera sí la hemos transmitido, pero la fiscal no, así que nos hemos quedado a medias y con eso hemos construido este desastre.

—Y por eso dices que el final del cuento es que nos gobiernen de modo total los alemanes, ¿no es así?

—Pues sí, así es, y prefiero, te insisto, un alemán a Zapatero, y a los posibles Zapateros que nos depare el futuro, que no es cosa solo de izquierdas, sino de clase política.

No conseguí dormir bien y no porque me alterara demasiado el contenido de la conversación. Y eso que era perfectamente consciente de hasta dónde y hacia qué lugar caminábamos como consecuencia del lío en el que nos habían metido los políticos. Ahora, ni más ni menos, nos encontrábamos en proceso de cuestionamiento de la democracia como sistema, puesto que propiciaba la posibilidad de que un hombre como Zapatero, de cuya competencia técnica como político y como gobernante hay motivos fundados para dudar seriamente, no solo fuera elegido una vez, sino una segunda, y con quien hemos transitado por una crisis profunda sin más horizonte que el cada día peor.

El problema comenzaba a afectar a los pilares del sistema político global que nos hemos dado, o que nos han dado, según se quiera ser teórico o realista. La clase política recibía el poco honroso atributo de ser uno de los principales problemas de España. Quizá de Europa, aunque no con idéntica intensidad. Los partidos políticos, como vehículos particulares de esa clase en su ascenso y mantenimiento del poder, merecían idéntica consideración. El Gobierno y las instituciones capitales suspendían en la valoración de los españoles. Solo queda el modelo de base en cuanto tal, y por aquí también comienzan a verse algunas grietas.

Me percaté de ello en uno de los programas de *Una hora con Mario* en los que en Intereconomía llevé a la práctica y a la pantalla conversaciones con jóvenes para saber realmente qué es lo que piensan. Porque serán ellos los que definan el futuro. Nosotros trabajamos con nuestro presente, pero en realidad es su modo de pensar el que determinará su modo de comportamiento. Así que si queremos saber cómo será España y Europa, no basta con conocer cómo pensamos nosotros, sino que es imprescindible indagar sobre sus mentes, sus valores, sus ideas, su modo de pensar. Pues bien, un día de aquellos me dejaron totalmente sorprendido cuando cuestionaron de raíz el principio de un hombre un voto, alegando ante las cámaras, sin el menor recato y mucho menos vergüenza o miedo, que el voto de un hombre que ha dedicado su vida a informarse, a leer, a trabajar y a pagar sus impuestos no puede tener el mismo valor que el de un desarrapado que no ha hecho otra cosa en su existencia que dedicarse a la molicie, al consumo de droga y a dejar que el tiempo resbale sobre su vida.

Soy consciente de que ningún modelo resiste sin serio desperfecto el tormento de verse sometido al ejemplo de dos casos límites. Pero es que la democracia entendida como la hemos practicado se está resintiendo sin necesidad de forzar los límites. Los jóvenes, al menos aquellos que concurrieron al programa, lo exponían con esa sencillez que proporciona la limpieza de juicio, y limpieza aquí quiere decir no sentir temor por el manido qué dirán otros cuando escuchen nuestras opiniones. Porque es lo cierto que en demasiados ambientes, en excesivos lugares se dice en voz baja que la democracia se encuentra en crisis, para añadir a continuación, elevando ahora algo más la intensidad física del tono, que eso no se puede sostener públicamente porque a día de hoy resulta inaceptable. Incluso peor: es sacrilegio político, porque la ortodoxia implica la bondad sustancial de la democracia.

Pero un tipo de bondad curiosa, a fuer de ser claros. Se dice que no es un régimen perfecto, lo cual, salvo enajenación mental completa, es obvio de toda obviedad. Pero se añade, como título legitimador, el siguiente: es el menos malo de todos los conocidos. Dejemos a un lado que ese mismo aserto es en sí mismo discutible, sobre todo si lo medimos en términos de progreso del individuo, del tipo de persona creada por el sistema de gobierno, el esquema de valores que componen su modo de pensar. Dejemos, como digo, eso de momento a un lado, y vamos a lo que se utiliza para elegir: el principio del mal menor.

Es exactamente igual que lo que se escucha cuando se refiere uno al actual líder de la derecha. No suscita, al menos eso dicen las encuestas, fervor ni entusiasmo. Quizá sea debido a que ha optado por el silencio como técnica de acceso al poder, a la vista de que no necesitaban verdugos cuando los contrarios se colocaban ellos mismos la soga alrededor del cuello y daban la patada al cajón sobre el que se situaron para, una vez sin soporte, quedar colgados de la soga hasta su desaparición física. Curiosa la técnica, desde luego, pero lo cierto es que le da resultados al contrario, aunque sea encajándolo en la categoría de mal menor. No se le vota —eso dicen— con entusiasmo, sino porque de lo que se ofrece es, a día de hoy, lo menos malo.

La esencia es perversa: elegimos un sistema al que calificamos de algo malo. Menos que otros malos, pero malo al fin y al cabo. Y elegimos para gestionar ese sistema malo un gobernante malo, menos que otros, pero malo. Nos guste o no, este es el fondo doctrinal del asunto. Con estos ingredientes, ¿cómo esperamos obtener un orden que no consuma sobresaltos día sí y día también?

Estoy seguro de que si alguno ha tenido la paciencia de llegar hasta aquí, es posible que en lugar de atender al fondo de lo que escribo se limite, con ese recurso fácil al que tantas veces se apela en ausencia de ideas y razonamientos profundos, a decir algo así como:

—Pues vaya, ya estamos proponiendo los regímenes autoritarios como solución a la crisis... Si ya decíamos que los fascismos volverían a estar de moda.

Es recurso fácil, pero sobre todo recurso apto para seudointelectuales de salón y consumidores de eslóganes de tercera. No es eso ni por asomo. Lo que pasa es que analizar, pensar y cuestionar las cosas trae la consecuencia inevitable de aproximarse a sus fondos, a sus soportes intelectuales, emocionales o mentales. Y llegar a esos lugares exige un mínimo de serenidad y no recurrir a la histeria como actitud, aunque se vista de aparente calma. El silencio no es siempre prueba de madurez. Si no que se lo pregunten a los burros, que nunca hablan y solo de vez en cuando rebuznan. No por ello son más sabios. Aunque, por cierto, algunos sostienen que el burro es animal muy limpio y muy inteligente. Pues será, pero entonces no sé por qué se utiliza como referente de torpeza.

Einstein escribió que el conocimiento de la verdad no es suficiente. Es como una estatua de mármol en medio del desierto constantemente amenazada a verse enterrada por una tormenta de arena.

Los trabajadores de guardia siempre deben vigilar que la estatua brille al sol.

Pues eso, que hay que estar permanentemente vigilantes para que la «ortodoxia» de turno no arroje arena sobre lo que es el fondo de verdad de ciertas materias que nos ocupan. Y no es tan fácil esa actitud vigilante porque en una democracia dominada por la inducción impuesta a través de los medios de comunicación, con su constante golpeteo, y del modelo educativo implementado, el tipo de individuo generado, el producto humano conseguido, es lamentablemente mucho más propenso a contemplar impávido las tormentas de arena que a preservar a la estatua de sus ataques. Y lo malo es que en demasiadas ocasiones ni siquiera es consciente de ello.

En la madrugada del 8 de agosto, a eso de las cinco de la mañana ya me encontraba en la pantalla del ordenador. Como predijo Daniel, los periódicos apuntaban a que el Banco Central Europeo compraría deuda pública española e italiana para calmar los mercados. Lo malo es que teóricamente no podía hacerlo. Es verdad que se había aprobado un fondo de 750 000 millones de euros (una monstruosidad de dinero) para atajar estas cosas. Un dinero artificial, sin duda, para cortar problemas que no del todo, ni mucho menos, eran puro artificio, pero lo cierto es que así solucionan —o eso dicen— los políticos las cosas. Pero para usar ese fondo se necesitaba aprobación de los parlamentos nacionales y eso no se había producido. Es más: me resultaba dudoso que una unanimidad fuera el resultado previsible a día de hoy. Así que si querían intervenir tendrían que acudir a algún subterfugio, pero en ese tipo de maniobras son expertos ciertos integrantes de la clase política. Artificios y más artificios. ¿Qué pensarían los mercados? Lo veríamos a lo largo del día. Algunos vaticinaban un nuevo lunes negro. Otros se encontraban más tranquilos con esas maniobras políticas. En fin, cuestión de esperar un rato. Pero viéramos lo que contempláramos, lo cierto es que con ello no se modificaba el fondo del asunto. Incluso más: en mi opinión añadir artificialidad sobre artificialidad nunca resuelve, solo empeora.

Nada más abrir las Bolsas, el anuncio del Banco Central de comprar deuda italiana y española funcionó y los diferenciales cayeron de modo estrepitoso, tanto que yo lo comenté a primera hora con Fernando y semejante descenso le parecía no solo desproporcionado, sino nítidamente artificial.

—Me huele que esto no va a durar demasiado.

La gente no sabe qué significa eso de que el Banco Central compre deuda italiana y española para calmar los mercados. Pero si se explica se entiende. Los romanos inventaron aquella frase de que «res valet quantum vendi potest», que traducido a nuestro idioma quiere decir que las cosas valen el precio en el que las puedas vender. ¿Por qué bajaba el precio de la deuda española e italiana? Pues porque los compradores no estaban dispuestos a poner su dinero como no fuera a ese precio. ¿Por qué lo valoraban así? Por cuestión técnica, es decir, porque, como antes explicaba, el riesgo que corrían les llevaba a decir que por la deuda de esos países estaban dispuestos a pagar tanto y ni un euro más. ¿Lo hacían para jorobar a los españoles e italianos? Pues sinceramente creo que no. Por supuesto que algo de especulación siempre existe en todo mercado abierto, pero en este caso, más que especuladores, se trataba de inversores que ponderaban riesgo y decidían en consecuencia. Eso reclama, claro, mercados en los que sea posible la especulación en cuanto tal en sus versiones puras y duras. En cualquier caso, uno de los problemas brutales y esenciales que tenemos que atajar es el exceso de especulación en el mundo financiero. Hay que cortar por lo sano.

Entonces, ¿qué hace el Banco Central? Compra esos bonos españoles e italianos a un precio muy superior al que están dispuestos a pagar los inversores privados. Claro, si alguien paga por una moto mucho más que el precio que señala el mercado, no hay más remedio que decir, mientras ese alguien siga vivo, que la moto vale ese precio, el del tipo que paga caro y no el del mercado.

Y aquí viene la pregunta clave: ¿con qué dinero compra el Banco Central Europeo? Pues con un dinero que no existe, que se inventa para estos fines. Es casi como si le diera a la máquina de imprimir billetes. Es decir, que tira con pólvora del rey, como se dice vulgarmente. Pues así cualquiera. Si crea un dinero artificial para fijar un precio artificial, todo es artificial... ¿O no? Pues salvo ignorancia inexcusable o servidumbre política invencible, la respuesta es, tiene que ser un «por supuesto».

Recuerdo un programa de *El gato al agua* en el que intervino uno de los economistas de mayor prestigio en España. Planteamos este tema y el profesor dijo, al referirse a Grecia o España:

—No tendrán demasiados problemas porque siempre tienen al BCE detrás que cumple el papel del primo de Zumosol, por referencia a un conocido anuncio publicitario en el que aparece ese tal primo que es hombre de fuerza descomunal.

La cita me pareció un poco confusa porque aquí el primo no existe en cuanto tal y dije:

—Hombre, con todos mis respetos, creo que el BCE no es el primo de Zumosol, sino que los primos somos nosotros, los europeos, porque ese BCE compra con dinero que se inventa, y cada vez que se inventa dinero, nos afecta al valor de nuestras cosas, nos endeuda y tendremos que trabajar para devolverlo. Así que los primos, entendiendo por primos los que pagamos, somos nosotros.

Me dio la razón, porque es así, se mire por donde se quiera mirar. Lo que pasa es que la gente no se percata de que ese dinero no existe, se inventa, y no se da cuenta de que cada vez que se inventa dinero, al final se trata de una deuda que tenemos que pagar y que en su gran mayoría desplazamos a las siguientes generaciones. Pero ya he escrito que eso a los políticos les importa más bien poco porque piensan a corto plazo, salvo en lo que a su futuro personal se refiere, asunto en el que no dudan en tomar medidas que les garanticen el mayor plazo posible de bienestar...

Por eso era tan importante lo que sucedía en Estados Unidos mientras en Europa se intentaba disimular los problemas de fondo. Por primera vez en la historia, al menos que yo recuerde, Estados Unidos estuvo al punto de una suspensión de pagos.

Es interesante tratar de explicar a una profesora universitaria de Derecho Constitucional un asunto aparentemente complejo como este, porque, por mucha que sea su capacidad intelectual, al final hay que dominar la jerga. La pregunta es obvia:

—Pero... ¿cómo va a suspender pagos el país más poderoso del mundo?

Estamos tan acostumbrados a venerar al poder por el poder mismo que nos parece imposible que cosas así puedan suceder. Y sin embargo las civilizaciones y los poderes que las sustentan desaparecen cada cierto periodo de tiempo y de ellas no quedan sino rastros arqueológicos. Y en algunos casos mitológicos.

—Pues porque...

No me dejó seguir. Quería entender el fondo del asunto antes de escuchar cualquier explicación técnica.

—Pero, por favor, explícame cuál es el problema.

—Es relativamente fácil. Desde hace años, como el Estado norteamericano no genera ingresos y sí muchos gastos, o, mejor dicho, como sus ingresos son siempre inferiores a sus gastos, no le queda más remedio para pagar lo que debe que acudir a pedir dinero prestado. Como cualquier familia, vamos...

—Eso se entiende bien, ¿y?

—Pues que con el paso del tiempo la deuda sube, aumenta, se incrementa, exponencialmente. Y, como se trata de dinero artificial, si eso sigue eternamente, la quiebra de las familias es total. Bueno, de familias y empresas.

—Claro, al final el Estado acabamos siendo nosotros mismos.

—Sí, es un ente jurídico, pero nosotros somos los reales, los físicos, los de carne y hueso, los que producimos, vivimos, morimos, consumimos, generamos, degeneramos... y los que tenemos bienes con los que responder. Siempre que los tengamos, claro, porque ya se encarga el Estado de quitarnos una parte nada despreciable.

—Ya.

—Por eso es imprescindible fijar un límite, para que los políticos no puedan endeudarse todo lo que quieran y sin control. Pues con todo el lío que tienen montado en Estados Unidos resulta que ese límite lo agotaron.

—¿Qué límite?

—El que fija el máximo de deuda, la máxima cantidad de dinero que podía el Estado norteamericano recibir prestado de otros.

—Ya, ¿y entonces?

—Pues lo obvio: para pagar tenían que aumentarlo, es decir, pedir más dinero prestado y eso reclamaba autorización del Congreso.

—Y los republicanos ¿dominan el Congreso?

—Pues ese es el asunto. La respuesta es sí, aunque con matices. Se necesitaba su voto para aumentar la deuda. Y se negaban a ello.

—¿Aun a costa de dejar que el país quebrara?

—Es un recurso retórico porque lo que es seguro es que si no existe límite y el país aumenta la deuda un año tras otro, la quiebra es absolutamente segura. Por tanto, se trata de evitarla, no de acelerarla.

—¿Y cómo se evita?

—Pues haciendo lo que han hecho, es decir, diciendo a Obama: mire usted, le dejamos que ahora aumente la deuda, pero con la condición de que usted me reduce los gastos del Estado en la misma cantidad en la que la aumente, para que, como mínimo, las cosas queden como están. ¿Sabes lo que quería hacer Obama?

—No, claro, porque esos temas me interesan lo justo.

—Pues deberían interesarnos a todos más porque es mucho lo que nos va en juego.

—Sí, pero si no tienes formación financiera...

—En el fondo no hace demasiada falta. Basta con sentido común y con no presentar las cosas con la finalidad deliberada de que nadie entienda nada.

—Bueno, bien, pero ¿qué es lo quería Obama?

—Pues compensar la deuda con nuevos impuestos, sobre todo sobre los ricos, por así decir. Y los republicanos han dicho que no, que ya está bien de presión fiscal, que no se trata de aumentar impuestos, sino de bajar gastos. Vamos a ver si queda más claro así:

se trata de no seguir penalizando a los que crean riqueza para que financien con su esfuerzo a los que la consumen en gastos suntuarios e innecesarios.

—Pero el Estado no es innecesario, sino más bien lo contrario.

—Bien. Ese es el punto central del debate. Hace años que lo vengo diciendo. Déjame que te lea lo que ya dije en 1993 en el discurso «Poder político y sociedad civil» pronunciado en la Universidad Complutense en presencia del Rey.

—¿Ya apuntabas a esto?

—No solo apuntaba, sino que advertía de modo rotundo.

Me levanté y fui directamente a la biblioteca vieja de Can Poleta, allí donde guardaba muchos de los libros esos que la gente dice que son raros y que a mí me gusta leer porque afectan al lado oscuro del ser humano, y por oscuro me refiero al menos conocido. Se trata de libros que tratan del espíritu, de manera muy variopinta, claro, porque no todos son coincidentes, pero en todos ellos, incluso en alguno más irreverente, se encuentra un deseo de poner de manifiesto que el hombre tiene una faceta espiritual —o como se la quiera llamar— cuyo olvido y marginación está en los cimientos del falso edificio que hemos construido en los últimos siglos.

Tomé el libro en el que guardé el texto de mi discurso, busqué la referencia al problema que quería señalar, y, después de reclamar atención, leí lo que entonces dije:

En palabras de Keynes, «la agenda más importante del Estado no se refiere a aquellas actividades que los individuos privados ya están desarrollando, sino a aquellas funciones que caen fuera de la esfera del individuo, las decisiones que nadie toma si el Estado no lo hace». A lo que añade: «Lo importante para el Gobierno no es hacer cosas que ya están haciendo los individuos, y hacerlas un poco mejor o un poco peor, sino hacer aquellas cosas que en la actualidad no se hacen en absoluto».

Tengo por cierto en cualquier caso que, con los nuevos planteamientos ideológicos de nuestro tiempo, el problema de los límites de la acción de los poderes públicos será el eje de la discusión política de finales del siglo xx y principios del siglo xxi. No se trata ahora de declararse a ultranza partidario, sin más, del Estado mínimo. Ni siquiera centrar el problema en las competencias económicas a asumir por el Estado. El problema es más profundo: la clase política ha atribuido al Estado un papel excesivo que este luego no puede cumplir o no puede hacerlo eficientemente, y por ello entre la tarea atribuida y los resultados obtenidos hay una amplia divergencia que genera la insatisfacción que está en la base de la desconfianza entre los ciudadanos y los políticos.

Concluida la lectura, me atreví, con una brizna de vanidad, a preguntar:

—¿Qué te parece? ¿Visionario, no?

—La verdad es que cuando piensas que eso fue dicho hace ya dieciocho años te quedas de piedra.

—Pero lo malo no es eso, María. Lo peor es que no hiciera ni caso nadie, pero, claro, son gente del Sistema y ya sabes...

—Sí, pero allí estaba el Rey. Por cierto, ¿sabía que ibas a pronunciar ese discurso?

—Por supuesto.

—¿Y?

En vez de responder directamente a una pregunta como esta, que me obliga a plantear de golpe demasiadas cosas a la vez, preferí cortar, pero no sin antes advertir:

—Mira, sobre eso estoy escribiendo, así que tendremos ocasión de charlar a fondo, y, en cualquier caso, siempre nos queda la lectura del libro. Ahora voy al ordenador a ver qué ha pasado con los mercados, a ver si han entendido que con esas cosas que hace el BCE no se soluciona nada, que no son sino pan para hoy y hambre para mañana.

Comprobé que la euforia inicial, traducida en subida en flecha de nuestro índice bursátil, había cedido. La Bolsa americana bajaba. Las europeas también. Y la nuestra, después de subir como una loca, ya se encontraba en números rojos. Decían que volvía el temor a una recesión. Pero a mí me quedaba la esperanza de que por fin se empezara a entender.

Pero los movimientos de subida y bajada a corto plazo no tienen el menor interés. Leía hace unos días un libro de Ramesh S. Balsekar en el que se contiene una distinción que es aplicable a muchos órdenes de la vida, y que consiste en la diferencia entre atajar y solucionar un problema. Para esto último, para realmente solucionarlo, hay que, antes que nada, admitir su existencia en cuanto problema, y después penetrar en él, conocer sus causas, su dimensión verdadera, su esencia. Atajar quiere decir evitar en lo posible las consecuencias más inmediatas. Es tanto como negar la realidad del problema y adormecer sus derivadas. Demasiadas veces en política funciona el principio de atajar y no solucionar. Parches y más parches que solo contribuyen a que el problema sea cada día mayor y, en consecuencia, más difícil la solución.

Llegó septiembre de 2011 y lo que tenía que suceder comenzó a ocurrir. Las Bolsas descendían, las primas de riesgo aumentaban. Los políticos, desconcertados. Los alemanes se debatían entre convertirse en financiadores de los periféricos o dejarnos que nos fuéramos al garete. Finalmente, los españoles acudimos al superficial expediente de modificar la Constitución para limitar el déficit, algo, en el fondo, inservible, porque no depende de leyes, sino de decisiones, de actitudes, de conductas. Pero decían que con eso los mercados nos tratarían mejor. Pues ni por esas. El mismo día en que se aprobaba la norma, los mercados nos vapulearon. De nuevo el pánico. Las Bolsas a los suelos. Alemania en la encrucijada. Merkel pronunció un discurso europeísta a ultranza, o eso decían algunos, porque yo no sé leer en alemán. De nada sirvió. Bueno, sí, para una cosa: para ratificar que de eurobonos nada de nada y que si querían que Alemania ayudara, tenían que entregarle un «poder fuerte» en soberanía fiscal, es decir, que mande Alemania. Lo que apuntábamos en la cena se venía a cumplir en las páginas de los periódicos. El euro descendía de forma aguda. Los rumores de quiebra de Grecia seguían sonando en los mercados y la pregunta de ¿qué pasa con España si Grecia quiebra? se formulaba en voz más bien baja pero temerosa. El desconcierto era el fruto inevitable de la enorme dosis de artificialidad en la construcción del proyecto europeo. Había que permanecer atento al desenlace.

En cualquier caso, siempre queda la pregunta: ¿Cómo es posible que hayamos llegado hasta aquí? Era cada vez más imprescindible una serena averiguación de las causas explorando nuestro pasado. Sobre todo porque la violencia empezaba a sembrar pánico en Inglaterra. Los periódicos ingleses y los europeos en general daban cuenta de disturbios de proporciones crecientes en Inglaterra que parecían desconcertar al Gobierno. La situación de crisis, la falta de perspectivas de la juventud, las condiciones de vida de barrios marginales, los problemas de integración étnica y puros actos de vandalismo auxiliados por las redes sociales que transmiten en tiempo real información acerca de en qué lugares podrían obtenerse móviles o ropa gratuita... En fin, desconcierto. ¿Se extenderá a España? De momento no, pero...

En el aire de mis preocupaciones interiores quedaba más viva que nunca la posición de mi sobrino.

—Algo habréis hecho mal vosotros, ¿no?

3

ERA UN HOMBRE DE LA IZQUIERDA DURA EL QUE HABLABA DE BANQUEROS

Las referencias que me proporcionaron, provenientes de lugar de confianza plena, una especie que habita muy escasamente en mi interior fraguado con inconcebibles traiciones, me aventuraban una conversación más que interesante. La edad, superados los sesenta y acercándose con dignidad, aunque todavía con distancia considerable, a la cifra mágica del número siete, me indicaba que seguramente cruzaría mis pensamientos con los de una persona en la que la experiencia del vivir habría reducido en muchos enteros la cotización de las ilusiones del soñar en juventud.

Porque soñar, todos soñamos, claro, aunque hay matices diferenciales en la temática de nuestros sueños. Incluso en el color y nitidez. Una hermana mía decía cuando éramos niños e, incluso, en las puertas de la juventud, que ella soñaba en color, en tecnicolor, como se decía entonces, y nos tenía acomplejados al resto de la pandilla gallega que no conseguíamos ir un metro más allá del puro y duro blanco y negro. Una vez que nos acostumbramos a la televisión con colorido, a partir de los años cincuenta del pasado siglo, la cosa pudo cambiar, y los complejos se disolvieron casi en su totalidad. Ahora solo nos queda soñar en eso que llaman tres dimensiones, aunque el inconveniente reside en que en el estado actual de la técnica se necesitan gafas especiales, y eso debe resultar altamente molesto cuando uno decide ponerse a dormir. En todo caso, un budista recalcitrante diría que no hace falta semejante tecnología porque el vivir, eso que ellos llaman Maya, es precisamente soñar en tres dimensiones, aunque nuestra formación actual no nos permite tener conciencia de ello. Algo de razón tienen, desde luego. Sobre todo cuando se contemplan algunas vidas.

Regreso a mi personaje. Su experiencia vital venía adornada por varias características sugerentes, al menos para una conversación en profundidad en estos tiempos que corren. La primera, un hombre que había sido de izquierdas, y, concretamente, del partido comunista, pero no ocupando cargos ni recibiendo prebendas derivadas de su filiación, sino, simple, sencilla y llanamente, alimentando un tipo de sueño que afectó a muchas gentes en edades tempranas, y a otros, menos tempranos y más maduros, les agarró por el costado que más duramente ata: el de los intereses de poder. A estos últimos no les afectó; seguramente es más preciso decir que les infectó.

Además, curiosamente, pertenecía a un movimiento de corte nacionalista gallego. Pero para los que no conocen bien ese tipo de posicionamientos en nuestra tierra gallega les diré que ese nacionalismo nunca —o casi nunca— se edificó sobre una posición excluyente, esa de «no-soy-tú», puesto que su referente era Hispania, integrando, por tanto, la Península, sabedores —supongo— de la verdadera historia del Condado Portucalense, que gracias a Teresa, la hija de Alfonso VI, y a su matrimonio con un Borgoña, dio origen al reino de Portugal. Al menos en mi experiencia, el nacionalismo gallego nunca tuvo componentes tribales de exclusión que se aprecian en otras propagandas.

Por último, el hombre era un buen conocedor de la mente humana, puesto que en eso consistía su profesión, que seguía ejerciendo a pesar de que la edad de la llamada jubilación aparecía ya en el DNI y en la fecha del título de expedición de su doctorado. Pero un psiquiatra auténtico nunca se jubila. Tal vez del ejercicio profesional, pero no del intelectual. Asumí que sería psicoanalizado a lo largo de la conversación, y acepté el coste sin el menor problema.

Habíamos quedado en almorzar en A Cerca. Apareció a las dos de una tarde de agosto. Cumplimentamos una presentación de rigor escasamente original, porque tratar de serlo en estos casos es peligroso para el futuro de la charla, porque en los introitos se pueden decir estupideces que comprometan el futuro inmediato. Un vino blanco de entrada, más bien frío, que es lo que toca, sobre todo en verano, aunque hay quien lo discute, algún aperitivo poco afrancesado y a la mesa, a comer pero sobre todo a charlar.

Inevitable que al comienzo intercambiemos experiencias vitales. Yo, como digo, tenía la información de su adscripción ideológica del pasado, aunque me di cuenta en la calidad del brillo de su mirada de que, con independencia de su alma gallega, que eso imprime carácter en la forma de mirar, la reasignación de sus ideales —por decirlo con palabras economicistas—, su reajuste al colisionar con la experiencia, se produjo sin un exceso de tristeza, con mayor carga de resignación de la que supuso en sus años mozos, pero sin perder del todo la esencia, la puerta del conocimiento humano que ha sido y seguirá siendo la curiosidad. Al menos creo que algo así decían los griegos en su Academia. Pues bien, esa curiosidad no tardó demasiado tiempo en manifestarse entre nosotros, pero quiso hacer un introito sincero —ahora sí— que sirviera para aplacar posibles aristas intelectuales o ideológicas y templara el ambiente anímico de ambos.

—Bueno, quiero decirte que yo, a pesar de lo que dicen, y a pesar de cómo pienso, porque algo sigo pensando, os veo en Intereconomía.

Era una manifestación importante, incluyendo el toque de ironía. No se trata de mentar a un canal de televisión cualquiera, sino a uno que en el último año y medio ascendió en audiencia de manera brutal, provocando, claro está, las iras de los competidores, que se manifestaban de muy diversas maneras, entre las que la descalificación pura y dura y el intento de ridiculización ocupaban las butacas preferentes. Y un atributo curioso: canal de extrema derecha, aunque nadie se atrevía a concretar en qué consiste en estos tiempos que corren ser de extrema derecha, posiblemente por el temor de que si asignaban las coordenadas, a lo mejor se encontraban con sorpresas. Ese canal tiene un anuncio que dice algo así como «orgulloso de ser de derechas», lo que resultaba nítidamente rompedor en un país en donde casi todos se avergonzaban de usar esa palabra. Porque de derechas hay en nuestro territorio nacional una multitud. Que lo reconozcan públicamente ya es otro asunto. Así que decirlo a las claras era atreverse. Y ser atrevido suele resultar peligroso en un país en donde crece la mediocridad porque se alimenta con toda suerte de vitaminas intelectuales y físicas.

—Hombre, pues...

Mi respuesta, convencional de toda convencionalidad, no pudo siquiera ser terminada. El hombre respiraba energía. No intransigencia, pero sí energía. Por ello me interrumpió y con tono decidido me dejó sentado a las claras su propósito.

—No te lo digo por decir. Quiero que sepas que no estoy de acuerdo con todo lo que se dice en vuestro canal y en particular en el programa en el que participas. Ni mucho menos. Pero sí que lo estoy en que digáis todo lo que decís, porque muchos otros ocultan y sin la información no podemos formarnos criterio.

—Pues nada, muchas gracias.

¿Qué podía decir aparte de gracias? Yo estaba de acuerdo en la apreciación, porque conocía que uno de los métodos más eficaces de practicar censura informativa es precisamente no informar. No solo alterar o confitar la información, sino sencillamente ocultarla. Pero a partir de ese momento, recibida la aclaración teñida de simpatía, tenía que ser yo el que tomara la iniciativa para situarle en un terreno en el que pudiera encontrarse intelectual e ideológicamente cómodo. Y lo hice del modo —creo— más sugerente para un hombre de izquierdas. Al menos eso supuse, porque imaginé que le gustaría que mentara lo que algunos llaman «la bicha» andaluza.

—Por cierto que, aparte de lo que dices, que es verdad, habrás visto que es la única emisora en la que en programas informativos nos atrevemos a manejar la expresión de que hay que cambiar el Sistema. Los demás ni de lejos utilizan esa expresión. Les da como miedo, o es que deben tributo al César...

—Sí, a eso me refiero, aunque, claro, otra cosa es que nos guste o no el cambio que proponéis...

—Por supuesto, pero es evidente el fracaso de lo que hemos construido. Por Sistema nosotros nos referimos, queremos mentar...

No me dio oportunidad de seguir. Se metió de bruces en el asunto.

—A la banca, por ejemplo, ¿no? Bueno, a la banca y a los políticos, porque visto desde fuera, y yo me considero «fuera» solo relativamente, porque soy un lego en finanzas, que no en política —los comunistas nunca son legos en política—, me parece que esta crisis es responsabilidad primordial de los banqueros, ¿o no?

Hay asuntos en los que tengo que ser especialmente cuidadoso, sobre todo cuando de nuevos interlocutores se trata, porque pueden dar lugar a malentendidos, aunque confieso que los malentendidos no son mi problema, sino el de quien malentiende, y por eso me preocupan entre poco y casi nada. Pero, aun así, uno de los temas sensibles reside en mi posición sobre el sistema financiero, porque pueden creer que como consecuencia del atropello que sufrí al quitarme Banesto —a mí y a los cientos de miles de accionistas que siguen sin enterarse del expolio— tengo acumulada cierta prevención, por decirlo suavemente, contra todo lo que tenga que ver con la banca privada, la oficial y los controladores —es un eufemismo— del Banco de España. Pero como hablando claro y por derecho se entiende la gente, por lo menos la que se quiere entender, que con la otra nada hay que hacer, le dije:

—Mira, sería injusto decir que toda la responsabilidad es de los banqueros. Pero con seguridad lo sería más todavía asegurar que no tienen ninguna responsabilidad en el desastre que estamos viviendo.

—Lo que quieres decir, supongo, es que según tu tesis la responsabilidad es del Sistema en su conjunto y que los banqueros son una pieza más, cualificada, pero no la única.

—Por supuesto, pero conviene detenerse un poco en las ideas porque cuando generalizas en exceso te pierdes matices importantes para comprender. Por eso conviene ir paso a paso, es decir, desgranar. Es un poco coñazo eso de ir desentrañando y admito que el detalle a veces solo sirve para perder perspectiva, pero es necesario analizar las fibras para conocer el estado del músculo, y con ello el del cuerpo en general.

—Y en ese contexto, si la responsabilidad es del Sistema en su conjunto, ¿qué diferencia o diferencias hay entre esta y otras crisis pasadas? ¿Qué han aportado o quitado a lo que tenemos que padecer los señores de la banca? Porque banqueros hemos tenido siempre, ¿o no?

Era una pregunta que me permitía una contestación nacida de una reflexión profunda de muchos años, no de algo que hubiera pasado a formar parte de mi acervo intelectual, de mi equipo de convicciones desde 2007-2008, años en los que solo los que no quisieron ver se negaron a la contemplación de la evidencia del lío que nos venía encima. Me mentó una de mis reflexiones favoritas: el verdadero papel de la banca y de lo financiero en el entorno del sistema capitalista de economía de mercado. Y eso implica un riesgo elevado, porque es tema, asunto, materia que me apasiona, y cuando me meto de cabeza en asunto apasionante suelo extenderme más allá de la paciencia de quienes me escuchan, pero es mi forma de ser.

—Bueno..., verás..., esta es una crisis sustancialmente financiera y no directamente derivada de la economía real.

Comencé suavemente y sin darme cuenta con exceso de tecnicismo. Me cayó la bronca.

—Si pudieras hablarme más claro, te lo agradecería. Lo malo es que empezáis con esa jerga y así no nos enteramos de demasiadas cosas. Nosotros, los médicos, también lo hacemos, lo confieso, y por eso te pido el esfuerzo, porque se trata de que me entere un poco más...

El tono no era crítico, sino sincero. Y tenía razón, porque damos por supuestos términos, palabros, como dicen por el sur, expresiones que pensamos son entendidas por todos. Pues no. Ni mucho menos.

Otra cosa es que sean repetidas por muchos, pero no equivale a ser comprendidas. En demasiadas ocasiones funciona aquello que decía una señora respecto de un político: «Hay que ver qué bien habla». Al ser preguntada por lo que había dicho ese hombre que hablaba tan bien, la señora contestó sin inmutarse: «Ah, eso no lo sé. Pero hablar, habla bien».

—Perdona. Quería decir que... A ver cómo te lo explico de manera lo más clara posible. Se suele decir que las crisis vienen cuando las empresas van mal, cuando no se genera riqueza, cuando no funciona eso que llamamos economía real.

—¿Es que la otra es economía artificial?

Algo de sorna y cachondeo se percibía en la pregunta, pero lo malo es que acertó de pleno.

—Pues sí, de eso va la cosa precisamente, de artificialidad.

—Coño, pues no me imaginaba yo que con mi gracia iba a centrar el asunto.

—Es que no es una gracia, sino algo que afecta a la médula de lo que estamos viviendo y sobre lo que llevo reflexionando muchos años.

Imposible evitar que la mente viajara a través del pasado, y eso que, como antes decía, me he experimentado suficientemente en la gestión del recuerdo. Lo malo de haber llegado a la banca desde la industria y sin avales en el mundo financiero consiste en que comienzas a practicar ese terrible deporte de preguntar por qué. Una de las ventajas que tiene pertenecer a un Sistema tejido con los lazos de los intereses es que sustituyes el *por qué* por el *cómo*. No se trata de conocer las razones para hacer algo, sino de decidir el mejor modo de actuar al servicio de las conclusiones que forman parte de la arquitectura del modelo, del Sistema. Sus integrantes no se cuestionan, como digo, ni razones ni moralidades. Simplemente actúan. Los intereses mandan.

Como mi experiencia al llegar a Banesto era nula en eso de integrarse en un sistema de poder, y mis conocimientos financieros no eran los de un experto en esas lides, no me quedó más remedio que reflexionar acerca del verdadero sentido del negocio bancario. Pero no para ver cómo podría ganarse más dinero, lo que es legítimo, sino para tratar de entender algo que me importaba más, al menos en el orden cronológico: cuál es el papel de la banca y su aportación al sistema llamado de economía de mercado. Alguno dirá: pero ¿qué hace un banquero, o alguien que trabaja de tal, cuestionando los cimientos de su propia profesión? Pues gajes de una forma de ser y pensar...

Claro que los libros que me proporcionaron para dar satisfacción a mis impertinentes interrogantes eran elaborados por banqueros y cantaban sus excelencias, sin detenerse ni en sus costes ni en sus calamidades, así que tampoco pude armarme con un caudal crítico excesivo. Por otro lado, los análisis ideologizados de la banca me interesaban menos, porque la ideología por la ideología consiste en afirmar que uno es malo o bueno porque es malo o bueno, sin más aditamentos, y ese tipo de argumentaciones tan sólidas y profundas no son de las que más atraen mi atención.

Pero, curiosa y casualmente, tiempo después cayó en mis manos una documentación que hablaba de algo muy interesante: qué pensaban los teóricos de la Escuela de Salamanca de nuestro llamado siglo de oro, quienes no solo realizaron aportaciones a la ciencia económica —esto de ciencia...—, sino a algo más directo e inmediato: a la doctrina del dinero y sobre todo a los juicios morales que merecía la actividad bancaria. Y teniendo frente a mí a un hombre culto, y con predisposición intelectual, quizá más que ideológica, a encontrar culpabilidades en el sector financiero, saber que los juicios morales sobre el negocio bancario y su correspondiente peligrosidad social tenían quinientos años de antigüedad seguramente le resultaría interesante. Quizá lo conociera, pero en todo caso sería algo ilustrativo. Así que me decidí a penetrar por derecho en ese mundo.

—Supongo que conoces la Escuela de Salamanca y sus aportaciones en el campo económico y bancario, ¿no? Lo digo porque pueden ilustrar para conocer nuestro mundo de hoy.

—Hombre, de la Escuela de Salamanca claro que he oído hablar, pero de sus teorías bancarias no tengo la menor idea, entre otras cosas porque en mi profesión no se estudiaban y no sentía la menor atracción por ese mundo.

No dudó en responder. Normalmente, los que van de intelectuales por la vida jamás niegan un conocimiento que se les supone obligatorio, incluso meramente potestativo, porque creen que con eso les van a considerar menos. Por esta razón cada día valoro más a los que niegan conocer lo que no conocen. Es una redundancia aparente, pero para mí se convierte en prueba de madurez personal. Y aquel hombre había vivido lo suficiente para alcanzar madurez, lo que no es, por cierto, solo cuestión de años, porque he conocido a ancianos instalados en la frivolidad más espantosa con la que caminan impertérritos a la tumba consumido su turno vital. En todo caso, no cabe duda de que la experiencia ayuda, como el calor a las frutas de temporada, a madurar con más azúcar.

—Pues si atendemos a lo que decían hace quinientos años quizá entendamos mejor por qué hoy estamos por aquí. Supongo que sabes que el gran Carlos V consiguió quebrar la Hacienda Real con su política expansionista y que derivadamente de ello quebraron los banqueros de la época.

—Pues la verdad es que no soy experto en esa faceta histórica.

—Bueno, pues te cuento. Los banqueros más puros —por decir algo— eran los italianos, pero resulta que con los dineros de las Indias, el oro y la plata y demás que llegaban de América, se traía una riqueza no ganada. Me refiero a que era algo gratis, porque nos llegaba sin esfuerzo previo de elaboración o fabricación. Así que en Sevilla, fundamentalmente, comenzó a florecer una riqueza no debida, por así decir, al esfuerzo y trabajo de los receptores de esos metales. En cierto sentido, los árabes descubrieron petróleo bajo su suelo; nosotros, en aquellos días, encontramos oro en las Indias. Parecido, ¿no?

Mi interlocutor no disimuló el interés. Suponía que el relato acabaría confirmándole en sus tesis acerca de la perversidad intrín-

seca de los banqueros y sus negocios, pero quería oírlo razonada-
mente de alguien que, además de haber sido banquero, se remonta-
ba a una explicación de semejante antigüedad. Por ello, percatado
de su atención, continué.

—Allí donde hay riqueza, dinero en sus diversas formas, hay
necesidad de protegerla, de guardarla. Y en estos territorios florece
una profesión especial: los banqueros. Y por eso el centro de la
actividad económica europea se desplazó en aquellos años desde
Italia a Sevilla. Y así surgieron unos cuantos banqueros especiales,
pocos, por cierto, porque no es profesión para la abundancia de
actores, pero conocidos en su época, aunque olvidados en la nuestra. Uno de ellos se llamaba Íñiguez, apellido que me es familiar.

Eso de que surgieran banqueros no parecía demasiado interesante, porque está claro que hay que guardar la riqueza, así que no
esperé demasiado, porque percibí cierto punto de desilusión en mi
interlocutor, y ataqué por directo.

—Pues bien, esos banqueros se llevaban la mar de bien y man-
tenían una complicidad total con el poder político, que es lo mismo
que decir entonces con el poder real, o si quieres hasta imperial.

Esto ya era otra cosa. De nuevo los ojos con brillo. Renacía la
atención. Se escuchaba el ruido del interior revolucionado, o cuando
menos acalorado. Continué apretando a fondo.

—Carlos V se gastaba lo que no ganaba. En eso es poco original,
sobre todo si miramos a lo sucedido en estos últimos años. Parece
que forma parte del ADN de los políticos, sean plebeyos o de supuesta sangre real. Pero, claro, el rey necesitaba dinero. Y los banqueros
de la época lo tenían guardado. Así que se lo pedía. Y los banqueros le
decían: «Majestad, es que si le damos ese dinero nos quedamos nosotros sin nada, y tenemos que hacer negocios para seguir viviendo».
Así que había que diseñar un modelo para generar dinero con el
dinero de otros, y, para arreglar este entuerto, para que con el dinero
de otros ganaran dinero los reyes y los banqueros, nació la llamada
reserva fraccionaria.

—¿Reserva fraccionariaaaaa? ¿Qué es eso?

Entendí la sorpresa de mi interlocutor. Pocos, muy pocos saben cómo funciona ese concepto que es esencial en el entendimiento de la actividad bancaria y de su enorme capacidad de producir beneficios y desperfectos.

—Pues ni más ni menos que el corazón del negocio bancario y el origen de los problemas. Así de simple. No te voy a decir que eso naciera exclusivamente de la necesidad de los políticos, en este caso de los reyes, de dinero para sus gastos y campañas, pero que lo impulsó de manera decisiva es una verdad como un templo.

—Pues ya me dirás.

—Inmediatamente. Si tú tienes, por ejemplo, un coche y quieres que te lo guarden, vas a un garaje y pides que te lo custodien. Y, claro, estás dispuesto a pagar por ese servicio. El guardador te cobra. Pues bien, lo mismo debería producirse cuando vas con tu dinero al banco para que te lo guarden. El banquero debería cobrarte porque es su responsabilidad la custodia del dinero, ¿no? Pues curiosamente no solo no te cobran, sino que, encima, te pagan.

Me di cuenta de que mi interlocutor nunca había pensado en semejantes cosas, a pesar de tratarse de algo elemental, inmediato, directo, que forma parte de nuestras vidas de modo casi inseparable, al menos por el momento. ¿Cómo no haber caído en eso? Su mirada reflejaba cierta perplejidad y no quise que se agrietara demasiado, así que continué.

—Bueno, pues la razón es muy clara: porque usan el dinero que tú les dejas para hacer negocios con él. Dicho más claro, porque con tu dinero ganan ellos dinero.

Dejé que respirara unos segundos. Se levantó de la mesa y caminó alrededor de ella casi como un autómata. Podía imaginar lo que se agitaba en su mente. Se había dado cuenta de algo elemental: que en realidad los prestamistas éramos nosotros, los de la sociedad civil, los que ganamos el dinero, los que creamos riqueza, o, por lo menos, contribuimos a que otros emprendedores la creen... Se sentó de nuevo casi sin haberse percatado de haberse levantado. Fue un gesto plagado de instinto y cuando eso sucede, la razón se toma vacaciones. Habló con tono en el que se percibía algo así como pesar, abatimiento, pesadumbre... No lo sé. Lo que quedaba claro es que no iba a dar saltos de entusiasmo infinito.

—Pero... entonces... en realidad lo que sucede es que..., es que somos nosotros los prestamistas... El banquero recibe dinero prestado de nosotros... ¡Joder!

Una conclusión elemental, pero que muchos jamás han interiorizado en sus vidas. La inmensa mayoría de la población que guarda sus dineros en un banco no se definiría a sí misma —o eso creo— como prestamista a los señores banqueros a los que a día de hoy no aprecia excesivamente.

—Pues sí, así es. No interesa entrar ahora en matices jurídicos, que formaron parte del acervo de discusión de la Escuela de Salamanca, sobre la naturaleza jurídica del depósito irregular. Eso tiene interés, pero en otro orden de ideas. Ahora vamos a la sustancia: yo gano un dinero, me voy al banco, lo dejo para que me lo guarden y encima me pagan.

—Hombre, si es a la vista no... Por lo menos a mí no me pagaban, aunque ahora...

Estaba claro que quería aportar un grano de arena en términos de conocimiento. Lo de los depósitos a la vista en cuenta corriente es producto de consumo masivo, así que saber que en ellos no te retribuyen, o no demasiado, es cosa de experimento diario. Pero incluso en ese campo la banca había cambiado en los últimos años.

—Eso era antes, amigo. Las necesidades de los bancos de tener dinero para seguir haciendo sus negocios, eso que en terminología inglesa se llama algo así como *funding,* les llevó a pagar mucho incluso en esas cuentas a la vista. Pero, vamos, en términos históricos tienes razón. En los depósitos a la vista se pagaba muy poco porque podías pedir tu dinero en cualquier momento. Fíjate en este punto, «porque podías pedirlo en cualquier momento», con lo que al banquero le era más difícil utilizar tu dinero para ganar el suyo, porque si se lo pedías tenía que devolverlo. Por eso se generaron los depósitos a plazo fijo, porque así tenía la seguridad de poder meterse en negocios con más comodidad, como mínimo en lo temporal, en el plazo de tiempo de que disponía para ganar más dinero con el tuyo.

—Ya, sí, pero...

—Perdona, que esto es solo el principio. Vamos a suponer que tú me das cien maravedís a un año. ¿Cuánto dinero puedo invertir en ese año?

—Cien, claro.

—Así debería ser, y así es como no es.

—¿No?

—Pues no y la razón se llama la reserva fraccionaria. La explicación ahora es fácil. Ni todos los que dejan el dinero a la vista lo reclaman de golpe, ni todos los que lo prestan a plazo hacen lo propio vencido el término pactado. Estadísticamente, eso es una evidencia.

—Supongo que sí, pero ¿qué tiene eso que ver?

—Pues que si me dejas cien y sé que no me los vas a reclamar al final del plazo puedo prestar más de cien.

—Pero eso sería tanto como inventar dinero. Vamos a ver, si yo gano cien y con mis cien la banca crea doscientos, por poner un ejemplo, eso es crear dinero de la nada. ¿O no?

—Pues claro. Esa es la esencia. La banca crea dinero de la nada. Inventa dinero. Lo has entendido a la perfección.

Imposible evitar un momento de silencio después de un descubrimiento semejante. Es curioso: estábamos en presencia de algo elemental, de una conclusión que habita entre nosotros desde hace cientos de años, y la debatíamos personas intelectualmente formadas, y a pesar de ello se descubría una evidencia como si se tratara de un arcano de esoterismo avanzado o uno de los secretos constructivos más queridos de los masones operativos del Medioevo. En esos casos no debes interrumpir el silencio. Funciona como auténtico caldo de fermentación en el que se sedimentan conclusiones. Parar, detenerse, silenciar... Imprescindible para el sosiego mental, para que el procesador cerebral sitúe en lugar adecuado las conclusiones alcanzadas. Mi interlocutor, consumido con suficiencia el trámite, lo rompió al cabo de unos segundos. Dudas y preguntas componían el material de su alocución.

—Ya... Pero ¿lo podían hacer por las buenas? Quiero decir, ¿no existía ningún control sobre los banqueros que hacían semejante cosa? Lo digo porque siempre he pensado, mejor dicho, asumido sin más que eso de crear dinero es una función del Estado, no de personas privadas.

—Tienes razón. No sé si por conciencia de la naturaleza pública de la función o por motivos de conveniencia, está claro que el poder se puso encima —como dicen los del sur— de esta actividad de los banqueros, y lo hizo de la manera más rudimentaria que conoce: exigiendo su autorización. Por ello los banqueros de entonces necesitaban licencia municipal y real para disponer de esa reserva fraccionaria. Y ahora seguro que captas bien el fondo: yo, Carlos V, necesito dinero. El banquero lo tiene. Pero tengo que dejarle que invente dinero para que me preste dinero a mí, al rey. Y por eso le autorizo a la reserva fraccionaria. No porque sea bueno o malo para la economía nacional, sino porque necesito dinero, yo, el rey, para seguir financiando mis proyectos imperiales.

—Ya...

—Pues es así como nace la complicidad indeleble entre banqueros y gobernantes: a través de la reserva fraccionaria, porque una parte del dinero inventado se emplea por el rey y la otra por los propios banqueros para seguir haciendo negocios. Y para el rey, claro, mucho más cómodo ese dinero que tener que subir los impuestos. Y la gente, el personal de a pie, como dicen algunos ricos, sin enterarse de la fiesta, que era real, de realeza, y financiera, de finanzas bancarias.

—Pero... eso quiere decir que..., quiere decir que el mismo dinero se usa dos veces...

—Exactamente. Bueno, no exactamente. Dos veces si la reserva fraccionaria es del 50 por ciento. Pero ¿y si me dejan con un maravedí conceder préstamos por cinco maravedís? Pues entonces se usa muchas veces.

—Pero, insisto, eso es dinero artificial, inventado, no creado, que genera un poder de compra irreal.

—Así es, así es, ese es el asunto...

Después de estas palabras, preferí unos minutos de silencio adicional, acompañado de algo de soledad, para que las nuevas conclusiones, los descubrimientos derivados de la conversación, fueran adecuadamente deglutidos, asimilados, sobre todo por alguien que vive en un entorno ideológico, aunque devaluado por la experiencia, en el que oír algo semejante podría revivir el fuego de viejas brasas adormecidas por el tiempo. Así que opté por pedir permiso y ausentarme con la excusa de un cuarto de baño, que es muy socorrido cuando de ganar tiempo se trata, sobre todo a determinadas edades, en las que todo el mundo está dispuesto a admitir algún desgaste prostático.

Al regreso encontré a mi interlocutor en la terraza desde la que se divisa la increíble belleza del valle situado a los pies de O Penedo dos Tres Reinos. En este mes de agosto los campos traducían en cromía una extraña sequía y amarilleaban en exceso. Pero el verdor de los castaños seguía impenitente, invencible, majestuoso. El hombre, mi compañero de mesa y plática, tenía la mirada perdida, escondida en algún lugar de ese valle, mientras su mente circulaba, cansada, casi exhausta, a través de otros derroteros menos bellos, más áridos, ciertamente peligrosos, sobre todo cuando se trata de una peligrosidad denunciada hace más de quinientos años.

Me detuve en la biblioteca. Busqué en el lugar en donde guardo documentos impresos que me interesan. Localicé uno que hacía referencia, precisamente, a la Escuela de Salamanca y su posición en materia bancaria. Unas pocas hojas impresas a un solo espacio. Busqué algunas frases que tenía subrayadas con esos rotuladores amarillos, verdes o naranjas que te permiten pasar por encima de la palabra o frase y resaltarlas. No sé cómo se llaman técnicamente, pero a mí me resultan de gran utilidad. Supuse que el reencuentro con el pasado, con aquellos teóricos de la Escuela, le confortaría.

Me acerqué a la terraza y percibí que a pesar de las dos horas transcurridas desde que iniciamos el encuentro, el sol todavía se encontraba demasiado en lo alto. A Cerca se sitúa a mil metros sobre el nivel del mar y nunca abunda el calor en exceso. Al menos no en la forma en que te agravia en otras zonas de España. Incluso en el propio Ourense, que al situarse en un bajo rodeado de montañas, asume calores casi infernales en verano. Recuerdo que cuando era pequeño y lo atravesábamos procedentes de Madrid para ir a la casa de mis padres en Playa América, la sensación de respirar aire caliente era tan intensa que queda almacenada para siempre en mi memoria. Hay que admitir, en defensa de esa ciudad, que entonces, en aquellos días, los coches, cuando menos el nuestro, no tenían aire acondicionado, y a esas horas en las que circulábamos por la ciudad, sobre las cuatro de la tarde, el sol se encontraba en el apogeo de su fuerza, y nosotros ya cansados, casi exhaustos, porque habíamos dejado la calle Alburquerque de Madrid a eso de las seis de la mañana.

Le pedí que abandonara la terraza y me acompañara a la biblioteca. Allí, gracias al poder de la penumbra derivada del menor tamaño de las ventanas que dan al naciente, se respiraba un ambiente mucho más fresco. Curioso: el tamaño de los huecos exteriores, unido al volumen de las paredes, en estas casas de más de doscientos cincuenta años de antigüedad, sirve para protegerte del calor y del frío. Ahora se utilizan otros mecanismos, menos naturales, más efectivos, aunque no sé si más o menos humanos. Me inclino por lo segundo. Lo cierto es que nos sentamos uno frente al otro. Eligió el sillón entelado en azul oscuro con rayas amarillas, que se sitúa justo frente a las estanterías en donde María colocó mis libros, y los que sobre mí algunos han escrito, que no son pocos, por cierto. Me llamó la atención contemplar la imagen de aquel hombre de considerable edad y experiencia, de mirada que reflejaba pesadumbre más que contento, con un fondo integrado por el blanco con banda roja inferior de *Los días de gloria,* y del azul de *Memorias de un preso.* Curiosamente, justo encima de su cabeza, se vislumbraba, solo vislumbraba, la silueta negra del dorso pequeño de *Cosas del camino,* mi libro más intimista. Y es que en esas estábamos, charlando de las cosas de este camino tan singular con el que tenemos que lidiar en nuestros días. Y ahora, antes de irnos a las soluciones —si es que las hay— nos enredábamos en tratar de entender lo sucedido.

Su aparente pesadumbre mezclada con cierto asombro por lo que le tocaba vivir contrastaba con una especie de alegría interior que yo percibía por mis adentros. Y es que enfrentarme a personas de talla intelectual siempre me ha gustado. Quizá porque ame el desafío del intelecto. Cuando tienes necesidad de ser entendido es cuando compruebas no solo la solidez de tus argumentos, sino la capacidad de exponerlos de manera comprensible. Y ese desafío me entusiasma no tanto por ganar una batalla dialéctica, lo que no pasa de una cretinez de tamaño no desdeñable, sino por examinarme a mí mismo, de comprobar esos extremos: solidez argumental y capacidad expositiva. En prisión, en los años de encierro, me resultaba muy complicado un encuentro de este tipo, así que tuve que pelearme con un enemigo nada despreciable: el ordenador. Aprendí mucho de ese reto. Sobre todo una cosa: el ordenador no traduce en términos emocionales o de interés las conclusiones a las que llega. Son para él hechos. Puros hechos. Algo que para la inmensa mayoría de los humanos no existe, porque el hecho aparente siempre es convertido por nuestro procesador mental en un elemento emocional. De ahí que los relatos de resoluciones judiciales a lo que llaman Hechos Probados sean, en ciertas ocasiones, más que hechos objetivos, meros criados de intereses al servicio del poder.

—Mira, estoy seguro de que has visto que los llamados *indignados,* en sus manifestaciones públicas, cargan contra la banca e insultan a los banqueros.

Mi interlocutor pareció despertar del letargo en el que le había instalado nuestra conversación y el precipitado de sus pensamientos. Me miró con expresión todavía no definida, se agitó levemente para recostarse con comodidad en el sillón azul, quizá pensando que de nuevo tendríamos para un rato y convenía ponerse cómodo, y con voz entre sosegada y calma, con ribetes de fatiga, contestó:

—Bueno, eso lleva ya tiempo. He visto en revistas alemanas de primer nivel llamar criminales a los banqueros, y no en artículos interiores, sino precisamente en la portada. La imagen de los banqueros se encuentra demolida.

—Tienes razón y de eso hablaremos, porque tiene importancia. Más de la que muchos piensan. Pero ahora, lo que quería transmitirte es que los calificativos —mejor, los descalificativos— usados por los *indignados* tienen antecedentes mucho más rotundos en la Escuela de Salamanca.

Nada dijo. Prefirió gesticular indicando sorpresa. Quizá mejor curiosidad. Tal vez una mezcla de ambas. Así que tomé aquellas hojas impresas, busqué entre ellas, localicé el párrafo y le dije:

—En 1544, casi quinientos años atrás, se publicó en Medina del Campo un libro llamado *Instrucción de mercaderes*. Su autor, el doctor Saravia de la Calle, un nombre importante en la Escuela de Salamanca. Se refiere, claro, a los banqueros. Te voy a leer lo que dice.

Me miró inquisitivo. Deliberadamente mis movimientos fueron lentos, pesarosos, tratando de dejar que la variable tiempo cumpliera su cometido en el desarrollo de lo emocional. Al final, con voz que pretendía neutralidad, aunque no lo consiguiera, leí.

—Mira, estas son sus palabras para definir a los banqueros: «Hambrientos tragones, que todo lo tragan, todo lo destruyen, todo lo confunden, todo lo roban y ensucian, como las arpías del Pineo».

La cara de cierta sorpresa de mi interlocutor merecería un cuadro puntillista, pero Antonio López no presenciaba la escena, así que al almacén de la memoria. Continué.

—Y no se detienen en esto, sino que el doctor añade: «Salen a la plaza y rúa con su mesa y silla y caxa y libro, como las rameras al burdel con su silla».

Deposité mis hojas amarillas en la mesa frente a nosotros, la que sirve de apoyo al lugar de estancia, que, por cierto, se encuentra plagada de libros varios, de diferentes órdenes y materias, que acumulo para ser leídos o consultados con más facilidad que las estanterías de la biblioteca, y es que, además, María, que tiene una especial devoción por ordenar estos espacios de almacenamiento de libros, y que desarrolla una paciencia infinita para clasificarlos adecuadamente, se pone especialmente nerviosa —y lo comprendo— cuando a su deseo y práctica de orden le correspondo con ese desorden ordenado que siempre me ha caracterizado en la custodia de papeles y documentos. Quien contemple mis mesas de trabajo percibirá una imagen casi caótica. Pero que no me toque un papel, o un objeto, por leve que sea, porque los sitúo con precisión de tres dimensiones en mi memoria y percibo de modo inmediato si alguien ha estado enredando en mis cosas.

—Bueno, ya me dirás qué te parece esto que acabo de leerte.

—Pues en eso andaba pensando. Son adjetivos muy fuertes. ¿De dónde viene ese odio? Porque parece casi odio lo que destilan esas palabras, ¿no?

—Hombre, no sé si odio o explicación adjetivada en exceso de lo que constituye su experiencia del quehacer de tales personas. En realidad descalifican su función pero no la teórica, sino la práctica, no el concepto, sino la experiencia, no la definición, sino la vivencia.

Noté su gesto, que traducía cierto impacto, porque debo confesar que la frase me salió redonda, casi hasta poética, y eso hablando de banqueros...

—Ya, pero ¿por qué tanto descalificativo, como dices tú?

—Fíjate bien que en esta Escuela no solo se sanciona verbalmente al banquero, aunque sería mejor decir a un tipo de banquero, porque generalizar en exceso es ilegítimo. Supongo que entonces como hoy había diferentes tipos de banqueros, porque estos, como el color de las rosas, admiten variedades cualitativas. Pero, en todo caso, ellos, los de la Escuela, también sancionan —por así decir— al que les deja su dinero y por dárselo a los banqueros percibe interés. A Sarabia le parece algo inmoral, injusto, y por eso respecto del cliente emplea esta frase.

Tomé de nuevo las hojas amarillentas inclinándome para agarrarlas hacia la mesa en donde las había depositado un minuto antes, localicé la frase del buen doctor y se la leí a mi interlocutor.

—Mira lo que dice del cliente bancario: «No le libra de culpa, al menos venial, por encomendar el depósito de su dinero a quien sabe que no le ha de guardar el depósito, sino le ha de gastar su dinero, como quien encomienda la doncella al lujurioso y el manjar al goloso».

—Joder, la cosa viene fuerte con estos de Salamanca.

Sonreí. No quise leer en alta voz más cosas, pero en el fondo del asunto se encontraba esa experiencia de aquellos días, porque Carlos V, abrumado por las deudas, optó por la vía más directa de quedarse directamente con las reservas de oro y metales preciosos que tenían los banqueros en su poder. Vamos, que los confiscó directamente, sin andarse con rodeos, que para eso un rey es un rey, y un emperador, pues más si cabe. Y, claro, estos quebraron. Y, claro también, para justificar la quiebra que derivaba de sus decisiones, metió a alguno de ellos en prisión, que siempre ayuda el transmitir una imagen de culpabilidad al personal que consume lo que le dicen que degluta. Y esa quiebra de los banqueros al ser confiscados por el rey provocó la ruina de muchos. Porque lo confiscado era propiedad de los depositantes. Y con esta ruina de muchos se generó una depresión económica que caracterizó aquellos años. Y con eso, como es natural, los teóricos de la Escuela de Salamanca se enfadaron mucho con los banqueros, pero sobre todo con el tipo de negocio que hacían.

—Hombre, pero el culpable era el rey, el confiscador, ¿o no?

—En el fondo, rey y banqueros formaban un dúo operativo, así que deslindar culpabilidades no es algo que merezca demasiado la pena.

Sarabia, el de la Escuela de Salamanca, decía que si los banqueros deben dedicarse a la custodia del dinero, su salario debe ser moderado, porque deben limitarse a custodiarlo con la diligencia de un buen padre de familia. Pero no es eso lo que hacen, al menos no a juicio del doctor. Porque de custodiar, nada. Se apropiaban de los depósitos y se dedicaban con ellos a hacer negocios, pero no para los dueños del dinero, sino para ellos mismos, esto es, para los banqueros. Pero son tan gráficas, y en cierto modo tan actuales, algunas de sus palabras que decidí dar marcha atrás y acepté leerle nuevos comentarios de quien ya ocupaba un protagonismo sensible en nuestra conversación.

—Fíjate en esto: el doctor pide que sus salarios, los de los banqueros, sean moderados, pero como se apropian de los depósitos, literalmente se forran a costa del dinero ajeno. Y protesta el doctor con lo que hacen con esos beneficios y lo ejecuta con este discurso emblemático: «Y ya que recibieseis salario habría de ser moderado, con el cual os sustentásedes, y no tan excesivos robos con los que hacéis casas superbas y compráis ricas heredades, tenéis excesivas costas de familia y criados y hacéis grandes banquetes y vestís tan costosamente, especialmente, que cuando os asentastes a lograr érades pobres y dexastes oficios pobres».

Empezaba a ser demasiado el cúmulo de informaciones sucesivas que acabarían provocando una alteración emocional considerable en cualquiera, sobre todo, como dije, si se trata de persona acostumbrada a instalarse mental y emocionalmente en los postulados de la izquierda. Podría haberle recordado la política de remuneraciones inmorales seguidas por algunos banqueros del momento, los más de veinte millones de dólares anuales de ciertos jefes de banca que provocaron desastres, y que, no obstante, percibían semejantes cantidades de ingresos personales en un mundo en donde comenzaba a abundar en exceso la penuria económica y vital de demasiadas gentes. Pero eso habría sido apelar a lo más fácil. No es lo anecdótico, desde luego que no, pero en este caso la clave residía en entender el fondo del asunto. Lo demás vendría más tarde.

Nos despedimos. Entendí que más que la hora, todavía relativamente temprana, la carga de trabajo acumulada en nuestra conversación reclamaba un descanso. Salimos juntos de la biblioteca. Atravesamos la galería en la que cuelgan fotografías de antepasados. Las miró con una sonrisa. Se detuvo en la que aparecemos el Rey y yo a bordo del Alejandra. Guardó silencio. Descendimos los escalones que nos sitúan en el hall de entrada. Allí volvió, como al entrar en la casa, a contemplar las diferentes alturas, a escudriñar el patio gallego en el que residen orondas —y redondas de poda— las camelias que me regaló Alfredo Conde. Se movía silencioso e inquisitivo. Quizá quiso que su mente descansara un rato en la arquitectura y en la decoración, con sus correspondientes derivadas. Era consciente de que tendría tiempo para volver inevitablemente sobre lo conversado.

Ascendimos por el patio adoquinado. Es casi un producto a extinguir porque colocar adoquines no es solo una labor paciente, sino que sobre todo hay que saber ejecutarla. Mi padre, con mucha coña, decía de los portugueses que a veces se pasaban en exceso de bombo porque a los que colocaban esos adoquines en ciertas carreteras portuguesas se les llamaba «técnicos en colocación de paralalepípedos». Seguramente, como digo, sería una de esas coñas a las que mi padre era aficionado con su gigantesco sentido del humor, pero lo cierto es que el remate de un trozo del patio que quedaba por ajustar con adoquines se lo encargamos y lo ejecutó un portugués, lo que no debe extrañar porque en esa zona la frontera —así llamada— con Portugal se encuentra a muy pocos kilómetros, no más de cinco, de modo que el trasiego de bienes, servicios, mercancías y personas es fluido y constante en ambas direcciones.

Cruzamos el umbral y salimos al campo. Allí seguían los castaños, orgullosos y silentes, sabedores de que dominan el tiempo por encima de nuestras vidas. Ellos, claro, disponen de menor espacio para moverse. Pero a cambio acumulan más tiempo. A veces me pregunto si muchos no preferirían ser castaños a personas, es decir, vivir mucho más tiempo confinados en menor espacio. Lo cierto y verdad es que el mundo es para muchos una trampa mortal: apenas si disponen de un espacio muy poco superior al de un castaño y mucho menor resulta su tiempo de vida. Por si fuera poco, el castaño disfruta con las estaciones. Vivir para él es un hecho en-sí-mismo.

Para ciertos humanos es solo un caminar sobre las brasas de un sufrimiento inevitable.

Pensé en contarle el misterio de la mina de agua que proviene del monte, del cerro del Cabezo, pero, como supuse que no sería experto en el funcionamiento de las aguas subterráneas, me decidí por el silencio. Estuve a punto de hablarle algo de este lugar, de A Cerca, porque me formuló una pregunta que yo sigo planteándome a mí mismo con frecuencia:

—Oye, el muro que rodea esta finca es enorme de alto, y doble, y eso costaba un pastón. ¿Por qué lo hicieron así? ¿Qué ocultaban por aquí?

No quise responder más que con una sonrisa que indicaba un «ya hablaremos». Nos despedimos. Nos dimos la mano. En su apretón percibí que la conversación le había resultado fructífera. Me alegré. Su coche negro dejó atrás el portón de salida, que cerré con el mando eléctrico. Me quedé mirando hacia la plaza de Chaguazoso, allí donde reside moribunda una capilla prerrománica convertida —aunque parezca increíble— en almacén de patatas. El coche negro cruzó por delante de su puerta y se perdió al girar hacia su izquierda para retomar la carretera que debería conducirle de nuevo a Ourense. Cayó la tarde. El silencio del valle sonaba con fuerza. A lo lejos, aun a pesar de las horas, algunas mujeres gallegas trabajaban las huertas. Al contemplarlas me reafirmé: la mujer gallega es el pilar de esta sociedad matriarcal encubierta. Y el misterio de este lugar tiene algo que ver con una mujer gallega, pero eso es para otro momento.

4

EL BANQUERO MALLORQUÍN
Y LA RIQUEZA FINANCIERA

Era la hora del paseo. Aquí, en estas tierras, en As Frieiras, anochece más allá de las diez de la noche, y eso que estamos ya a mediados de agosto, porque en los momentos solsticiales, en los alrededores del 22 de junio, tenemos luz diurna hasta muy cerca de las once. Sería sensato cambiar la hora oficial de Galicia para acercarla a la solar. No tiene demasiado sentido que entre la parte más oriental de España, que es Mahón, y la más occidental, que somos nosotros, los gallegos, exista una diferencia solar de hora y pico y mantengamos la misma hora oficial. Cuentan que nunca se han ajustado ambas para evitar que con ello se pueda dar alas a instintos nacionalistas, de modo que, para fagocitarlos, Castilla y Galicia deben tener exactamente la misma hora. No solo ellas dos, sino todo el Estado. Un poco infantil me parece. Los nacionalismos se alimentan de otros manás mucho menos racionales que el ajuste entre la hora real y la oficial. Pero, en fin, así estamos y me temo mucho que del mismo modo vamos a seguir. No deja de ser alucinante que se aprueben transferencias sustanciales, como puede ser las relacionadas con la educación, y, al tiempo, se sustente semejante cicatería en algo tan poco relevante como el ajuste entre hora oficial y solar. Al menos el desajuste te permite pasear con luz solar a horas oficiales en las que otros ya comienzan a vislumbrar penumbras.

Después de despedir a mi interlocutor de las reservas fraccionarias y los banqueros de la Escuela de Salamanca, me vestí de peregrino, que es lo mismo que ir como siempre pero con palo largo y unas botas de caminar. Poco más. Y lo del palo no es penitencia ni intento de emulación a los que verdaderamente recorren el camino de Santiago. Suelo llevar a los perros conmigo y, como andan muchos otros sueltos y se aficionan a las peleas, con un palo consigues disuadirles de que se enzarcen. Por cierto, ¿es la agresividad del uno contra otro una ley natural de todas las especies? En nuestro estado cultural actual de humanos, parece que sí, lamentablemente.

Justo antes de abrir el portón del norte, el que da al pueblo, frente a la casa de Pascua y al lugar donde guarda sus vacas, de las que parcialmente vive, antes de que pisara el suelo del pueblo en el que las huellas de las descargas fecales de esos animales —cuyo tamaño se ajusta al de sus productores— ilustrara el tipo de aldea en la que nos encontramos, me avisaron de que los días 16 y 17 tendría que acudir a reuniones fuera de A Cerca, una en León y otra en La Rioja. Es agosto, mes en el que casi todo se detiene. Pero todo, absolutamente todo, no.

Ni siquiera la mente, que algún descanso terapéutico debe necesitar. Por cierto, me contaron que la especie de los vencejos, cuando se encuentran fuera de las labores de anidamiento y alimentación, vuelan sin descanso y que no se detienen ni para dormir, o, mejor dicho, que duermen mientras vuelan a una altitud considerable, porque el descubrimiento fue efectuado por un ornitólogo que se encontraba en un helicóptero a mil quinientos metros de altura. Pues la mente humana debe de ser del código genético de esas aves porque no descansa, no para, ni siquiera, según dicen, cuando duerme. Pero, en cualquier caso, en la vigilia no se detiene, y de ahí la necesidad de practicar ciertos ejercicios de meditación, relajación, o, siendo más modesto en estos asuntos, simplemente permanecer en el máximo silencio posible tratando de concentrarse en algo que sea capaz de detener por algunos minutos, como mínimo ralentizar, ese sinfín que es el funcionamiento del procesador cerebral. Deberíamos ser conscientes de este hecho y percatarnos de que un exceso de fatiga mental se traduce en mala calidad de las decisiones que adoptemos.

No solo hay, digamos, una aspiración espiritual o simplemente mental en esas técnicas, sino que se trata de algo todavía más pegado a la tierra: garantizar la calidad de las decisiones que tomamos en los asuntos del ordinario vivir.

Dejemos eso para más adelante y volvamos a nuestro sitio de partida. Pues bien, antes de iniciar el paseo, volví sobre los rescoldos de la conversación anterior y tomé de nuevo las hojas amarillentas que leí a mi interlocutor orensano, porque recordaba que las viejas —en el sentido de antigüedad— doctrinas de la Escuela de Salamanca acerca de los banqueros y sus andanzas tenían continuidad en el pasado siglo en dos autores, ambos economistas y los dos miembros de la Compañía de Jesús. Posiblemente en muchos otros también, pero recordaba a estos dos de modo especial. No quise hablar de ellos con mi compañero de mesa, mantel y tertulia porque entendí que con la ración consumida en las tres largas horas de conversación había material más que suficiente para alteraciones emocionales de envergadura, sobre todo, como digo, tratándose de hombre de izquierdas. Descubrir el lado oscuro de la banca, por así decir, explicado por alguien que había ejercido el oficio de banquero no es algo que se presenta todos los días de tu vida de hombre escorado hacia los terrenos de la llamada progresía.

Pero yo quería recordar a los dos sujetos, porque pensaría sobre ellos mientras caminaba. El primero se llamaba Francisco Belda y su nacionalidad era la española. Tuve en Deusto un profesor de Derecho Penal que se apellidaba Belda, un hombre tremendamente original. Creo que otro hermano suyo, también sacerdote pero no jesuita, era un hombre muy notable en inteligencia y conocimientos. Pero no se trataba de ninguno de los dos. El Belda de ahora, el de la banca, publicó un estudio llamado *Ética para la creación de créditos*. Uno puede comenzar a escandalizarse un tanto cuando ve la palabra «ética» revuelta con los créditos concedidos por los banqueros, sobre todo cuando recuerda que alguno de los más conocidos en España dijo tiempo atrás algo así como que para ser buen banquero se necesitaba tener instinto criminal. Crimen y ética parecen conformar dos mundos más bien opuestos. Lo cierto es que ese hombre, el banquero que tal cosa proclamó, fue condenado por el Supremo a unos pocos meses de cárcel por la nada edificante conducta de ordenar a sus inferiores que contrataran los servicios de un juez corrupto que debería admitir a trámite una querella presentada por su banco contra unos supuestos deudores, para obligarles a pagar algo que no debían del todo, y si se negaban deberían meterles en prisión preventiva como mecanismo de fuerza. Dicho y hecho. El juez actuó. Los clientes a la cárcel. Luego, claro, se querellaron y de ahí la condena. ¿Es verdad semejante bestialidad? El Supremo dice que sí, que todo auténtico y cierto en los Hechos Probados, pero soy el primero en admitir que tal parte de una sentencia judicial y la verdad no siempre son coincidentes, sobre todo cuando se trata de forzar el relato por motivos de orden político. Aquí algo de política hubo, pero me temo que en sentido mucho más absolutorio que condenatorio, esto es, se buscaba mucho más absolver que condenar, pero nunca se sabe. En todo caso, son cosas que ocurren en este país nuestro de cada día.

Seguro que alguien se ha atrevido a preguntarse silente: ¿cómo es posible un comportamiento así en un banquero en este siglo? Pues porque el modelo conduce inexorablemente al pudrimiento, no ya al abandono, sino a la gangrena de los valores más elementales debido a la utilización del postulado de «lo conveniente». Nada de lo que nos sucede sería ni posible ni comprensible sin tomar en cuenta esta descomposición que afecta a todas las áreas de nuestra existencia y cuya erradicación se convierte en el auténtico problema.

Pues bien, volviendo a Belda, lo interesante de su aportación es que estudia a los principales de la Escuela de Salamanca y concluye del mismo modo y en idéntica forma a la que mantuvimos nosotros en nuestra conversación, porque he aquí su principal tesis:

> El resultado final es un aumento del poder de compra en el mercado muy superior a la cantidad representada por los depósitos en metálico que le dieron origen.

Vamos, lo que decíamos: que los banqueros crean dinero y eso es cosa muy seria, al tiempo que muy poco conocida y menos meditada por la generalidad de las personas que hablan de ello con escaso conocimiento de causa.

No es precisamente lo que adorna al segundo de los jesuitas que estudia esta Escuela. Porque conocimientos los tiene y en abundancia sobrada. En ciertos casos no se cumple literalmente el precepto de Gracián de que todo exceso daña. No es bueno, desde luego, el exceso, y cuando de información o conocimientos se trata, puede confundir más que iluminar. Pero el defecto de conocimientos, si va acompañado de roñosa reflexión, suele ser sendero que conduce al precipicio en la conclusión.

Se trata de un hombre llamado Bernard W. Dempsey. Su estudio se titula *Interest and Usury,* y la utilización de esta última palabra, la usura en castellano, anuncia que la cosa se va a poner seria. Y es así porque las conclusiones de este jesuita son claras como el agua clara.

Advierte que con su reserva fraccionaria, esa que expliqué con detalle a mi interlocutor, los bancos deprecian el poder adquisitivo del dinero de quienes son sus clientes. Es claro lo que afirma porque como el banco inventa dinero, crea más del que había sin contrapartida alguna, y si hay más dinero, es claro que el dinero vale menos, como las patatas. Eso lo entiende cualquiera. Y si deprecian el dinero con el que devuelven el depósito cuando se lo reclaman, quiere decir que en términos de poder de compra, de valor real, un depósito de 100 cuando lo devuelven es 95, 96, 98 o lo que sea, pero menos de 100. Así que ganan. Por eso compensan con el tipo de interés, pero como lo que pagan es siempre inferior a la depreciación que provocan, es por lo que este jesuita, Dempsey, habla ni más ni menos que de *usura institucional.* Fuerte, muy fuerte. Si encima viene de la Iglesia, aunque sea una tan caracterizada como la que encarnan los jesuitas, pues peor.

Guardé los papeles en su sitio, esta vez con vocación definitiva, llamé a mis perros, tomé el palo, abrí el portón y me dispuse a caminar. Mi objetivo era llegar al río que se encuentra en la parte más profunda del valle que separa Chaguazoso de Manzalvos y Cádavos, creo que los dos pueblos más próximos a la frontera con Portugal. La distancia es de unos 3,5 kilómetros y en su parte final el camino desciende con bastante inclinación, en una caída más bien brusca al centro del valle, lo que presagia que la subida será dura. Suelo tardar unos cuarenta minutos a buen paso. Y ya cerca del río los árboles a ambos costados del camino se cierran uniendo sus copas y generando un ambiente de penumbra casi permanente, incluso en esta época del año. Alguien me dijo que a esas zonas, a esos lugares en los que la fusión de copas de árboles impide la entrada limpia de los rayos de sol, sobre todo si se trata de robles, quejigos o carvallos, que es lo mismo o muy parecido, a esos lugares —decía— se les llama «fragas», y aseguran que la tierra del suelo de esos espacios, al acumular un humus especial, es de una fertilidad asombrosa. Es, además, terreno propicio para la aparición de meigas y otros habitantes del bosque. Campos sagrados de los druidas, para entendernos.

Miedo no, desde luego que no, pero cierto respeto produce el caminar por esos emplazamientos, sobre todo a determinadas horas del día cuando comienza a caer la luz y el bosque se cubre de extrañas sombras. El miedo nace en la mente y en ella vive, y precisamente por eso el contacto con la penumbra y la música de esos bosques genera un efecto mental que desata emociones capaces de poner en marcha la imaginación humana, y la representación de lo desconocido provoca casi siempre un temor reverencial. Son personas serias las que aseguran que existen entidades elementales que habitan en los bosques. Otras, con mayor cercanía a las tesis de la ciencia oficial, se limitan a asegurar que la mente en esas circunstancias es capaz de producir espejismos que alteren la realidad y de ver y oír sonidos e imágenes que solo existen en la imaginación de quien asegura haberlos visto o escuchado.

Me detuve en uno de los meandros secos del camino. Hacía calor, pero reconfortaba la sombra. Sentí el bosque. El viento que soplaba con cierta intensidad, incrementado por el efecto derivado de lo que los expertos llaman la fuerza térmica —diferencias de temperatura del aire en uno y otro lugar—, generaba esa música tan especial que solo se percibe en momentos así, cultivando silencio rodeado de esa naturaleza. Si dejas que tu imaginación vuele a sus anchas, puedes traducir esos sonidos en sinfonías variadas. Quise que mi mente descansara en ellos, no en las sinfonías, sino en los sonidos limpios que nacen de esa vibración de la naturaleza actuando de consuno.

No tengo duda: no existe el caos. Otra cosa es que la limitación de nuestras fuerzas mentales, la necesidad de operar con un lenguaje fraccionario, que separa, divide artificialmente lo que es unidad, y la inevitabilidad de tener que situarnos en el espacio/tiempo, nos impide ver más allá de lo epidérmico, de lo superficial, de lo inmediato a los sentidos primarios. Una cosa es que no podamos entender las leyes del cosmos y otra, que ante semejante imposibilidad lleguemos a la conclusión de que, dado que no somos capaces de descubrir el orden, asumimos que solo existe el caos. No es legítima la deducción. Debemos partir de la fragilidad de nuestro modo de conocimiento antes que negar la creación. He debatido sobre este asunto cientos de veces y siempre me reafirmo en que la creación responde a un orden. No todo es acumulación de experiencia. Hay información previa. Un pájaro no aprendió a volar a base de caerse desde el aire una y otra vez. Desde el comienzo existía un archivo en el que se contenía la información de cómo debería hacer el movimiento de sus alas, cuánto tiempo tendría que esperar para que crecieran lo suficiente para sustentarlo en el aire y todas las demás nociones necesarias para ejecutar el complejo acto de volar. Esa información, como digo, es previa y forma parte de lo que algunos llaman los registros akásicos. En todo caso, tengo para mí que uno de los factores claves del conocimiento es la humildad. Si no nos situamos en ese plano de humildad, es imposible llegar a entender nada, aunque solo sea algo tan directo y concreto como asumir que no entendemos porque no podemos, nos guste o no, ir más allá de lo que nos permite nuestra limitada capacidad frente al Infinito.

La postura de la Ciencia oficial es simple: aquello que yo, la Ciencia, no puedo reproducir en mi laboratorio experimental sencillamente no existe. Pero hemos de darnos cuenta de que la vida nos enseña que mucho de lo que hoy admitimos como real fue negado no hace tanto tiempo, y afirmaciones que hoy constatamos como científicas pudieron ser causa de encarcelamiento y hasta de perder la vida unos lustros atrás. Por ello, el ataque de todo Sistema, sea el que sea, se produce a quienes asumen la nefasta manía de pensar, de razonar, de cuestionar. A esa gente se la suele llamar heterodoxos, iconoclastas y más modernamente antisistema. Me imagino cómo debió de sonar a blasfemia pura aquella frase de mi discurso de investidura honoris causa en junio de 1993 cuando solemnemente sentencié: «El momento actual no se entiende sin la labor de los heterodoxos y los iconoclastas». No puedo evitar cierta sonrisa cuando me imagino cómo recibieron esa frase todos los que me escuchaban en aquel inolvidable día, repleto, como estaba, el paraninfo de la Complutense de lo más granado del Sistema, de personas que vivían, precisamente, porque rechazaban cualquier forma de heterodoxia y de iconoclastia, y ahora no disponían de más alternativa que escuchar silentes en sus asientos que alguien tratara de convertir en verdad lo que para ellos consistía en la blasfemia de todas las blasfemias. Nada bueno cabe esperar de los heterodoxos, para ellos, claro. Pero, guste o no, todos los momentos de avance en la Historia han contado con alguien que trata de explicar el mal funcionamiento de un orden de convivencia con la única finalidad de implementar otro mejor, más humano, más conforme con la dignidad de las personas.

Allí, sentado en el borde del camino que conduce al río, rodeado —supongo— de meigas y elementales a quienes no era capaz de descubrir con mis limitados sentidos, pero que seguramente estarían ejerciendo algún tipo de influencia sobre mi mente, volé en el tiempo. Y la causa inmediata de mi vuelo no fue esta vez la pregunta de mi sobrino, sino una reflexión elemental: ¿por qué no hemos hecho caso, ni siquiera sometido a debate, las conclusiones evidentes de la

Escuela de Salamanca? ¿Por qué tesis como la de los jesuitas ni siquiera se analizan y se envían, envueltas en desprecio, a un cuidado olvido? ¿No nos habría ido mucho mejor si hubiéramos sido más atentos a todo lo que constituye parte esencial de nuestra vida en sociedad? No solo a lo que hacen o deberían hacer los bancos y entidades financieras, sino al funcionamiento de todas las instituciones que nos afectan en la vida diaria.

Obviamente, es muy fácil, sobre todo en estos tiempos, dedicarse a articular con mayor o menor brillantez diatribas contra el banquero. La demagogia es producto de fácil consumo y todavía más fácil elaboración. Basta con apelar a instintos del bajo vientre, disfrazados de pretensiones de imposible cumplimiento. No es hora de demagogia, aunque la veamos a diario en palabras, frases, sentencias, actitudes y conductas que a pesar de su abundancia y reiteración no dejan de sorprenderme. ¡Qué fácil es ser un buen demagogo! Lo malo, lo peor, es que políticamente no es solo fácil, sino que electoralmente, al menos hasta hoy, siempre ha sido muy rentable. Una sociedad madura tiene entre sus atributos esenciales ser capaz de discernir lo que constituye pura demagogia y no dejarse llevar por el sonido de sus flautas.

Pero cuando sientes el dolor de la impotencia, cuando te sitúas en uno de esos colectivos dañados por la crisis, que son todos, o casi todos, unos más y otros menos, cuando contemplas una familia sin ingresos, cuando ves a personas en paro que podrían y deberían estar produciendo, cuando después de cursar tus estudios conforme a «lo establecido» tienes que mendigar un trabajo y al no encontrarlo recorrer el mundo, pero no por afán de aventura, sino sencillamente como medio de supervivencia, cuando cualquiera de estos casos forma parte de tu vida diaria, es muy difícil pedir que no consumas demagogia. La fuerza de la poesía reside en muchas ocasiones en que proporciona un suave escapismo de lo real. La fuerza del permiso carcelario es la magia de la libertad para el preso que lo recibe, aunque su libertad se rellene de penuria e, incluso, de hambre, algo que no vive en la prisión que abandona por unos escasos días dando gritos de alegría. El alma humana consume emociones de todo tipo. Unas son sanas. Otras dañinas. Pero el momento temporal y el sujeto que las alimenta no sabe discernir con claridad, en determinados momentos, unas de otras.

No obstante, hay muchas formas de producir demagogia. Una de ellas, muy sutil y escasamente percibida por la gente, es, precisamente, situar verdades que no son tales envueltas en el atributo de la «ortodoxia». Es, a mi juicio, demagogia de peligro máximo, porque la esconden, la envuelven, la enmascaran en todo lo contrario. Es como un asesino disfrazado de madre Teresa de Calcuta. Y eso es lo que ha sucedido en este país, y me atrevo a decir en el mundo occidental, durante los últimos treinta años del pasado siglo y que son determinantes para entender el presente.

Insisto en que no entendía demasiado el sutil funcionamiento del sistema financiero cuando me tocó presidir Banesto. No tardé en darme cuenta de que se trataba de poder en sentido estricto, de acceder a uno de los centros reales de poder de la sociedad española, y me percaté a golpe de experiencia, esto es, a la vista de los esfuerzos descomunales que todos, políticos, medios de comunicación y sistema financiero, desplegaron para evitar algo tan elemental como que unos individuos que ganaron legítimamente un dinero lo invirtieran en acciones de un banco, y que el Consejo de Administración de ese banco les nombrara, porque podían hacerlo, miembros del mismo. Lo elemental siempre cede cuando de poder se trata. Lo razonable o lo justo se deja a un lado y se sustituye, como he dicho mil veces y repetiré como mínimo otras mil, por el principio de lo conveniente. Solo nos interesa aquello que nos conviene. Que sea justo o injusto es harina de un costal del que no consume cierta forma de entender el poder.

Precisamente porque no sabía demasiado, salvo eso que acabo de contar, me dediqué a entender de qué iba la cosa de la banca, pero no en la superficie elemental del comprar y vender dinero, sino a fondo, en cuanto contribución a la economía de mercado. Y la cosa no es tan intrincada de asimilar siempre que sepas rodearte de buenos maestros y que dejes tus intereses y emociones a un lado para tratar de entender. Una vez que has comprendido, si quieres te planteas la conveniencia o inconveniencia. Pero primero entiende. Y eso quise hacer.

Era un hombre ya en edad madura, mallorquín, alto, de complexión fuerte, de ojos negros de mucha negritud y pelo oscuro, de tez castigada en la superficie, no sé si por el viento, el calor, el sol o la experiencia. Uno de sus activos residía en que había conocido y trabajado —según creo— con el viejo y fallecido hace tiempo Juan March, fundador de la Casa March, una de las más poderosas de España, el hombre que fue capaz, según dicen, de burlar incluso a la República y de acumular tanto dinero que encontró la piedra filosofal del sistema en el que vivió: en determinados ambientes todo tiene un precio, y si se mide no solo en poder, sino, además, en unidades contantes y sonantes de moneda de curso legal, pues todavía más fácil. El hombre mallorquín conoció de cerca los modos y maneras de actuar y siempre decía que al viejo March le equivocaron algunas cosas. Una de ellas, no entender el turismo. Otra, la aviación, y la tercera, la importancia del valor de la tierra. Si lo hubiera comprendido —me decía— se habría gastado parte de su fortuna en comprar casi toda Mallorca —entonces las tierras eran baratas—, en montar aviones y hoteles y habría sido todavía mucho más rico. Cuesta entender eso de «más» cuando las fortunas se miden en cifras siderales. Hay un momento en el que el dinero ya no cuenta. Solo sirve para vanidad, poder, autoestima y capacidad de ofender a terceros. Pero eso funciona. Porque es humano, demasiado humano. Al menos respecto del tipo humano que hemos fabricado entre todos y que es el que habita y constituye nuestra sociedad, aunque primordial y fundamentalmente en lo que se llama la cúspide de la pirámide social.

Aquel hombre mallorquín había contribuido a la creación de un banco desde cero, y por ello, dado que sentía por mí una clara simpatía, y yo por él un gran respeto, por su inteligencia y tenacidad, le formulé muchas preguntas acerca de ese mundo singular. Fueron horas de conversación antes de que yo llegara a Banesto. Desgraciadamente, en mis primeras andaduras bancarias ya no pude contar con él. Murió.

Pero mientras vivió atendía a mis demandas, satisfacía con agrado mi curiosidad. En España existía una curiosa fascinación por ese mundo, el de lo financiero, y por sus actores, los banqueros, aunque yo personalmente me sentía alejado de él y no entraba para nada en mis planes dedicarme a esa profesión. Me situaba en un plano de indiferencia y curiosidad y mis preguntas no iban, en aquellos días, cargadas de intenciones ocultas de ningún género.

—Dime una cosa, ¿qué papel es el que juega, qué es lo que realmente aporta un banco? ¿Que es lo que tiene que hacer realmente un banco?

El hombre contestaba con esa fluidez y sencillez de lenguaje que deriva de conocer a la perfección la materia de la que hablas y, al tiempo, de no tener miedo a transmitir al exterior tus conclusiones. Aquellos que se preocupan de lo que van a opinar los demás de sus pensamientos acaban perdiendo toda idea propia e individual. Sucede mucho con políticos que piensan lo que les dicen las encuestas que es bueno para obtener votos. Ciertamente, en aquellos días el hombre no tenía el menor motivo para estar prevenido conmigo, y no solo porque sentía su confianza en mí, sino porque yo andaba enredado con la industria farmacéutica de pequeña escala —aunque fuera la mayor de España— y eso en términos de poder es o muy poco o casi nada. Otra cosa son las grandes empresas del sector, pero ahora no hablo de eso. Así que el hombre me explicaba con claridad:

—Mira, en una sociedad se crea riqueza. Esta se mide y cuantifica en dinero. El dinero se guarda en bancos y la misión de estos es usar ese dinero en financiar a los que quieren crear riqueza. Es un círculo completo que provoca que la sociedad camine.

Simple y claro. El ahorro de una comunidad sirve para financiar proyectos de creación de riqueza de esa comunidad. Ya sé que estoy empleando un término abstracto y que al final del día son siempre personas físicas, individuos con nombres y apellidos, los que son capaces de generar riqueza, dinero, ganar, perder, invertir y todo eso que conforma el ciclo completo de la actividad económica. Sí, así es, pero, cuando se trata de ver qué papel cumple un sector en la vida de la sociedad en su conjunto, no queda más remedio que globalizar. Y soy perfectamente consciente de que puede llegarse hasta aquí un experto en cuántica a decirme que existe lo que se llama un cuanto de conciencia del que todos los individuos tomamos información, lo sepamos o no, queramos o no, y que todos nos sujetamos a sus patrones, aunque siempre queda un hueco para esos llamados heterodoxos e iconoclastas. Pero, vamos, que un modo de pensar es común, es comunitario, para entendernos, precisamente porque se instala en ese cuanto de conciencia. Esto puede resultar enrevesado de entender, pero no por ello deja de ser verdadero. Pero a mis efectos, como de lo que se trataba era de comprender la misión de la banca, esas matizaciones de altura me resultaban indiferentes. Y lo entendía perfectamente y por eso lo expresé en términos de pregunta:

—Así que la idea es clara: el ahorro de una comunidad sirve para financiar la inversión de esa comunidad y los banqueros son meros intermediarios en el proceso, ¿es así?

—Sí, así es. Por eso se les llama intermediarios financieros. No hay que magnificar su función. Un buen banquero es el que hace eso, sencillamente eso, de la mejor manera posible. No se trata de hacer negocios el banquero con ese dinero depositado, sino de contribuir a lo que digo: que los que sienten la vocación de invertir puedan tener los fondos para ello.

—Pero no solo intermedia, sino que valora los proyectos de esos que dices, es decir, hace un estudio de los proyectos y de la capacidad de quienes van a recibir el dinero para devolverlo...

—¡Hombre, claro! Pero eso forma parte elemental de esa misión de intermediación. Precisamente por eso cobran, porque es su misión: profesionalizar la conexión entre el ahorro de unos y la inversión de otros. No es magia ni nada complicado. Es sencillamente eso.

Mucho siento ahora no haber dispuesto entonces, cuando conversaba con el mallorquín, de la información que proporcionaba la Escuela de Salamanca. Estoy seguro de que nos habría dado mucho juego, y mucho jugo, porque seguramente habríamos penetrado en sus razonamientos y conclusiones con la experiencia de un hombre como él, cuya vida se desarrolla quinientos años más tarde. Una pena, desde luego, pero la vida viene así. Y cuando, por esos avatares del Destino que se escribe en las estrellas con lenguaje indescifrable para muchos humanos, me tocó pasar a la acción presidiendo un gran banco, esas ideas rebotaban en mi cabeza. Disponía, de esa manera que llaman personal e intransferible, de la oportunidad de comprobar por mí mismo si eso que me contaban, si esa misión teórica de los bancos, era la que iba a descubrir en la práctica diaria.

Pues no. Sinceramente no. Como relato en las conferencias que pronuncio en estos tiempos, me topé con que, por un arte que no sé si de magia o de lo que fuera o fuese, que de ser magia sería negra, se perdió la conexión entre la economía real y la financiera. Es como si esta última, que nació derivada de la primera y a su servicio, se alzara con la bandera de la independencia y dijera: miren ustedes, señores de la economía real, yo no tengo nada que ver con ustedes, o, en cualquier caso, no estoy a su servicio porque soy capaz de crear una cosa especial y exclusivamente mía: la riqueza financiera.

¿Y qué es eso de la riqueza financiera? Esta pregunta me la hice en múltiples ocasiones en mi época de banquero y me la sigo formulando a día de hoy. Bueno, ahora, si soy sincero, ya no tanto porque tengo una respuesta muy clara: es solo riqueza virtual, nada más. Aunque habría que decir: una riqueza virtual capaz de causar un destrozo en la economía real de proporciones devastadoras.

Gabriel es hombre de estas tierras. Casi diría que forma parte integrante del paisaje. Poseedor de casas y tierras en estos lares de As Frieiras, por herencia de algunas generaciones atrás. Es persona pegada a la tierra como pocas. Afable, simpático, atento con todo el mundo y cultivador de una especie que florece de modo singular por aquí. Me refiero a la asistencia a entierros y funerales, y eso que llaman «a cabo del año», que es el primer funeral o misa una vez transcurrido el primer año desde el fallecimiento. No se pierde uno y no tiene la menor pereza en acudir, o si la tiene la disimula a la perfección. Subía de Manzalvos en un coche rojo, matrícula de Ourense, pero de las antiguas, las de dos letras y los números de seguido, lo que ya indica que no era una de las versiones del último Salón del Automóvil. Por supuesto, pero Gabriel va encantado en él. Tiene otros, entre ellos un Audi, pero los recorridos por esta zona los efectúa a diario y utiliza un pequeño todoterreno, ese rojo que digo, o sencillamente las dos piernas para caminar. Esta vez venía de Manzalvos y me vio sentado en la cuneta, palo en mano, perros a mis costados, penumbra en el ambiente y cara de estar concentrado en mis cosas. Y lo estaba en verdad, porque no me di cuenta de su llegada ni de que detuvo el coche un poco antes de reconocerme, porque no es normal un individuo solo por aquellos lugares a esas horas, porque la gente suele salir a pasear en compañía de otros. Se acercó silente y caminando. Los perros lo reconocieron y le movieron el rabo sin el menor ladrido, así que pudo aproximarse hasta la distancia del cuerpo a cuerpo.

—¿Qué haces por aquí, *home?*

Sonreía, con esa sonrisa franca y gestos nerviosos que desentonan con un espíritu calmo, de esos que no se alteran; consumidor recalcitrante de optimismo, siempre responde ante la comunicación de alguna desgracia con «no pasa nada», «verás como todo se arregla» y frases por el estilo. De eso necesitamos muchas dosis en esta España de hoy, aunque el optimismo edificado sobre ignorancia de lo real es letal para el futuro. Pero Gabriel sabe que si te entregas de antemano entonces ya no hay solución. Por supuesto que es consciente de lo que pasa. Entre otras razones, además de porque se encuentra pegado a la tierra, como antes decía, porque entre sus ocupaciones se encontraba la de atender la dirección de la oficina de la Caja de Ahorros gallega implantada en la localidad de A Mezquita.

Los directores bancarios son casi como confesores. Conocen las intimidades de muchas gentes porque sabiendo lo que haces con el dinero se tiene una información muy completa de una persona y de una familia. Por eso el secreto bancario es casi tan potente como el de confesión sacerdotal. Bien mirado, para la vida de aquí abajo, es más importante el primero, el bancario, que el segundo, más centrado en la otra vida, aunque cuenta la historia que algunos cambios políticos y económicos de cierta envergadura deben su razón de ser, encuentran su causa fehaciente —como dicen los escolásticos— en esas confesiones de iglesia —qué decir de las de oratorio privado—, que luego, al ser puestas en contacto con la vida, alcanzan un valor capaz de ser medido y ponderado en maravedís, pesetas, dólares o euros, sin dejar atrás la libra esterlina, aunque se trata de país protestante.

—Pues nada, andaba pensando en mis cosas y concretamente en que todo este lío en el que nos han metido se podría haber evitado si desde hace años los banqueros se hubieran dedicado a hacer lo suyo y no a inventos peligrosos.

Guardó silencio. Es, como señalaba, hombre prudente y prefiere pensar antes de contestar. En ese deporte es sorprendente la extrema habilidad de mi madre, quien, a pesar de su edad —ya no es una niña— , lo sigue ejerciendo con una facilidad pasmosa. Le formulas una pregunta y en segundos es capaz de adivinar diferentes respuestas y para cada una de ellas construir las derivadas posibles, de modo que elige aquella que, conteniendo un mínimo de sinceridad, resulte más ajustada a eso que llaman la buena educación, que en muchos casos solo consiste en hacer la pelota —como se dice vulgarmente— a quien tienes enfrente. Seguramente algo de esto se encuentra en la genética gallega, cuando menos como tendencia, pero algunos lo tienen más elaborado que otros.

—Ya, y eso qué quiere decir...

Evidentemente, sabía lo que le transmitía entre otras razones porque lo habíamos comentado en multitud de ocasiones desde que llegué por estos sitios en el año 2009, en el puente de mayo, para ser más precisos. Pero como en el árbol de derivadas posibles las interpretaciones de esa frase de que los banqueros se dediquen a lo suyo son variadas, es mejor volver a preguntar que atreverse a comenzar un sendero que al final acaba en un precipicio.

—Pues eso, lo que ya hemos dicho mil veces: que si hubieran seguido siendo centros en los que conseguir con el ahorro de unos financiar a otros que quieren invertir, y en parte consumir, pues nada, pero se dedicaron a eso que llaman riqueza financiera, los derivados, las cesiones, los *swaps*...

—Yo nunca supe bien lo que era eso, porque aquí, a nivel de nosotros, esas cosas no se dan. Aquí nadie viene a pedirte un producto raro de esos y, si te lo pide, pues como no los tenemos...

—Claro, porque las cajas han sido las que más han tardado en incorporarse a la llamada modernidad de la riqueza financiera.

—Esto sí.

Esta respuesta escueta, el «esto sí», es muy gallega. Seguro que en otros lugares de España se responde así muchas veces, pero donde con mayor afición lo practican es en Galicia y Mallorca. Algún día, por cierto, tendré que escribir sobre las similitudes que he encontrado entre el norte de Mallorca y estas tierras gallegas. Ya sé que a alguno les parecerá que ando un poco tocado de la cabeza porque mediterráneo y atlántico son cunas de civilizaciones, de culturas, si se quiere ser algo más modesto, diversas. No opuestas, pero sí diversas. Pues no del todo. Una especie de paganismo de fondo que convierte al catolicismo en algo sincrético es perceptible en ambos lugares, a pesar de esos pesares de mares, océanos y distancias físicas. Mi madre, por ejemplo, es católica, apostólica y romana, y en algunos de sus dichos se descubre, aunque ella no lo sepa, ese fondo prisciliano —para entendernos— que sigue viviendo debajo de los robles, los carvallos, en las fragas, en los montes, en las piedras brutas y en las talladas y en los cruces de caminos.

—Es acojonante, Gabriel. No sé muy bien por qué en un determinado momento a la derecha y la izquierda de este país —así llamadas, claro— les da por ponerse de acuerdo en una cosa: el que los bancos no tienen nada que ver con las empresas, que se trata de tener bancos sanos y no empresas sanas, que lo importante son los recursos propios, los derivados, las cesiones de créditos...

—¿Y esto por qué?

—¿Por qué qué? Lo que me preguntas es por qué y cómo aparece esta idea, ¿es eso?

—Sí, eso.

—Pues duro de contestar porque yo me lo encontré allí cuando llegué. Al principio estaba muy contento porque Banesto tenía una tradición de servir al mundo empresarial. Eso me gustaba. De hecho, sus participaciones en empresas eran muy importantes y fueron determinantes para mí, que quería poder contribuir a gestionarlas.

—Y eso lo criticaban, ¿no?

—Sí, claro, porque decían que los bancos no tenían que involucrarse en el capital de las empresas y yo sostenía que tenían que financiarlas, una veces con capital y otras con créditos, y en muchas ocasiones con las dos cosas a la vez. ¿Sabes qué pasa, Gabriel? Pues que este país nuestro es un país capitalista sin capitales privados. No teníamos ricos de esos que circulan por otros mundos. Los ricos aquí eran de segunda división en comparación con otros países, y, además, eso de la industria... Eso ya no les gustaba tanto. Preferían el comercio, la especulación, la intermediación y cosas así.

—Será por la cosa esa de que tenemos sangre judía.

Mucho se habla de la expulsión de los judíos por los llamados Reyes Católicos, pero se ignora que en Inglaterra, en el año 1290, el rey Eduardo I ya los expulsó de sus dominios, y en el país vecino, a Francia me refiero, desde 1306 se vienen efectuando expulsiones. Y me cuentan que algunos de los judíos franceses expulsados decidieron establecerse en Galicia, para quedarse o para continuar rumbo a Portugal. En todo caso, los que se quedaron formaron parte del paisaje rural y urbano de nuestras tierras, conformando en alguna manera nuestro ADN, ejerciendo cierta influencia, así que Gabriel no andaba desencaminado cuando aludía a nuestra ascendencia judaica. Pero como no se trataba de dar un curso de historia en ese momento, preferí contestar con cierta evasiva.

—No lo sé, pero en esa penuria de capitales, si los bancos no contribuían a financiar el desarrollo económico, mal asunto. Además eso no es privativo de España, sino que en Alemania, por ejemplo, pasa gran parte de lo mismo, y no puede decirse que los alemanes sean precisamente una catástrofe. Ni los judíos, y de esa noción de banca me percaté con total nitidez durante mi visita a Israel en 1993.

—Pero los del Banco de España decían...

—Mira, eso del Banco de España es uno de los lugares que más necesitados están de que se entre en su funcionamiento con luz y taquígrafos. A mí me cuesta explicar las cosas, porque como todavía hay una pandilla que se dedica a decir que les critico por lo de Banesto...

—Pero si no fueron ellos.

—Claro que no: ellos se prestaron a poner el nombre, pero actuaron, como siempre, como una especie de policía financiera del gobierno de turno, en este caso de gobierno y oposición. Por eso no me parecen importantes. Juegan a aparentar independencia, pero todo es una especie de paripé pactado. Aunque a decir verdad hubo un momento en el que tuvieron influencia conceptual.

—¿Qué es eso?

La pregunta tenía todo el sentido del mundo porque ponerse a hablar de influencias conceptuales en ese momento, además de un tanto cursi, era claramente exagerado, así que no pude evitar un gesto evocador cuando Gabriel me formuló la pregunta sin dejar que la sonrisa se manifestara abierta, controlando la musculatura de los labios.

—Perdona, Gabriel. Quiero decir lo siguiente. Los socialistas que ocupan el poder en 1982 de banca saben lo justo, menos algunos, educados en los caldos del Fondo Monetario Internacional, en donde se elaboró toda una teoría financiera que, en mi modesta opinión, está en la base de muchos desastres actuales, pero eso, como todo, es opinable. Pues esos socialistas, por ejemplo Solchaga y Boyer, que fueron ministros de Economía, se tragaron todas las tesis de la riqueza financiera y cosas así. Y con ellos muchos otros. Y de ahí pasó a los funcionarios del Banco de España, que se creen el fin del mundo, y no lo son. Seguro que como media son competentes y que saben de su oficio, pero en el fondo están dispuestos a firmar lo que sea si eso conviene políticamente. Es posible, me atrevo a decir que seguro, que si desciendes en el nivel de jerarquía administrativa encuentres más independencia, pero en las zonas altas es donde con más fuerza se percibe cuanto digo.

—Eso pasa en todos sitios, ¿o no?

—Sí, claro, más o menos. Pero ahora me interesa el Banco de España. Felipe González, por ejemplo, no tenía ni idea ni de banca ni de economía. Por eso, como los otros hablaban inglés y venían de Estados Unidos, y él hablaba español y creo que francés, pero —y bien que se lamenta en privado— no estuvo en ningún Harvard de turno, le costaba razonar en contra de esos postulados, de esas ideas que venían avaladas desde fuera. Y es que esta es otra: la fuerza tremenda que tuvo «lo de fuera».

—¿Qué quieres decir?

—Pues que después de la muerte de Franco y la aprobación de la Constitución, todos los días, cuando querían justificar algo, cualquier tipo de medida, fuera lo que fuera, siempre repetían la misma serenata: «Esto es lo que se hace en Europa», como si eso fuera el cáliz del Grial, la piedra filosofal, el bálsamo de Fierabrás, capaz de curar todas las enfermedades y dolores. Y en Europa, como en todas las partes de este puñetero mundo, hay cosas serias y otras que son errores de bulto, pero, claro, con eso de decir que era europeo...

Gabriel sonreía. Por aquí, los gallegos sabemos que lo de Europa no necesita de explicaciones. En estas tierras se encuentran emplazamientos del Camino de Santiago, en la parte conocida como ruta de la Plata. Y si algo une y crea un concepto profundo de Europa es ese caminar hacia el occidente, hacia el Finisterre, que no solo

tiene, ni siquiera primordialmente, una dimensión geográfica o física, sino que es un caminar con el encuentro de nuestro propio
Poniente, el lugar en el que solo existe la vida del alma, tras el abandono del cuerpo. Por ello, el descubrimiento de la tumba del Após-
tol, más allá de su verdad o cuestionabilidad física, se tradujo en un
caminar espiritual desde todos los rincones de Europa, y la comunicación basada en ese camino sirvió para percatarse de la unidad
cultural, por así decir, europea, al margen de las divergencias entre
el Derecho Romano y el Germánico, entre el modo de aplicar justicia del pretor y la propia del juez anglosajón. Por eso, la noción de
Europa entre nosotros no está ni necesaria ni preferentemente vin-
culada a lo mercantil. Es mucho más profunda. Pero ellos, que ni
siquiera se detienen a pensar en estas cosas que les parecen bobadas
de misal de pueblo, no entienden sino de la eficiencia en su sentido
menos noble y hondo. Continué.

—Así que como Felipe González parecía tener complejo frente
a estos sabios, dejó que instalaran la doctrina. No solo que la instalaran, sino que la llevaran hasta sus últimas consecuencias, penalizando a los bancos que invertían en industrias de modo descarado,
y, lo que es peor, sentando el dogma de que lo que decían ellos era
la única verdad, lo ortodoxo, el dogma de los dogmas, y los que no
lo querían aceptar eran inmediatamente anatematizados como «antisistema». La verdad...

—Y hoy, ¿qué pasa? Parece que las ideas son las contrarias,
¿o no?

Un segundo, una décima de sonrisa fría plagada no ya de nostalgia ni de resignación, sino casi diría que de ironía. Eso fue lo que
transmití en el brevísimo espacio de tiempo en el que se movió mi
cara. Porque la verdad es que pensar que tuve que sufrir lo indecible
para crear la Corporación Industrial, y que, incluso, contratar los
servicios de los intermediarios me costó años de cárcel y los cuadros
que antes relataba, y que quince años después, la misma idea, exactamente la misma idea, la lleve a cabo la Caixa y que todo el mundo
la aplauda y que, para más inri, Felipe González acepte formar par-

te de su Consejo de Administración por unos doscientos mil dólares o euros al año...

Este tipo de pensamientos no deben afectarte en negativo. Bueno, más que de pensamientos en el aire de la imaginación, hablo de realidades sonantes. Son conductas habituales en determinados modos de comportarse el poder. Sirven para todo lo contrario, para reafirmarte en que así no podemos seguir, que con este tipo de modos de pensar, con esta manera de entender el poder, no se puede llegar más que a donde hemos llegado, a la situación en la que nos encontramos.

—Es que eso de tener razón antes de tiempo decía mi padre que era peligroso.

Gabriel se decidió a hablar a la vista de que mi silencio indicaba un ensimismamiento en mis cosas que cortocircuitaba la conversación y había que volver a ella para que no se viniera abajo, como dicen por el sur.

—Sí, eso cuentan. En realidad dicen que tener razón antes de tiempo es igual a equivocarte, y te ponen ejemplos de las personas que se han adelantado a su tiempo a las que, por lo general, les han ido las cosas entre mal y muy mal...

—Pues por eso lo digo.

—No, pero yo me refería a que eso de tener razón es muy relativo. En realidad la tienes cuando te la dan. Y que te la concedan o te la nieguen no depende solo del fondo, de la verdad intrínseca, que diría un cursi, del tema, sino de que eso sea conveniente o no para los que mandan, porque si no les conviene date por jodido, y si no fíjate en nuestra Corporación Industrial y la de la Caixa. Nosotros, enemigos. Los de la Caixa, amigos. La idea es la misma. La nuestra era pecado. La de ellos, gloria bendita. Y así nos va, claro.

—Amigo, es que el poder es el poder y no se andan con coñas...

—Desde luego, y que me lo digan a mí. Pero ahora, aparte de casos concretos, lo que me interesa es que ese abandono de sus funciones propias es lo que nos ha de conducir al desastre.

—*Teño* que ir para casa. ¿Te llevo?

—No, gracias, Gabriel; prefiero volver andando y, además, están los perros. Nos vemos luego.

El coche de Gabriel volvió a integrarse en su mundo en movimiento. Clinton y Tina jugaban y lo hacían de manera distinta que la práctica que ejecutan en el patio, porque, aunque es muy grande, tiene cuatro muros y eso delimita, marca y restringe el espacio. Allí, en esa zona, sentían el placer de la libertad. Los helechos que forraban el suelo del bosque de un manto verde se agitaban al compás del viento. Los elementales y meigas decidieron tomarse vacaciones, o cuando menos no quisieron charlar conmigo. Quizá los asustó Gabriel. Quizá yo. Tal vez hablar de la banca y banqueros les produce reacción de tipo alérgico, con sarpullidos de su cuerpo sutil. Así que volví por donde vine, pero ahora en dirección contraria y tocaba subir, ascender, y para nosotros los humanos, tributarios como todos de la ley de la gravedad, el ascenso es siempre más costoso, más duro, más fatigoso, salvo, claro, que nazcas ascendido...

El resuello reflejaba el cansancio, pero no impedía mis pensamientos. Me vi en Hong Kong, muchos años atrás, siendo ya presidente de Banesto. Recuerdo que volvió a mi mente la experiencia de años mozos. En aquellos días me enseñaron lo que era esa riqueza financiera, así llamada, claro, vestida de derivados y productos cada día más sofisticados y cada segundo más alejados de la creación de riqueza real. El mundo de lo financiero no solo se puso a la cabeza de la economía, sino que a los empresarios reales se les consideró algo como de segundo plano. El respeto de los políticos por los banqueros era paralelo al escaso tiempo, comprensión y esfuerzo que dedicaban a lo importante: la economía real. Empresario podía ser cualquiera. Banquero solo el que formara parte del Olimpo de los elegidos. Elegidos para causar el tremendo desperfecto —dirán algunos pesimistas—, pero esto es harina de otro costal.

No lo entendí. Nadie podía darme una respuesta sensata y convincente a cómo podía perdurar en el tiempo una realidad financiera totalmente alejada de la riqueza real. Imposible.

—Nadie dice que totalmente separada, porque eso no puede ser. Pero tenemos que admitir que se trata de realidades muy diferentes —puntualizaban algunos de sus mejores teóricos.

Ni aun así. Solo sería cuestión de tiempo que estallara. Pero nadie quería poner coto a la proliferación de productos, insisto, cada vez más sofisticados y más contaminados de riesgo brutal. Me contaban algunos que la riqueza financiera, así llamada, ocupaba cada vez más proporción del PIB, que en los últimos años se triplicó proporcionalmente, lo cual resultaba insólito, no tanto en su resultado, que era consecuencia directa de lo que querían los ortodoxos del Sistema, sino que nadie se diera cuenta, o no quisiera darse cuenta, claro. Mirar para otro lado porque a mí me va bien es la norma derivada del principio de lo conveniente. Si se comete una injusticia con otros, pues que se fastidie. Mientras a mí no me toquen... No son conscientes de que cuando se toca a un inocente, cuando se viola la Ley al servicio del poder por los teóricos encargados de aplicarla, somos todos las víctimas de ese comportamiento, aunque no seamos capaces de ver más que un metro delante de nuestros ojos y narices. Si a mí me va bien, todo me da más o menos lo mismo. No hay valores, ni convicciones. Dominan las conveniencias.

Imposible olvidarme de aquello que decían ciertos sectores dogmáticos del Banco de España: «No queremos empresas sanas, sino bancos sanos».

Y esto lo decían convencidos, sin darse cuenta de que la economía financiera no puede subsistir sin una economía real sana. Es solo cuestión de tiempo. Lo peor, lo trágico, es que este tipo de consideraciones emanaban del Banco de España en pleno 1993, cuando una crisis, preludio de la de hoy, evidenciaba sus errores, la falsedad de sus dogmas que ellos no querían ver, no sé si por cerrazón mental o porque querían ser europeos a cualquier precio o porque políticamente estaban ejecutando instrucciones superiores.

Por eso querían limitar nuestros préstamos a las empresas. Nosotros tratábamos de convencerles de que en momentos malos, en coyunturas adversas, es cuando tienes que ayudar. Cuando todo va bien no te necesitan. Es ahora, en estos momentos de crisis cuando tienes que apostar. No ciegamente, claro. No financiando a lo que no tiene solución, sino ayudando a superar baches para seguir manteniendo un tejido industrial de mínima envergadura. Lo cierto y verdad es que ninguna de esas empresas a las que ayudamos en momentos difíciles en contra y con la oposición radical de los teóricos —quiroprácticos— del Sistema ha desaparecido, ha quebrado. Al contrario.

Ayer domingo pronunciaba unas palabras ante más de mil personas en el hotel Auditorio de Madrid. Impresionante organización. Una empresa hablando de valores humanos en estos tiempos... Allí, esas personas escuchaban no solo estrategias de marketing, de desarrollo de productos, sino de actitud de cada uno de nosotros ante la vida. No se trataba solo de que les hablara del mundo de las finanzas, y ni siquiera preferentemente, porque en ese campo tienen conocimientos diría que suficientes, aunque recordar lo obvio nunca viene mal en estos casos. Querían que les dijera cómo se comporta el Sistema, cómo ha cercenado valores, instituciones de la sociedad civil, cómo ha contribuido a crear una sociedad de individuos solitarios pegados, como mucho, a las pantallas de un ordenador para vivir una vida virtual y encontrar parejas sentimentales a través de las redes sociales, campo que también parecía propicio para la comisión de abusos deleznables con menores.

A esas personas les dije, a propósito de eso de tener razón antes de tiempo, esta frase:

—¿Se acuerdan de 1993, cuando nos acusaban a Banesto de prestar demasiado a las empresas?

Silencio en la gigantesca sala. Silencio absoluto. Pero el movimiento de cabeza para indicar afirmación como respuesta a mi pregunta agitó, casi imperceptiblemente, pero agitó, el aire de la sala, acondicionada para ser confortable en el agosto madrileño, y con semejante humanidad reunida, capaz de elevar la temperatura de una vivienda siberiana.

—Pues hoy es lo contrario. Relatividad en los valores. Lo perverso de ayer es bueno e imprescindible hoy. Ya lo decían los escolásticos: si me dejas que ponga la premisa mayor, los gatos no tendrán rabo. Ellos la pusieron en su día y casi nos hemos quedado en cueros nosotros.

Porque esa es la verdad, pese a quien pese. La riqueza financiera inundó el mundo de virtualidad. Y estalló. Las hipotecas basura, o como se las llame, son solo un detonante. Era cuestión de tiempo, nada más, como casi siempre ocurre en la vida. Lo que se puso de manifiesto era la tremenda artificialidad en la que se había instalado el sistema financiero. Por eso produce escalofríos que los premios Nobel como Stiglitz y Krugman digan, sin cortarse un pelo, que la clave para salir de esta crisis es que las entidades financieras vuelvan a ser lo que fueron, a prestar a particulares y empresas y que abandonen el exceso de producción virtual meramente financiera que ha proliferado estos años.

Ese es el problema, que casi nada se encuentra en su sitio, que casi todo lo importante se ha modificado en una dirección equivocada y que ahora hay que volcarlo para atrás. En el fondo esto no es malo porque señala un camino con claridad: volver a que la banca sea banca, a que el ahorro cumpla sus verdaderos fines. A esto lo llamo yo la función social del crédito.

La primera vez que mencioné esas dos palabras juntas para referirme a lo que debería hacer la banca, Eduardo García Serrano, hombre inteligente, serio, de ideas claras, aunque no por todos compartidas, pero de una inflexible dignidad y respeto por sí mismo, me comentaba que se encontraban en el ideario joseantoniano.

—A ver si te van a acusar de falangismo...

La verdad es que una de las características de nuestro tiempo es que comienzan lenta pero inexorablemente a pasar al olvido las etiquetas con las que calificar/descalificar a alguien. Los términos «derecha» e «izquierda», visto lo visto y sufrido lo sufrido, indican poco o casi nada. A mí no me interesa que uno me diga que es de izquierdas, porque los he visto que piensan de un modo totalmente irreconciliable con lo que se supone es la esencia de ese pensamiento.

Y lo mismo sucede con la derecha: Jaime Alonso o Eduardo García Serrano, por poner dos ejemplos de personas formadas e inteligentes, se dice que pertenecen a la extrema derecha y si uno rasca en sus conceptos acerca de la economía, se va a encontrar con la sorpresa de que dejan por la izquierda a miles de kilómetros a personajes conocidos del socialismo moderno.

A mí personalmente me da exactamente igual que me pongan la etiqueta que quieran porque ya sé que no significa nada, no define nada, no atribuye ni quita nada. Lo que cuenta son las ideas. Lo que quiero y a lo que aspiro es a que cada persona me diga lo que piensa y no que se me defina ufano o apenado con etiquetas del pasado. Eso ha muerto. Hasta el extremo de que en Estados Unidos florece un movimiento llamado precisamente así, «no labels», no etiquetas. Importan las ideas. Abandonamos los clichés. Aunque el poder de arrastre en este país sigue siendo enorme. La juventud, sin embargo, no se deja influenciar demasiado por esos atributos cosificados producto de épocas en las que las palabras eran más importantes que las ideas. Y desgraciadamente para muchos lo siguen siendo, aunque percibimos ciertos avances. Sean o no para muchos importantes esas etiquetas, a mí me traen absolutamente sin cuidado. Expongo lo que pienso y dejo a los demás que se dediquen a auxiliares de la industria textil de colocar etiquetas a las ideas.

No he consultado ningún manual ni de derechas ni de izquierdas para construir esta noción, este concepto, esta idea. Porque se trata de algo sencillamente elemental. Sin creación de riqueza no hay avance. Sin financiación adecuada, no se puede funcionar. Por tanto, está claro: los bancos reciben ahorro y deben cumplir la función social de transmitirlo a quienes quieren invertir creando activos reales que beneficien, de modo directo o indirecto, a toda la comunidad. No hay nada extraño, patológico, subversivo, abusivo o altisonante. Es lineal: para eso están los bancos. Y cruzando muy diversos senderos e impulsados por razones más bien concretizables y monetizables, esta función social se abandonó y ahí se encuentra explicación cuando menos parcial de lo que nos sucede.

5

UNA CHARLA CON MANUEL, OTRA CON ANTONIO Y DESPUÉS CON ERNESTO

Envuelto en estos pensamientos, con la idea de la función social del crédito golpeando mi cabeza con la fuerza de lo conceptual refrendado en la experiencia, llegué a A Cerca y ascendí por la escalera situada frente a la puerta de la iglesia, la que en otro tiempo fue entrada de la casa, a la que se accedía a caballo o a pie, según las ocasiones y la dignidad del sujeto. Por cierto, todavía se conserva en el patio adoquinado una especie de rampa ascendente que crece, que asciende elevándose sobre el suelo, a medida que penetra en su interior. La razón es sencilla: según la altura del caballo y el tamaño de las piernas del jinete, resultaba conveniente —esta vez sí— bajarse más arriba o más abajo dentro de la extensión de la rampa, y, finalmente, localizar los cuatro peldaños que desde la parte superior de esa rampa te permitían descender al patio. Y frente con frente a ella, a la rampa y sus escalones de descenso me refiero, situaron los antiguos una bancada de piedra, sin ornamentar, ligeramente tallada y apoyada en la pared del segundo cuerpo de los tres de que se compone el edificio en su conjunto. Se trataba de poder sentarse al abrigo de la solana, porque los bancos encaran poniente, y, desde ellos, además de descansar el cuerpo, se puede hacer lo propio con el espíritu contemplando la majestuosidad del mayor de nuestros castaños, inmenso, descomunal, que nos mira y observa indiferente a nuestra presencia sin una sola mueca, agitado únicamente por los golpes de viento, dejándose mecer por ellos, sin oponerse ni ofrecer resistencia, pero manteniéndose siempre silente y absorto en sí mismo, meditando al asumir la experiencia del vivir, que para eso tiene, según los técnicos que nos visitan regularmente, algo así como casi mil años de antigüedad. Aseguran, además, que en los troncos de los castaños se puede obtener información acerca de las condiciones climatológicas de determinadas épocas. Pues será, pero semejante averiguación carece de poesía. A mí me gusta mucho más no tener ni idea de si hizo frío o calor en un momento dado, y, con independencia de esos particulares del clima, poder contemplar la imponencia de un producto natural semejante, enorme de volumen, enorme de tronco y casi indescriptible de copa, capaz de irradiar una serenidad, y hasta una dulzura, envidiables y reconfortantes. Sintonizar, en sentido estricto, con ese castaño es alivio para el espíritu.

Sin embargo, el de Manuel, el constructor que realiza obras por estas zonas algo abandonadas —dice— de la mano de Dios, aunque yo creo que es exactamente lo contrario, no parece encontrarse con la serenidad del castaño de poniente. Al contrario. Se le veía agitado y nervioso. Acudió a verme para concretar si decidíamos encarar unas pequeñas obras en uno de los locales que dan al patio para generar un depósito en el que albergar ordenadamente herramientas, utensilios y los cientos de cosas que se acumulan en un terreno y edificio que tiene tendencia a la siempre soñada autosuficiencia. Decían los antiguos que sin salir del recinto amurallado de A Cerca una familia podía vivir sin problemas, porque dentro de su mundo encontraría el alimento para el cuerpo sin dificultades insuperables.

Nada más verme se acercó. Sus movimientos no eran demasiado bruscos, lo que conforma una característica de los habitantes de esta tierra: no tienen prisa, pero no como los andaluces, que manejan el tiempo lento como equivalente al tiempo sin nada, sino que aquí cada paso, cada día, cada hora, casi cada minuto tiene su afán, y por eso no hay prisa, porque siempre hay materia de trabajo para culminar. Tiene razón, al menos en parte, el que aseguraba que los gallegos con lo del trabajo acabamos siendo unos degenerados que vamos contra las leyes de la naturaleza.

Su aspecto, contrito, confuso, irritado y portador de una extraña calma, reclamaba de mi parte la pregunta de si algo le ocurría, y se la formulé sin dejar de trazar una sonrisa que redujera la tensión de la previsible conversación. Su respuesta no me cogió de sorpresa.

—Es que viene uno de lidiar con los bancos y no entiende nada. Hace unos años, ibas a ver al director a pedirle un crédito y te concedía cinco. Querían colocar dinero como fuera. No les importaba ni las garantías ni casi el interés. Ahora todo lo contrario. Ahora no dan nada y no lo entiendo, porque la empresa es la misma, yo soy el mismo, las cosas, dentro de lo que cabe, marchan bien... Nos van a arruinar a todos.

La letra y la música de lo que decía Manuel era común a cientos de miles de empresarios en España. Los datos estadísticos hablan de 450 000 empresas pequeñas y medianas desaparecidas durante la crisis. Es una auténtica barbaridad porque nuestro tejido empresarial, el lugar en donde se localiza empleo, se compone de ese tipo de empresas que aglutinan la mayoría de los puestos de trabajo. Por eso a nadie puede extrañar que la desaparición de semejante número de entidades empresariales se traduzca en la brutalidad de las cifras de paro. Y en ese proceso la no financiación del circulante por los bancos tiene mucha responsabilidad. No toda, pero sí abundante.

—Está pasando con mucha gente, con muchos empresarios, Manuel. Pero el asunto no es que los bancos no quieran prestar. Es que en gran parte no pueden.

—¿Y por qué? ¿Es que no tienen dinero?

—Pues no, Manuel. Ese es el tema. Mira: se metieron en muchos líos de productos financieros raros, unas cosas que llaman derivados, *swaps* y cosas así. Como eso no tenía detrás nada más que la especulación, al final se ha venido abajo. Pero se producen pérdidas. Muchas pérdidas que esta vez son reales. Los bancos tienen que encajarlas y tales pérdidas reducen sus recursos propios, y al disminuirlos tienen que bajar la cifra de créditos.

Me di perfecta cuenta de que mi discurso era excesivamente técnico para Manuel, que no entiende nada ni de productos financieros sofisticados ni de ese mundo abstruso del cálculo de los recursos propios de la banca. Pero sí que sabe que los bancos no le prestan como antes, a pesar de que su empresa, con sus obras que araña allí donde puede, va más o menos bien, y desde luego subsiste con más holgura que muchas otras que han tenido la desgracia de desaparecer. Pero Manuel no pretendía entender, ni siquiera comprender al banco. Su pregunta fue directa:

—Yo lo que sé es que no prestan. Si me dice que han perdido dinero en otras cosas, la pregunta que le hago es esta: ¿y qué culpa tengo yo de que perdieran dinero por meterse en esos líos? ¿Por qué mi empresa tiene que pagar sus culpas?

La pregunta era seria y aguda. Los bancos perdieron dinero, mucho dinero, ingentes cantidades de dinero, en productos financieros que conectaban con ese artificio de la riqueza financiera. Y para ello usaron dinero real y artificial. Ahora sus pérdidas se traducían en imposibilidad de financiar a empresas que podrían subsistir si dispusieran del soporte financiero adecuado. Es decir, los errores derivados de una interpretación excesiva de la riqueza financiera —así llamada— se acaban derivando en destrozos hacia la economía real. El asunto es grave y, a la vez, ilustra sobre la peligrosidad de lo financiero en cuanto cortocircuito del proceso de creación de riqueza.

—Tienes razón, Manuel, pero así son las cosas, así funciona el modelo que nos hemos dado.

—Querrá usted decir así no funciona, porque a eso no se le puede llamar funcionar, porque estamos todos mal por su culpa.

—Bueno, por su culpa y por la de todos, porque ese sistema funciona o no funciona, como dices, porque queremos, porque lo hemos dejado, porque nos hemos desentendido.

—No sé bien qué quiere decir. Yo no he dejado nada...

—Pues sí, aunque no seas consciente de ello. La sociedad española ha seguido un proceso de irse desentendiendo de las cosas. Los empresarios no prestaban atención a los banqueros ni a los políticos. Decían que tenían que ir a lo suyo, a ganar dinero, y de lo demás no querían saber nada.

—Pero es que sin los créditos no hay manera de ganar dinero.

—Pues eso. Ahora nos estamos enterando de que no basta con decir que llevas tu empresa muy bien, que tienes controlado al personal, que produces bien, eficiente y barato, que tus productos son cojonudos... Sin crédito no eres nada.

Posiblemente el discurso fuera excesivamente abstracto para el momento que vivía Manuel, absorto en lo más inmediato, la liquidez para nóminas, para poder comprar materiales, para pagar a los acreedores mientras los clientes seguían sin pagarle a él. Es decir, el círculo propio de toda empresa. Pero la abstracción no impide ver con claridad. Los empresarios se han desentendido de demasiadas cosas. Ahora comprueban que un banco puede provocarles la ruina al dejar de financiar su circulante, y no porque la empresa vaya mal, sino porque debido a líos de otra naturaleza no tienen capacidad de conceder esos créditos. No tienen dinero, vaya, porque lo perdieron, y para capitalizarse de nuevo necesitan fondos y no es tan fácil encontrar verdaderos inversores que a día de hoy quieran poner su dinero en la banca.

Está claro que hay que situarse al borde del precipicio para saber si se siente o no miedo. Hasta ese momento todo es literatura. Y el precipicio llegó para muchos empresarios. Algunos no han podido resistir. Demasiados. Y siempre hablamos de los cinco millones de parados, y lo hacemos con razón, porque se trata de una desgracia de magnitud casi inconmensurable, sobre todo por la escasa esperanza de solventarlo en un próximo futuro. Pero delante de esos cinco millones de parados se encuentran medio millón de empresarios quebrados, que, además de ver arruinadas sus empresas, sufren lo propio en sus vidas porque muchos de ellos hipotecaron sus casas y sus bienes porque creían a pie juntillas en las empresas que estaban desarrollando, y ahora el huracán de la crisis asola no solo sus centros de negocio, sino sus casas, sus enseres, sus vidas.

Y esos empresarios que han visto cómo desaparecían sus empresas por falta de financiación de circulante, ahora se dan cuenta de que ese dinero bancario que daban por supuesto si ellos hacían las cosas bien, ese dinero, ya no llega, y no, insisto, porque las empresas carezcan de futuro, sino porque los bancos carecen de liquidez suficiente agobiados por sus problemas de recursos propios. Y eso, sencillamente, no puede ser. Un sistema no puede funcionar así, destruyendo capacidad de crear riqueza real a consecuencia de perversas interpretaciones de la nunca bien ponderada riqueza financiera.

—Yo lo que creo es que dentro de poco nadie va a querer ser empresario, porque para sufrir...

La reflexión de Manuel era profunda. No se trataba, solo y con ser mucho, de los cinco millones de parados ni de los 450 000 empresarios desaparecidos. El efecto alcanza, y de lleno, a la vocación empresarial. Porque lo que se está consiguiendo es que muchas personas de cuarenta y cinco o cincuenta y cinco años, con experiencia y conocimientos suficientes, al ver cómo se arruinaban sus empresas por causas en gran medida ajenas a su quehacer, ni quieren ni oír hablar de volver a ser empresarios. No saben muy bien de qué van a vivir, quizá de los rescoldos, de los restos de lo que quede de los ahorros de su vida, pero en cualquier caso eso de acometer nuevos proyectos, crear nuevas empresas... Eso que lo hagan otros porque ellos consideran que ya han sufrido bastante.

Así que de un costado perdemos esa capacidad empresarial. Y de otro, a los jóvenes, como es el caso de mi sobrino, les pedimos que hagan algo que luego no tiene correspondencia con lo que les ofrecemos. Perdemos igualmente vocaciones empresariales. La juventud, según las últimas encuestas, recupera el deseo de ser funcionario por encima de empresario. Hemos destrozado quizá uno de los logros más importantes de finales del siglo pasado: la legitimidad y atractivo de la actividad empresarial.

Y con ello hemos asumido una gigantesca responsabilidad. No hemos entendido nuestro momento histórico. No hemos comprendido que con la caída del Muro no se había terminado todo, no estábamos situados ante el tan cacareado, como falso y artificial, fin de la Historia. Al contrario. Nos enfrentábamos a nosotros mismos, y en este enfrentamiento parece que hemos conseguido algo ciertamente complicado en tales circunstancias: fracasar. Pero, en fin, no eran momentos para esas consideraciones porque Manuel me contemplaba callado y seguramente intrigado porque no entendía bien qué pasaría por mis adentros para permanecer tanto tiempo en silencio. Quizá por ello se atrevió a romperlo con una pregunta directa:

—Pero ¿no decían que los bancos españoles eran los más fuertes del mundo? ¿También nos han engañado en eso?

—Hombre, Manuel, están mejor que otros, pero...

Una conversación imposible. Cuando la realidad se impone de manera tan cruda, las justificaciones siempre suenan con alguna oquedad. No penetran. La fuerza del problema inmediato es brutal. Descompone las razones antes siquiera de llegar a ser asimiladas por el intelecto. Frente a la ferocidad del hecho cualquier razón trae música de excusa. Sobre todo en un país en el que estamos acostumbrados, como decía Ortega, a buscar culpables para nuestros males sin querer contemplarnos a nosotros mismos como los verdaderos autores de esta masacre.

Antonio es un empresario de raza. Bueno, era, porque se cuenta entre los que ya no quieren escuchar demasiado las canciones que hablan de la bondad del emprendedor y de su reconocimiento social. Su empresa, como tantas otras, se encuentra ya en concurso de acreedores. Increíble pero cierto: dos o tres años atrás tenía perfectamente ultimada su salida a cotización bursátil, a la vista de la potente capitalización, la evolución de las ventas, los beneficios recurrentes, en fin, todo ese entramado que permite ofrecer tu empresa, dividida en las partes a las que llamamos acciones, al público en general, a quien quiera poner su dinero en la esperanza de ganar más.

Porque esta es otra. La Bolsa, las Bolsas mundiales no recogen instintos empresariales, sino puramente financieros. Llamarles a los que en ellas participan accionistas es un puro eufemismo. Ninguno de ellos, o si encontramos alguno convendría guardarle bien para exponerle en algún museo, ninguno o casi ninguno de ellos —decía— tiene el menor interés en el futuro de la empresa en la que pone sus dineros. Bueno, mejor dicho, ese futuro solo le interesa en tanto en cuanto se traduzca en subida de la cotización. Lo demás le trae al fresco. Incluso diría que si compra a cinco y vende a siete, gana su dinero, lo retira y se va; a partir de ese momento, si la empresa quiebra y los trabajadores se quedan en la calle, ese problema no le importa nada, entre otras cosas porque estará mirando hacia otro lado, buscando otro lugar en donde la especulación, a base de adivinar el futuro y si es posible con información privilegiada, se traduzca en dinero. No habrá creado nada, pero habrá conseguido recursos financieros.

Por ello digo que eso de hablar de accionistas de las empresas cotizadas es una descomunal mentira. Inversionistas puros y duros. Es posible, claro, que determinados grupos que consiguen paquetes de acciones importantes y se convierten en accionistas de referencia puedan ser eso, accionistas. Pero aun en esos casos conviene desconfiar. No se trata siempre de potenciar a la empresa en la que invierten, sino de ver cómo esa potencia puede traducirse en mejora de la empresa del grupo inversor. Las inversiones en el sector financiero y otras que se han ejecutado en nuestro país no siempre han sido fundamentadas en un intento de mejorar la gestión de la banca o de la empresa industrial de que se trate, sino de ver cómo los activos de la entidad financiera o industrial pueden servir a los fines de la entidad o de las personas que invierten. Si es que casi nada está en su sitio. Ni la banca cumple su misión real, ni el mercado de valores sirve para lo que servía. Cada día es más un monumento cuyo único dios es la especulación por la especulación.

Antonio asumía con resignación el fin de su empresa y en cierta medida el suyo propio como empresario. La raíz del desastre se encuentra en España porque algunos de sus proyectos en México, por ejemplo, podrían funcionar. Pero el consumo de recursos que reclamaba España constituía tal sangría que no dejaba dinero libre. Poco a poco y día a día caminando hacia el final, tratando de no llegar, de buscar, de encontrar alguna solución, algún refugio, un descansadero como el de las reses que caminan por las vías pecuarias. Pero al final sucede lo que tiene que suceder.

Y es entonces el momento de reflexionar. De mirar para atrás a ser posible sin ninguna emoción negativa. Digo a ser posible porque pretender que seamos santos es confiar en un producto muy diferente al humano actual. Santo no es el que hace todo bien y se enfrasca en cosas extraordinarias, sino, más llanamente, ser santo consiste en hacer santamente las cosas ordinarias. Y cuando has sufrido en tus carnes un deterioro semejante que afecta a toda tu vida medida en aspiraciones, ilusiones, expectativas y grados de bienestar, mantener la serenidad de juicio es tarea santa, sin la menor duda. Pero Antonio lo conseguía, al menos en muchos de sus ratos de lucidez. Por ello me sorprendió su análisis, no porque fuera erróneo, que para nada resultaba equivocado, sino todo lo contrario, porque se pudiera iniciar una conversación semejante con una persona de sus características.

—En el fondo entre todos hemos creado el monstruo que ahora nos devora —dijo Antonio sin poder evitar que la serenidad y el temple con los que pronunció las palabras dichas escondieran totalmente una inevitable brizna, unos cuantos filamentos de tristeza, o tal vez de melancolía.

—Así es, Antonio, así es, y el error va más allá de eso que llaman modelo productivo nacional.

—Bueno, en parte. Porque está claro que este país, si quería crecer, tenía que centrarse en la construcción y la promoción inmobiliaria, porque a pesar de lo obvio no hemos sido capaces durante todos estos años de crear un modelo alternativo eficaz. Se fue a lo fácil, y te lo digo yo, que estuve metido, como bien sabes, de patas y cejas en el asunto. Pero nos pasamos muchos pueblos. Demasiados.

—Entre todos lo hicimos. No solo vosotros, los empresarios del sector. Ni siquiera los bancos. Todos.

—Hombre, los bancos se encontraron con que debido al euro recibían una montaña de dinero, y muy barato porque se aplicaba a España los tipos de interés de Alemania, así que tenían que usar el dinero a toda velocidad para no perderlo.

Tenía toda la razón Antonio. Esto es algo que no todo el mundo comprende y valora. A partir de 1994 y de manera muy especial desde 1996 en adelante, a España llegaron cantidades ingentes de dinero. No sé si se les llama Fondos Estructurales o algo parecido, porque lo cierto es que siempre andan creando cosas así para manejar un dinero que no es suyo, pero, bueno, eso es otro tema. Lo cierto es que ese dinero llegaba. Y en lugar de ser destinado con un proyecto de país bien armado a introducir las reformas necesarias en el modelo productivo, nos dedicamos a gastarlo, a consumir. Sería injusto decir que durante estos años no se han efectuado obras de infraestructura, por ejemplo, que han mejorado mucho no solo la imagen, sino, lo que es más importante, la vida real de los españoles. Sería injusto, desde luego. Pero sería igualmente ceguera no darnos cuenta de que no todos los dineros fueron utilizados con una visión clara de futuro. Al contrario. Una vez más el cortoplacismo imperaba. Los políticos querían poder decir aquello de «España va bien», cuando algunos nos dábamos cuenta de que no era así, que estábamos viviendo del ahorro de otros, que no nos dedicábamos a lo serio, a implantar un modelo viable a medio plazo.

Y los empresarios participábamos del festín. Todo se vendía. No porque fuéramos genios del marketing ni de la publicidad, sino porque te lo compraban. El poder de compra irreal aumentó exponencialmente. Si los de la Escuela de Salamanca levantaran la cabeza... Esa capacidad de la banca de crear dinero generó una gigantesca burbuja, una cantidad ingente de dinero artificial inundó el mercado debido al juego de la reserva fraccionaria. Partes muy significativas se destinaron al desastre ese de la riqueza financiera. Otras a la especulación inmobiliaria, porque ese fue el problema: transformaron en actividad especulativa una parte capital de nuestra estructura productiva.

—El asunto, Antonio, consiste en que todo el mundo se dedicó a especular. Y lo hizo ni más ni menos que con la vivienda.

—Hombre, no sé si todo el mundo, aunque te admito que una buena parte del mundo efectivamente especuló.

—Antonio, si somos sinceros, si ponemos la mano en el corazón y preguntamos a la gente quiénes en aquellos años dorados se negaban a aceptar un crédito del director de sucursal para comprar un piso diciendo que no se preocupara, que lo tenía vendido sobre plano... ¿Quién se negaba a ganar dinero de este modo tan fácil?

—Desde luego, desde luego.

—Lo que pasa es que eso era mentira. Hay dos aspectos. Uno el puramente económico y otro del orden de valores.

—¿Qué quieres decir exactamente?

—Pues que se construía y edificaba sin consideraciones verdaderas de mercado. Es decir, nadie se preguntaba quién coño compraría esas viviendas a semejantes precios, porque todo el mundo daba por supuesto que se venderían. Si ves algunos lugares en los que se han edificado cosas monstruosas, comprenderás que eso no puede venir de un análisis empresarial serio, de un estudio de mercado auténtico...

—Está claro.

—Mira, Antonio, camino de Los Carrizos, en Sevilla, atravesamos un pueblo llamado Burguillos. Cada vez que pasaba por delante de sus obras se me ponía la piel de gallina porque me preguntaba quién compraría aquellas viviendas a aquellos precios. Imposible. Tenía que ser fruto puro y duro de la especulación. No hay otra. Y, claro, así ha sido. Me cuentan que hoy hay mucho, pero mucho en venta por liquidación a bajo precio, y, claro, surgen constructores arruinados, y hasta algún empresario huido. Y hablan de familias que no saben qué pasó con su dinero. No sé si es cierto porque hace mucho que no bajo por el sur, pero puedo entenderlo con facilidad, me resulta comprensible, Antonio, porque, con el stock de viviendas que hay, vamos a tardar muchos años en venderlas, y mientras tanto no hay forma de que se recupere de manera suficiente la construcción. Nosotros, por ejemplo, conocemos empresas de grúas de esas para construir que no es que no las alquilen a ningún precio, es que no las consiguen vender casi ni regalándolas. La cosa es muy complicada.

—No es posible todo lo sucedido sin la complacencia de la Administración —puntualizó Antonio—. Y no me refiero solo a actitudes corruptas, a que muchos políticos locales se han querido forrar a base de cobrar comisiones por recalificación y cosas así, sino que, además, pensando incluso en sus ayuntamientos, querían financiar obras, en algunos casos muy desproporcionadas, con los ingresos procedentes de las licencias.

—Y eso de la corrupción no es lo peor. Estamos viendo ya juicios penales que en el fondo son un espectáculo demoledor. Pero lo que ha ocurrido es que se han comprometido muchos pagos de futuros a empresarios que han ejecutado esas obras con el dinero que supuestamente iba a venir de esas nuevas licencias. Y eso se acabó. Pero las obras hay que pagarlas. Y ahora no hay dinero. Y quienes lo sufren son también los empresarios a los que debe dinero la Administración pública. Si es que esto...

—Y el impacto de todo esto en los balances bancarios es tremendo, para las empresas del sector y para las de los demás.

—Bueno, para nosotros no es tremendo, sino letal. Vas a un banco a pedir un crédito, descuentos de papel, lo que sea, de una empresa encuadrada en el sector de la construcción y no quieren ni oír hablar de ti.

—Y con el lío este de las pruebas esas de fortaleza, como las llaman, no han conseguido tranquilizar a nadie, porque como estamos en un mundo en el que la conciencia general es que todo es mentira, sobre todo si viene de los políticos, por mucho que se empeñen, no van a conseguir que se les crea.

—Y lo entiendo porque como cada día dicen una cosa, se ejecutan a sí mismos. La complacencia de las autoridades con todo esto tiene que ser total y absoluta. No es creíble que semejante barbaridad se haya producido sin que lo supieran el Banco de España y los políticos. Estaban en al ajo. Lo que pasa es que como les gusta decir eso de que vamos bien, de que crecemos, de que todos felices porque ellos son unos tipos estupendos, pues Jauja. Ya sabes eso de que no se escucha más que aquello que se quiere oír.

—Pero la responsabilidad de ellos es tremenda —puntualizó enfatizando con fuerza, lo que demostraba que se le veía dolido con la institución.

—Claro que lo es. Por ejemplo, el Banco de España. Sinceramente, creo que ha perdido toda credibilidad entre la gente. Ahora muchos se dan cuenta de que ha funcionado siempre como una especie de policía financiera del gobierno de turno. Los cánticos de independencia son mera representación teatral. Al menos así se percibe ya por una enorme mayoría. Y eso tendrá consecuencias.

—Es que no es creíble que no supieran lo que está sucediendo con el mercado inmobiliario, por ejemplo.

—Lo sabían. Y lo consentían. Mira, Alberto Recarte, que es hombre serio y trabajador, y que, además de saber, trabaja y estudia, dice que en un año y medio o así habremos terminado con el saneamiento del sistema financiero. En su opinión, que me parece muy fundada, eso habrá costado unos 250 000 millones de euros. Es una monstruosidad de cifra. El 25 por ciento del PIB. Una salvajada. ¿Cómo va a ser posible algo así sin que se enteren las autoridades encargadas precisamente de la vigilancia de las entidades financieras? No, Antonio. Todo forma parte del mismo Sistema. Es el Sistema el que falla. ¿Acaso alguien se cree que los funcionarios del Banco de España y sus autoridades no son de y viven del Sistema?

—Eso está claro, pero, por grande que sea esa cifra, mi pregunta es: ¿incluye el suelo?

—No sé a qué te refieres.

—Pues que hay una buena parte de créditos concedidos por las entidades financieras para suelos urbanizables. Es decir, suelos rústicos que por un papelito administrativo pasaban a valer cientos de millones de euros. Sin más que ese papelito. Y los bancos financiaban sobre el nuevo valor del terreno. Y ahora no se va a urbanizar ni con la Guardia Civil, como dices tú siempre. Así que ese dinero está perdido. Y no sé si los bancos lo han reconocido.

—Sí, me han hablado de ese problema, pero no tengo respuesta. Supongo que algo sí y parte no, como siempre. Porque, esta es otra, a medida que saneamos los balances bancarios, vamos restringiendo las posibilidades de crédito a las empresas, así que esto es una pescadilla —mejor sería decir un tiburón— que se muerde la cola.

No merecía la pena insistir. El desastre inmobiliario en España, mayor que en otros países, aunque en todos cocieron habas, estaba a su vez destrozando la economía real por la vía de restringir las posibilidades de los bancos de conceder créditos. Y nos empeñábamos en buscar culpables. Y no los hay, salvo que nos centremos en todos nosotros, en la sociedad española en su conjunto. Porque todos, insisto, todos, participamos del festín. Porque se instaló la avaricia y perdimos el referente real de las cosas. No nos dimos cuenta de que la vivienda es un activo fundamental. Uno de los que deberían quedar sustraídos de la especulación. Y no solo no hicimos caso a eso, sino que, por si fuera poco, transformamos la vivienda en una especie de activo financiero sujeto a la especulación pura y dura. La metimos dentro de eso que llaman riqueza financiera. Se compraban y vendían activos inmobiliarios sobre plano. No se trataba de pisos, de viviendas para ser ocupadas por familias, sino de activos financieros puros y duros. Se especulaba con ellos. Nadie se preguntaba quién iba a vivir allí y cómo podrían pagar esos precios. Eso se daba por supuesto. La especulación y la avaricia se adueñaron del modelo. Y no tuvimos ni el más elemental de los escrúpulos de darnos cuenta de que operábamos con algo tan serio como la vivienda. Nos inundaba la especulación. Las prácticas propias del mundo de la riqueza financiera se importaban, sin pago de aranceles, a la economía real. El modelo alcanzaba la máxima de sus posibles perversiones.

Cuando Manuel me abandonó y mis pensamientos y reflexiones acerca de mis conversaciones con Antonio se encontraban en un momento álgido, sonó mi teléfono móvil. Salí a la terraza para atender la llamada, y no por falta de cobertura, sino porque presagiaba que íbamos a continuar con más de lo mismo, es decir, con problemas derivados de esta situación en la que subsistir incólume o con daños menores empezaba a parecerse mucho a un milagro.

Era Ernesto. Llamaba desde fuera de España. Su preocupación más directa era la evolución de las cotizaciones bursátiles, y en particular de una empresa industrial en la que tiene depositadas todas sus esperanzas y muchos de sus dineros, que todo hay que decirlo. Lo malo es que confiado en la evolución racional de la empresa se embarcó en ciertas operaciones de crédito. Y desgraciadamente la empresa se vio arrastrada por la Bolsa, es decir, que caía como las demás. Menos que otras, desde luego, pero caía. Y eso los bancos lo llevan fatal porque funcionan los colaterales.

—¿Qué es un colateral? —me preguntó mi hijo Mario cuando hablamos de financiar la compra de una empresa del sector en el que nos movemos.

—Pues las garantías que ofreces al lado del principal. Es decir, el banco valora tu capacidad de generar recursos para pagar. Si no la tienes, pues en puridad no debería concederte el crédito. Si la tienes pero quiere asegurarse más, pide garantías. Por ejemplo, compramos una empresa y ofrecemos como garantía las acciones de esa empresa comprada y las que tenemos de la nuestra.

—Ya.

—El asunto es que si se trata de empresas cotizadas en Bolsa y el valor baja, disminuye la cobertura de las garantías y el banco te pide que complementes.

—¿Y si no tienes más?

—Pues te ejecuta y en paz. Bueno, en paz no, porque eso significa que el banco empieza a quedarse con activos de todo tipo y se mete en el problema de cómo custodiarlos. Hay bancos, por ejemplo, que se han quedado con un montón de grúas para la construcción y no saben qué hacer con ellas. Las tienen a la intemperie, se deterioran... Pero, en fin, es lo que hay.

Pues Ernesto estaba preocupado por esos colaterales, claro. Y el problema le sacaba de quicio, y no solo por las repercusiones personales para él, que podía soportarlas, sino por la irracionalidad de lo que sucedía.

—Lo acojonante del caso es que todo lo que yo preveía que iba a suceder ha sucedido. La empresa ha ganado una fortuna, sus expectativas son alucinantes, ha pagado la deuda, los bancos quieren financiarla sin problemas...

—¿Y?

—Pues que con todo y eso las acciones bajan en flecha. Ahora se han recompuesto un poco, pero no tiene el menor sentido el precio al que cotizan con la realidad empresarial.

—Ya, Ernesto, pero es que la Bolsa no se fía de las «realidades» de eso que los expertos llamáis fundamentales, es decir, los indicadores de cómo van las cosas por la empresa. Es irracional, pero es así. Y no de ahora, sino de hace mucho tiempo.

—Sí, pero ahora estamos alcanzando la irracionalidad más absoluta. Las Bolsas, aparte de la especulación, se crearon para eso que llaman servir de instrumento de financiación de las empresas. Ahora parece que eso se ha olvidado.

—Y es normal, Ernesto, porque la especulación lo ha inundado todo, incluso el mundo de la vivienda, así que no te puedes extrañar. Cada día se inventan más y más cosas sobre las que especular. Las acciones se compran a futuro, con créditos, sin créditos, se crean eso que llaman posiciones cortas, largas, luego se venden las posiciones... Es el mundo de la especulación pura y dura.

—Hombre, la especulación es inevitable. Y no necesariamente mala. El problema es de medida, como casi todo en la vida.

—El problema es de sistema, Ernesto. Una vez más. La transformación de la economía real en una economía financiera está siendo un verdadero cáncer para la evolución de la sociedad. Eso lo tengo claro como el agua.

—Ya, pero, por ejemplo, el otro día te decía que había que limitar las posiciones cortas para evitar excesos.

—Mira, Ernesto, la gente de la calle no entiende qué es eso de posiciones cortas, largas o mediopensionistas. La gente lo que ve es que todo el mundo anda especulando. Y es verdad. Se especula con la evolución de los tipos de interés, con el precio de la deuda, hasta con los índices bursátiles, uno compra sin dinero, otro vende sin títulos... Es un casino. Esto sencillamente no puede ser. Tenemos que volver a situar las cosas en su justa medida y ahora están en una medida que, más que injusta, es un despropósito. Cada día hay más y más fórmulas para especular con lo que sea. Cada día tenemos más vocaciones de especuladores y menos de empresarios. El especulador es el hombre del corto plazo y eso inunda la sociedad. Y la corroe en sus cimientos. No tengo la menor duda.

—Pero hay algo serio detrás de los futuros. No es solo especulación. Se trata de garantizar al empresario real que quiere tener claro el precio, por ejemplo, de sus primeras materias.

—Así es. Lo entiendo y lo comparto. Si yo necesito trigo para mi negocio, quiero garantizarme su precio. Y por eso lo compro a futuro. Hasta aquí sin problemas. Lo mismo sucede, por ejemplo, si quiero garantizarme el coste del dinero y compro bonos del tesoro a futuro. Eso, insisto, está bien. El problema es que a partir de ese preciso y precioso instante aparecen en escena los especuladores y crean todo un mundo de irrealidades, de locuras, de despropósitos en mi modo de ver las cosas. Esos especuladores no crean riqueza en modo alguno, o por lo menos soy incapaz de verla. Y, sin embargo, sus riesgos son brutales, como lo estamos viendo hoy, porque el desmoronamiento de esos artificios acaba teniendo consecuencias letales para la economía real.

—Puede ser, de hecho, en parte es. Pero ¿quieres acabar con la libertad de mercado? Eso es lo que te dicen los que trabajan en ese mundo, que son seminaristas de esa libertad.

—No. No quiero acabar con eso. Pero no quiero ser un adorador del mercado como si con eso todos los temas fueran resueltos. Y eso no es de hoy, Ernesto. Déjame un momento y te llamo.

Quería ir a la biblioteca y recuperar mi discurso honoris causa, el de 1993. Allí lo dije claro. Habían transcurrido dieciocho años y uno siempre tiene ese puntito de vanidad de haber tenido razón, aunque doy mi palabra de que eso en mi caso me importaba poco menos que nada. Pero quería que se supiera que esas cosas que digo hoy, fuera de la banca, arrojado a golpe de brutalidad, las exponía con toda claridad cuando me situaban en el cenit del mundo económico, y no solo financiero, sino también empresarial. Por eso me fui a la biblioteca, tomé el librito, volví a salir a la terraza y marqué el número de Ernesto.

La tarde caía implacable y menos mal que en estas tierras el calor se soporta bien. Sobre todo cuando te comparas con otros sitios. Esto de la comparación será todo lo odiosa que quieran algunos, pero si sales ganando hay que reconocer que reconforta. Insisto en que somos humanos y no es conveniente olvidarse. Ernesto al otro lado.

—Mira, lo que quería era leerte lo que dije hace muchos años, en el discurso de 1993, el de doctorado honoris causa.

—Me acuerdo del discurso. Me acuerdo. Yo estaba allí, como bien sabes.

—Sí, por supuesto. Pero ahora me gustaría que recordemos que lo que decíamos entonces, en lo más alto, sigue vivo y coleando para desgracia de todos nosotros.

Tomé el libro en el que guardo el discurso, lo abrí en la página correspondiente y leí, pidiendo antes perdón por la extensión de la cita:

Para resolver estas deficiencias que denota el sistema, es necesario situar al mercado en el lugar que le corresponde. Los liberales doctrinarios piensan, como es conocido, que si existiese un marco legal que obligara a todos, incluido el Estado, y, dentro de él, cada agente económico persiguiese sus propios intereses individuales, el mercado —la «mano invisible» de Adam Smith— garantizaría por sí solo un desarrollo económico armónico y satisfactorio. Esta afirmación es probablemente una simplificación, sobre todo en un contexto de economía globalizada en donde los avances teóricos a favor de la libertad de comercio mundial tropiezan con realidades fácticas de estructuras proteccionistas más o menos sofisticadas. Por ello creo que merece la pena dedicar una breve reflexión para poner de manifiesto que el mercado, por sí mismo, no da en todo momento las respuestas adecuadas a los problemas reales de la sociedad. Una constatación que es particularmente importante en unos momentos en que ya nadie duda razonablemente del triunfo de la economía de mercado frente a sus clásicos competidores colectivistas.

Existen, ante todo, necesidades sociales que la ortodoxia liberal no soluciona: son los llamados «fallos del mercado». Es claro que el mercado no puede resolver íntegramente la provisión de determinados bienes públicos que son imprescindibles para que tengan sentido la idea del Estado y el concepto de civilización: la defensa, la justicia, el ordenamiento tributario, la seguridad, las grandes infraestructuras... Tampoco parece realista en otros casos esperar que las actuaciones individuales solventen determinadas necesidades colectivas: las que tienden, por ejemplo, a superar los problemas de degradación del medio ambiente o la congestión en las grandes urbes. Por consiguiente, el mercado, por sí solo, no resuelve todos los conflictos, de modo que, tanto en los casos enunciados a título de ejemplo como en otros muchos de parecida entidad, sigue siendo necesario arbitrar mecanismos que garanticen que el mercado conduce al sistema hacia una solución eficiente.

Pero es que, incluso cuando funciona a la perfección un modelo de competencia, ese modelo solo garantiza la asignación eficiente de los recursos: es decir, asegura que no van a existir recursos ociosos. Y en esto estriba la diferencia entre progreso técnico y progreso social.

Concluí la lectura y percibí la respuesta de Ernesto cargada con un punto de ironía.

—Bien, pero ahí hablas del mercado en general y no dices nada del mercado financiero en particular, que es de lo que estamos hablando ahora.

—Es cierto, pero ten en cuenta que en ese momento yo era banquero y teníamos en marcha una ampliación de capital gigantesca en Banesto, así que eso de tirar piedra sobre tu tejado concreto no es una de mis aficiones favoritas.

—Sí, lo entiendo, pero el asunto no es solo el mercado, la especulación, los cortos y los largos. Entiendo que hay otras cosas que han causado mucho daño y de las que se habla poco.

—¿Por ejemplo?

—Pues la brutalidad de las retribuciones variables. Ahí se encuentra una explicación. No toda, desde luego, pero sí una buena parte de los desastres.

Ernesto tenía toda la razón. Incomprensibles las cifras de remuneraciones que se han alcanzado en la banca. Curiosamente en la banca. También, aunque en menor medida, al menos proporcionalmente, en ciertos sectores industriales. Pero donde las cifras han resultado algo más que escandalosas es en el sector financiero.

Con independencia del juicio moral y hasta el jurídico que nos puedan merecer, lo cierto es que el modelo ha causado muchos daños. Los ejecutivos se fijan su retribución de acuerdo con el crecimiento, el tamaño del balance de sus empresas. Así que a crecer a toda pastilla porque cuanto más crezcamos, más dinero me llevo hoy. El problema es que ese crecimiento se verá si es bueno o dañino a medio e incluso a largo plazo, pero los bonus los cobran hoy. Es así como se genera una especie de conflicto entre el interés de la empresa, que es su balance sano, y el del ejecutivo, que es su balance grande, sano o no. Increíble, desde luego, pero cierto.

—Y lo acojonante no solo es la cifra que cobran. Lo alucinante es que después de que se ha demostrado que esa política de retribuciones variables se ha traducido en pérdidas gigantescas, nadie ha devuelto ni un duro. Es más, en plena crisis algunos ejecutivos norteamericanos se quedaron con el dinero.

—Hombre, todo esto trae causa de la teoría de crear valor para el accionista, ¿recuerdas?

Hubo un momento en el que se instaló la moda de que el objetivo del dirigente empresarial de empresa cotizada era crear valor para sus accionistas. Podría pensarse que esa expresión equivalía a aumentar la solidez de la empresa, a hacerla más fuerte, mejor asentada en el futuro, con más protección, mayor seguridad para los directivos y empleados, en fin, crear empresa.

Pues no. Crear valor era igual a aumentar la cotización de las acciones. Y como eso, según decía antes, no tiene necesariamente que ver con la solidez empresarial —con esos fundamentales que dicen ellos—, pues la cosa se complica. Sobre todo porque los ejecutivos se concedían a sí mismos unas opciones de compra de títulos, es decir, que se fijaban unos precios de las acciones a comprar. Si subían de cotización se forraban. Así que su objetivo es que subieran a toda costa. ¿Se puede manipular un mercado de acciones? Hombre, cada día es más difícil, pero hay mecanismos, sobre todo cuando se trata de acciones de empresas que tienen poco volumen en su cotización. Cuantos más inversores, más mercados, más acciones y más dinero involucrado, más complicado, pero... La imaginación acompasada con la avaricia tiene un enorme campo en el mundo financiero... Pero no solo se trata de ese valor, sino de perder la perspectiva de cuál debe ser la verdadera misión de la empresa, que no consiste en primero que suba el valor de las acciones y después comprobar si hemos hecho los deberes para tener futuro.

El asunto es más complicado que todo eso. De nuevo vuelvo, una vez, y volveré muchas más, al verdadero problema: el hombre. Hemos creado un diseño ideal de un mercado idílico que está siendo gestionado por personas nada idílicas. Quizá en un laboratorio puro y duro podría funcionar esa concepción del mercado. Pero con gentes como las que hemos producido es imposible. No se trata de que el mercado sea imperfecto. Los que somos imperfectos somos nosotros. Y como los valores instalados crecen en el campo del corto plazo, la avaricia, la acumulación, el poder, el dinero..., con eso es muy difícil, por no decir imposible, que el sistema funcione bien. Cierto es que tenemos que cambiar muchas de las reglas de juego del modelo. Pero sobre todo tenemos que ocuparnos del principal problema: el hombre.

6

NO CONSIGO ENCONTRAR LA TUMBA DEL REY GARCÍA. ¿DEMASIADO GRANDES PARA CAER?

Su vestimenta, integrada por pantalón corto, camisa remangada hasta el codo, calcetines gruesos y calzado de caminar, mochila a la espalda y un bastón de madera sin tallar, culminado en punta metálica, no sé si de latón o hierro, en todo caso bien sujeto en su mano derecha, no podía causar asombro en un lugar en el que abundan los peregrinos del Camino de Santiago. Sobre todo los del llamado Francés, el que arranca en el país vecino, que suelen descansar para contemplar, rezar, estudiar, sentarse, comentar con otros o lo que sea, porque no hay registro de actividades varias, en la increíble catedral de León, llena de misterios y de informaciones ocultas en sus piedras, en sus formas, en sus tallas, incluso en la mera disposición arquitectónica de su claustro. Tuvimos la suerte de que nos dejaron, acompañados del técnico, ascender por unos andamios situados en un costado del lado norte y llegar a una plataforma especialmente construida para esa labor gigantesca de restauración de las vidrieras, quizá el aspecto más llamativo, aunque no sé si el de mayor carga simbólica, de la catedral. Situados en ella, en esa plataforma artificial, contemplar el espectáculo de la catedral produce casi la ruptura del mecanismo de la percepción normal. Es, ciertamente, algo perseguido por los constructores de catedrales del Medioevo. No se trataba sin más de levantar sobre el suelo, incluso sobre un suelo cuidadosamente seleccionado, un edificio. Ni siquiera uno que contuviera secretos arquitectónicos de primer nivel, que tan celosamente custodiaron los gremios de constructores de la Edad Media. Ni aun cuando en la construcción y en sus disposiciones se pretendieran ocultar verdades que deberían ser desconocidas para el gran público. Eso fue así, y bien lo sé, porque desde hace muchos años leo todo lo que puedo acerca de los secretos de las catedrales y sus constructores. Pero es que hay más. Se trata de conseguir que en ese lugar, en ese ambiente, mediante la creación de un espacio delimitado de la forma singular que se consigue con la arquitectura del edificio, el hombre se transporte hacia su lado más místico. Si nadie se enfada —y si lo hace peor para él—, lo diré con estas palabras por derecho: se trata de conseguir un mejor y mayor acercamiento a Dios. A partir de aquí, cada uno que defina en su interior esa palabra.

Por cierto que uno de los objetivos perseguidos en mi viaje a León, con independencia de las reuniones empresariales que iba a tener esos días, residía en algo que sigue revistiendo para mí un enorme atractivo: la vida de García, el hijo de Fernando, que fue designado por su padre rey de Galicia y posteriormente destronado, primero por su hermano Sancho, que murió más tarde asesinado, y posteriormente por su otro hermano, Alfonso, con la inestimable ayuda de su hermana Urraca. Este último, Alfonso, el del mítico juramento de Santa Gadea, encerró a García en el castillo de Luna, y allí lo tuvo diecisiete años condenado por el delito de haber nacido. Sin más. Murió García en esa celda, en la que, para mayor inri, su querido hermano, el rey Alfonso, lo retuvo con los pies atados... Pues de esa forma murió y tras su fallecimiento, ocurrido diecisiete años después de su ingreso carcelario, fue enterrado en el Panteón de los Reyes de San Isidoro de León.

Pues allí fui, atraído por la magia de un personaje sobre el que quiero investigar más a fondo. Además, resulta que, según relata la historia, en la lápida superior de la tumba de García se hizo constar, por voluntad del preso fallecido, una inscripción del siguiente tenor: «Aquí yace el rey García de Portugal y Galicia, hijo del gran rey Fernando, que fue capturado por su hermano con engaño. Murió preso el 22 de marzo de 1090». Me llamaba la atención ese mensaje, o, mejor dicho, que el rey vivo permitiera que algo así figurara en la tumba de su hermano muerto, pero a veces la vida te llena de sorpresas en los comportamientos del poder. Así que allí nos fuimos. Y contamos con la inapreciable asistencia del abad custodio, hombre experto y erudito, para acompañarnos en las labores que queríamos realizar.

Consultamos el libro en el que se contiene el plano del increíble Panteón de los Reyes y, efectivamente, allí figura, además de García, conde de Castilla, la tumba en piedra correspondiente a García, rey de Galicia. Ninguna duda. El plano indicaba con precisión el lugar en el que se situaba la piedra mortuoria que contenía los restos del rey víctima de sus hermanos. Pues la sorpresa fue mayúscula: en ese lugar no había nada. Ni rastro de la tumba. El desconcierto fue general. Nadie tenía explicación para el hecho. El plano era rotundo. La historia también. Los dos indican que allí estaba la tumba con la inscripción. Pero la realidad se situaba por encima y nos llenaba el lugar preciso de un puro y duro vacío. ¿Por qué? ¿Un misterio más en torno a la vida de ese hombre? Me huele a mí que sobre García se cierne una de las actuaciones más puras del poder en cuanto Sistema, pero, en fin, como digo, tengo que estudiar este asunto mucho más a fondo, porque eso de la condena a diecisiete años por el mero hecho de haber nacido tiene para mí una indudable carga simbólica... Al menos ahora no te atan los pies en la celda como hizo Alfonso con García. Un consuelo, claro...

Además de su vestimenta de peregrino, el hombre portaba unos ojos muy azules, abiertos en toda su extensión con expresión relativa de asombro y un brillo que indicaba afecto. La luz de los ojos transmite claramente sentimientos del que la emite. Siempre que sepas leerlos, claro, que no todo el mundo tiene doctorado en esa asignatura. Se me acercó con la mano extendida. Se la estreché en silencio. Comenzamos a hablar algo del Camino Francés y del sentido iniciático de su caminar. El hombre parecía sincero. Nos despedimos.

Una vez concluida la visita y cuando nos disponíamos a regresar al lugar donde dejamos los coches para encaminarnos al encuentro empresarial, a desarrollar a lo largo de una cena y sobremesa, me topé de nuevo con el peregrino. Allí estaba, en pie, esperando a que saliera y con gestos evidentes de que algo quería consultarme. Y, en efecto, se aproximó y me dijo con voz amortiguada de forma consciente, como si me fuera a transmitir algún secreto masónico:

—Mire, yo soy economista y tengo mucha preocupación por lo que está pasando. No veo la salida. Creo que mientras no reduzcamos a lo bestia el sector público y tracemos una política energética adecuada, y se meta en cintura, pero de verdad, al sistema financiero, no hay nada que hacer. Bueno, y que nos pongamos a trabajar con un plan claro, y ese es el problema, que no veo nada de esto en los políticos actuales.

No me imaginaba yo que iba a hablar de economía en ese instante, con ese hombre, en ese lugar, teniendo a nuestras espaldas la carga arquitectónica, monumental y simbólica de la catedral de León. Pero así fue. Bueno, no tanto de economía como del país, porque lo que preocupa a muchos no es solo la situación económica, sino el conjunto de nuestra vida, en la que la economía tiene, desde luego, un papel fundamental, pero no exclusivo. No se trata ahora de la pescadilla esa que se muerde la supuesta cola, sino de que todo es un conjunto unitario, porque para que podamos tener una sociedad en orden y con una vida que merezca el atributo de verdaderamente humana, no solo hay que arreglar, ordenar, situar en su debido plano y contexto a la economía, sino que muchas otras cosas, demasiados aspectos de nuestro ordinario vivir, muestran igualmente desperfectos serios. Poco importa averiguar qué es causa y qué consecuencia, porque todo ello forma un entramado de causas y concausas entrelazadas entre sí. Una causa se transforma en consecuencia, y una consecuencia en concausa, y así sucesivamente.

La cena resultó más que agradable. Empresarios puros y duros, de los de a pie, que yo digo, que ganan el dinero como dice la amenaza bíblica respecto del parto, con el sudor de su frente. Y en estos días más que sudar casi hay que deshidratarse para poder subsistir. Ser empresario se ha convertido en un ejercicio aeróbico de primer nivel.

Nos acompañaba, además, otro empresario, este de cotización bursátil, de empresa multimillonaria en tiempos, apenas hace un par de años, pero que ahora, con la crisis del sector construcción, se vio arrastrado de forma cruel, puesto que su actividad es auxiliar precisamente de ese trozo de nuestra actividad económica que se encuentra no ya deprimido, sino mejor diría que sumergido. Y como a tantos otros le preocupaba de manera directa e inmediata la deuda bancaria, y no solo eso, sino el papel que cumple el sistema financiero. Yo preferí permanecer silente en los primeros compases, en el sentido de no comenzar abruptamente a exponer mi teoría de la función social del crédito hasta que el caldo de cultivo no estuviera suficientemente formado. Pero he de reconocer que, en los tiempos que corren, todo lo que tenga que ver con el papel de los bancos en el mundo empresarial se fermenta con rapidez de antibiótico de primera generación.

—El asunto es que con el proceso de concentración bancaria se genera en España casi un duopolio de oferta, lo que te sujeta todavía más, porque ha disminuido la oferta.

Tenía mucha razón quien así habló. Pero convenía ir más allá, profundizar, acercarte a lo real y decir las cosas claras y por derecho. Así que intervine.

—Por supuesto, pero eso es así porque hemos querido todos que así sea, porque lo hemos consentido, porque nos hemos dejado llevar por la falsa luz de unas definiciones de lo ortodoxo.

Empleé términos un poco técnicos y algo metafóricos a propósito, porque en los instantes iniciales no conviene descender demasiado el nivel. Pero acabas tirándote a la arena si quieres que te entiendan.

—Perdona, pero no sé muy bien qué quieres decir, porque nosotros no pertenecemos al mundo de la banca, sino a la empresa pura y dura.

—Sí, pero somos españoles, vivimos aquí y teóricamente decidimos lo que queremos. Y durante años nos han hablado de que la concentración bancaria era necesaria para competir, para ser más eficiente. Y no nos preguntamos ¿más eficiente, para quién? ¿Quién gana con esa concentración bancaria impuesta a golpe de teoría de salón? Pues es evidente que los banqueros y en su caso los accionistas, pero ¿y los empresarios y los españoles de a pie?

Me detuve deliberadamente para beber un poco de agua. Quería, antes de seguir, que esas palabras comenzaran a horadar, a abrir hueco, a expandir un poco las mentes. Dejaba la pregunta en el aire y retomé la respuesta, pero manteniendo el mismo modo de debatir, esto es, preguntando. Formular preguntas me ha dado mucho juego en este tipo de debates. Curiosamente, en aquellos días en los que consumía impasible los libros de Krishnamurti y las conferencias que pronunciaba, me di cuenta de que este método funciona muy bien, porque es un buen instrumento para penetrar a fondo en la calidad de una argumentación.

—¿Acaso hemos ganado algo en precio del dinero, en rebaja de las comisiones, en calidad de los servicios, en amabilidad o atenciones? No lo veo por ningún lado. Si estos años hemos tenido dinero fácil, excesiva y dañinamente fácil, es debido a que a los banqueros les resultaba imprescindible emplearlo para no perder dinero. No querían atendernos, sino atenderse a ellos mismos. Pero se generó un oligopolio de oferta.

—Hombre, relativamente. Es verdad que ha existido concentración. Antes erais seis o siete grandes bancos, que no recuerdo bien.

—Siete, contando al Popular —puntualicé.

—Bien, pues siete, pero ahora quedan dos o tres. Pero también tenemos la banca extranjera ofertando servicios.

—Sí, pero con un matiz: ya la teníamos en España en aquellos días. Y no podían poner demasiadas trabas a su expansión, a pesar de actitudes algo ridículas como las de Cavaco Silva en Portugal, que por un lado hablaba de Europa para fuera y por otro se convertía en nacionalista portugués hacia dentro y todo por el mero y simple hecho de que no quería perder votos en Portugal, que es quien, según me dijo personalmente, le daba de comer.

—La verdad es que el cinismo político...

—Sí, pero es solo cuestión de tiempo. Pero nos empecinamos en la eficiencia medida en términos de tamaño.

—¿Y no es así?

—Pues depende, claro, del nicho de mercado en el que te quieras situar. Es decir, por expresarlo más claro: depende de lo que quieras hacer. Si se trata de abordar negocios enormes, pues necesitas ser muy grande. Si te conformas con algo más pequeño, pues en ese caso puedes seguir viviendo a pesar de ser pequeño en tamaño. Bancos pequeños que son conscientes de su tamaño y trabajan en operaciones ajustadas a su dimensión tienen posibilidades de subsistir. A la vista está. En fin, que aquello de la eficiencia y el tamaño es, como todo, relativo. Pero lo evidente es que en estos momentos de crisis si hay dos grandes bancos controlando el mercado, peor para nosotros, o, por lo menos, me parece más peligroso que si tuviéramos los seis de antes. ¿O no?

—¿Pero no eran siete?

—Sí, perdona —contesté sonriendo como respuesta a la mueca afectuosa con la que pronunció estas palabras.

La noche leonesa sorprendía por la temperatura. Nos encontrábamos a seiscientos metros de altura. Quizá ochocientos, que no lo recuerdo bien. Todos en camisa, sin el menor abrigo, salvo, claro, el derivado de que cenábamos bajo un porche. Atreverse en León, a esa altura, a cenar a pelo sin un mínimo cobertizo es una apuesta por una semana siguiente con desperfectos notables. Me atrevo a decir que a la una de la madrugada —comenzamos a cenar tarde— no creo que la temperatura descendiera por debajo de los veintidós o veintitrés grados. Y lo comenté.

—Sí, sucede un par de días cada verano —señaló Félix, del grupo de los empresarios de a pie. Sus ojos azules, visualizados a través del cristal de sus gafas, con montura de profesor de literatura hispánica, recordaban el color de los del peregrino—. Pero dime una cosa —añadió—. ¿No es cierto que había exceso de sucursales en España?

—Es posible y hasta casi seguro que sí, pero también lo es que aquí se hablan más de dos o tres lenguajes a la vez. Los procesos de concentración bancaria en realidad se traducen en despedir a gente, es decir, que el objetivo a alcanzar consiste en que menos personas hagan el mismo trabajo. Esas son en el fondo las llamadas sinergias. Pero los despidos no siempre van acompañados de cierres efectivos. Es decir, si yo cierro una sucursal por la fusión y me la compra otra entidad financiera que la abre ahora con su marca, ¿hay un problema de mercado? Si no hay mercado para mí y lo hay para otro, entonces no es cosa de mercado, sino de otro tipo, ¿o no?

Y es que esto ocurría en más de una ocasión. Las sucursales sobrantes de una fusión de bancos las compraba otro banco o una caja en expansión. La experiencia es testigo claro de lo que digo. Entonces, teniendo esto en mente, cualquiera se puede preguntar: ¿pero no decían que sobraban? Y es verdad que había que reducir el número de sucursales, pero en realidad el asunto de fondo consistía en despedir a gente, mucha gente, por el exceso de activos humanos en el sector financiero. Cuando pagabas los depósitos al casi 0 por ciento y vendías ese dinero al 17 o 18 por ciento, si no más, el margen era tan enorme que allí cabía todo el mundo. Pero ahora sobran, hay exceso. Y eso, dicho así de claro, sin matices, es políticamente costoso.

—No solo eso, sino que, además de las cajas y los bancos españoles, compran sucursales de esas que se van a cerrar las entidades extranjeras, los bancos extranjeros que se expanden, y eso tiene poco sentido si de verdad el problema es de mercado —puntualizó Juanjo, empresario de muchos sectores, desde el minero hasta el casi maldito, como antes decía, de auxiliares de la construcción.

—Lo que de verdad habría que reducir es la presencia y el mando de los políticos en el sistema financiero. Sobre todo en las cajas de ahorros en donde los desmanes han sido brutales —apostilló Félix.

—Esa es la verdad, Félix. Ahí está el problema. Es posible que sobren sucursales, que sobre personal, pero lo que es seguro es que sobran políticos al mando de las caja de ahorros y del sistema financiero en general. Pero sobre todo de las cajas, que es donde han tenido influencia más directa. El problema no es del modelo de cajas, sino de la gestión política, de utilización de los dineros al servicio de fines políticos, cuando no de una corrupción pura y dura, de cobro de comisiones, en dinero o en otras cosas, en fin, en todo eso que sabemos.

—Lo que han hecho con las cajas es alucinante —señaló Juanjo—. Cuando vives en provincias es cuando más te das cuenta de lo que han hecho. Campaban por sus respetos, por decirlo con frase castellana.

—El asunto de la corrupción me importa, pero se soluciona, cuando menos se parchea, a golpe de responsabilidades, enviándolos al fiscal, aunque ya sabemos que los fiscales... El problema no es ese, sino que como consecuencia de eso se quiera cambiar el modelo. A ver si me explico. El problema son los políticos y la pésima gestión de las cajas. Y para arreglarlo se quiere convertirlas en banco. ¿Me podéis explicar la lógica de eso? Yo sinceramente no la veo. Dicen que es necesario para captar capitales, para sanearlas definitivamente, y si no hay participaciones, acciones o algo así, los capitales no van a entrar. Pero ni aun así. Lo que creo es que se ha perdido una gran oportunidad.

—¿Por qué dices eso?

—Porque se trata del 50 por ciento del sistema financiero español. Eso es lo que representan las cajas. Y, además, un 50 por ciento muy puro, poco internacionalizado, muy pegado a la tierra, al cliente, al españolito de a pie. Y se trata, por tanto, del 50 por ciento del ahorro español. Es mucho lo que hay en juego. Una adecuada gestión de las cajas serviría para garantizar en buena medida suministro de recursos a las necesidades de inversión que vamos a tener si queremos sacar esto adelante. Pero les ha dado miedo llamar las cosas por su nombre.

—¿Y cuál es su nombre para ti? —preguntó Félix.

—Pues, aunque os suene a barbaridad, yo habría nacionalizado, por así decir, las cajas de ahorros. Hubiera tomado las riendas totales del control y despedido a todos los gestores políticos. Hubiera hecho una limpieza seria, sincera, franca de toda la basura que hay en sus balances. La habría identificado como lo que es: desastre de la gestión política. Y lo habría explicado a los españoles con total claridad, porque el modelo no solo ha creado desperfectos en la Justicia, en el sistema electoral, en la inflación de actividades del Estado, sino también en el mundo financiero, y aquí de modo tan claro como el agua clara.

—Bueno, en realidad nada hay que nacionalizar, porque las cajas ya estaban nacionalizadas al no tener accionistas.

—Pues todavía peor. Porque no habría que expropiar, ni pagar, ni asumir costes internacionales, sino sencillamente profesionalizar la gestión. Y luego ya veríamos el final del modelo...

—¿Tiene sentido volver ahora a una gestión pública del sistema financiero? ¿No se ha demostrado ya que eso no funciona?

—Mira, Félix. Lo que es evidente es que la gestión privada del sistema financiero mundial es lo que está en entredicho. Los desastres mundiales los han causado bancos privados, no bancos públicos. Eso es claro. Por tanto, no hay que diferenciar entre gestión privada o pública, sino entre gestión honrada y corrupta. Lo que habría que hacer es darse cuenta de que el ahorro pertenece a los españoles y que su adecuada utilización es un asunto que a todos nos afecta, que es un activo de un país como el nuestro. Esa es la verdadera misión del sistema financiero. Eso es lo que llamo función social del crédito. Y en lugar de atender a estos fines, resulta que andan revueltos con balances, cotizaciones en Bolsa y cosas así. Y los responsables de los desperfectos siguen estando al frente de las cajas. Y los encargados de supervisarlas para que nada de esto ocurriera siguen en sus funciones. Esto es realmente asombroso.

—Ya...

—El asunto no es de dónde viene el gestor, sino cómo lo hace. Una gestión pública con gestores buenos y honrados es mucho mejor que una gestión privada con personas que van a su puro beneficio y abusando a manos llenas.

Elevé un poco el tono y no tanto porque eran ya casi las dos menos cuarto, sino porque este tipo de asuntos necesitan en su tratamiento, cuando de conversaciones amistosas se trata, de un poco de pasión. Porque es verdad. A mí no me pueden argumentar diciendo que no conozco el sistema financiero, que no tengo idea de lo que hablo, que estos temas necesitan de expertos. No sé de qué tipo, la verdad, porque hasta ahora lo que hemos visto son expertos en destrozar un ahorro y en no querer enterarse de lo que estaba ocurriendo. Porque no ha sucedido en una o en dos cajas y en las demás todo perfecto, sino que todas, unas más y otras menos, adolecen de la misma enfermedad, y, por tanto, está claro. Por lo menos lo está para mí.

Lo sucedido con la Caja Castilla-La Mancha es quizá paradigmático. Un experto socialista, Hernández Moltó, causando un estrago demoledor. Pero hay más, mucho más, y me temo que nunca lo sabremos en su integridad. Pero en el fondo ya casi no me interesa saber, sino avanzar. No me importan tanto las responsabilidades por el pasado como ser responsable en la construcción del futuro.

—¿Y cómo quieres solucionarlo? —preguntó Pedro, el único de nosotros que controla una empresa que cotiza en la Bolsa de Madrid, y que acumula deuda bancaria por más de quinientos millones de euros.

—Hombre, Pedro. Solución... Esa palabra es excesiva. Yo sé cómo funciona el sistema financiero y sé que hay que hacer muchas cosas, entre ellas desterrar la mentalidad esa de la riqueza financiera. Que los bancos vuelvan a ponerse al servicio de las empresas y no al revés.

—Eso suena bonito, pero el asunto es cómo se hace...

—Pues hay que cambiar la mentalidad de los cuadros dirigentes de la banca.

—Quizá no solo la mentalidad, sino a las personas directamente. Al menos a algunas de ellas —apuntó Félix.

—Sí, claro, pero eso requiere tiempo. Y voluntad de hacerlo. Las dos cosas. Y dudo mucho que los políticos del Sistema tengan esa voluntad de cambio real. Lo que os aseguro es que la reforma del sistema financiero no es asunto de capitalización, de más recursos propios, de más controles de Basilea, de más cosas así que nadie acaba de entender. El asunto es más complejo, mucho más. Y es que nos han metido en un lío muy gordo, entre otras cosas con eso que llaman «demasiado grandes para caer». Pero en el pecado llevan la penitencia.

En ese instante me acordé de una conversación que días atrás había tenido con mi amigo Colo, compañero de Universidad, hombre que ha desempeñado cargos de importancia capital dentro de la estructura del Ministerio del Interior en la época socialista y que ha sido maltratado de forma absolutamente injusta en un asunto no bien esclarecido, el llamado fondos reservados. Pero a pesar de ello Colo siempre se ha mantenido en su sitio, sin estridencias, sin hacer el ridículo propio de algunos otros compañeros de su partido que cuando no se les concede lo que ellos creen merecer se venden al mejor postor para apuntarse a críticas públicas por las que cobran un dinero nada despreciable. Lo despreciable en esos casos no es exactamente el dinero, sino la conducta.

Finalizada la conversación de la terraza de A Cerca con Ernesto, en la que tratamos el tema de las retribuciones de los ejecutivos financieros y la especulación en el mercado, sonó de nuevo el teléfono. Era Colo, que se disponía a emprender un viaje de esos con los que consume algunos días de cada verano. Me preguntó que dónde andaba y a qué me estaba dedicando. Le contesté por directo que en Galicia y que estaba enfrascado en un libro sobre los orígenes de nuestros problemas.

—Interesante, sí, pero la gente quiere más soluciones que explicaciones —dijo pragmático Colo.

—Así es, pero sin saber de dónde vienes no puedes saber adónde vas. Sin identificar el problema no puedes hacer nada. Porque esta gente, toda esta gente que manda, quiere atajar problemas, pero no solucionarlos de verdad.

—Claro, porque atajar es más fácil que solucionar.

—Y porque entre ellos funciona el Sistema...

—¿Y en qué andas liado en concreto?

—Estoy con el sistema financiero, y de manera directa con el lío que se ha creado con eso de los bancos demasiado grandes para caer. Ya sabes que han concentrado tanto los bancos que ahora si uno cae nos destroza a todos. No solo en España, sino en el mundo en general.

Esa es la gran diferencia. Por grande que sea una empresa industrial, por enormes que sean sus cifras de ventas, resultados, empleados, accionistas y demás, si cae, pues se causa un gran destrozo, pero controlado, limitado a esa empresa, proveedores, y, en su caso, clientes y empleados. Pero poco más. La economía en su conjunto sigue viva. Pero si cae un gran banco, como sus ramificaciones se extienden a toda la economía, porque sus productos financieros los consumen particulares de todo tipo y empresas de todo sector, el destrozo que podría ocasionar sería bíblico, afectaría a la economía nacional. Y eso es terriblemente grave. Nuestra vida resulta que en parte depende de que los grandes bancos no caigan. Y el problema es que no podemos hacer nada para evitarlo, es decir, no estamos en la gestión diaria de los asuntos de cada banco en particular. Ni del sistema financiero en su conjunto.

Se responde que para eso ya están los controles de los supervisores, pero a la vista está que esa respuesta no sirve para nada, porque, al final, los supervisores son más ejecutores de órdenes políticas que otra cosa. Porque, entre otras razones, también quieren vivir bien y tienen fondos de pensiones, y cosas así, privilegios de varios tipos, y cobran de un presupuesto del Estado y, bueno, pues todos esos «y» que sabemos que forman parte del contexto, como se suele decir, de nuestro ordinario vivir.

—¿Me escuchas? —casi gritó Colo al otro lado de la línea. No me di cuenta, pero mis pensamientos se gestaron en un silencio profundo y, claro, Colo pensó que se había cortado la comunicación, algo que parece consustancial al sistema de móviles, como los retrasos a los viajes en avión.

—Perdona, es que me quedé pensando. Te decía que si te imaginas lo que sucedería en España si quiebra el Santander o el BBVA. El descojono sería absoluto. La cantidad de empresarios arruinados y de familias destrozadas. Ese es el asunto.

—Ya, sí, claro, pero es que el Estado no puede dejar que caiga.

—¿Cómo lo evita? Pues poniendo dinero de todos los españoles. Así que ya ves cómo funcionan las cosas: mientras van bien, los beneficios para los bancos y sus accionistas, pero si van mal lo tenemos que pagar entre todos. Y eso no es teoría, sino que es lo que estamos viendo todos los días. Los dineros empleados en el mundo en compensar los destrozos de los bancos han sido ingentes. Si nos hubieran dado esos dineros a los empresarios, otro gallo habría cantado.

—Sí, pero ¿qué alternativa cabe?

—El asunto, Colo, es que algo que si cae destroza a todos no puede ser estrictamente privado. Algo que afecta a la función social del crédito no puede ser estrictamente privado.

—No me jodas que ahora propones nacionalizar la banca.

—No es eso. En cualquier caso, yo no consumo etiquetas ni palabras. Voy al fondo de los asuntos a la vista de la experiencia. El pasado lo admito, pero en tanto en cuanto me sirva. Pero, si las cosas cambian, las recetas del pasado y las conclusiones de entonces pueden no ser válidas hoy.

—¿Qué quieres decir exactamente?

—Pues que se trata de pensar con orden. Hubo una época en la que se demonizó todo lo privado. Después todo lo público. Entonces se elevó el mercado a los altares. Ahora se habla de regular el mercado. En fin, que la vida te obliga a ir revisando los conceptos y no apegarte a dogmas que no son sino verdades de coyuntura y poco más. Pero lo que tengo claro como el agua clara, Colo, es que algo que puede causar un destrozo de toda una economía no puede dejarse en manos estrictamente privadas.

—¿No vale con los controles de los reguladores? Teóricamente, son la presencia del sector público para controlar algo que tiene consecuencias negativas posibles para todos o para muchos.

—Pues es evidente que no. A la vista está. El ridículo de los controladores de todo el mundo es gigantesco. Pero de los controladores y los políticos, porque...

—Habrá que reforzarlos.

—Por supuesto, pero no es ese el asunto. Al menos no es todo el asunto. Se trata de establecer correspondencias conceptuales correctas: lo que puede destrozar toda la economía del Estado no puede estar en manos estrictamente privadas. Punto y final. ¿Cómo se organiza? Pues eso es lo que tenemos que debatir. Ese es el debate de fondo del sistema financiero y no el volumen de recursos propios o los coeficientes de Basilea I, II y III. Que claro que son importantes. No lo niego, pero no son la clave. Por muchos recursos propios que tenga un banco, siempre puede perderlos y no una, sino varias veces. Si se pone a perder... La capacidad que tienen de perder dinero con los inventos estos de la riqueza financiera es ilimitada.

—Pues habrá que introducir limitaciones al mercado.

—Por supuesto, Colo, y limitaciones en la gestión privada de asuntos de envergadura pública.

—Pero ese debate ahora no creo que esté abierto —señaló Colo.

—Claro que no. Y los políticos no quieren abrirlo. Refuerzan a los bancos con dinero de todos y ya está. A lo sumo hablan de un impuesto sobre las transacciones financieras, y fíjate que hasta para eso las resistencias son terribles. Y eso que todo el mundo es consciente del daño causado por ciertas prácticas bancarias en la economía real.

—Es que el sistema financiero manda mucho...

—Y destroza mucho, Colo. Porque cientos de miles de pequeños y medianos empresarios han caído víctimas de las pérdidas que los bancos han provocado sin que ellos hayan tenido ni arte ni parte, sin comerlo ni beberlo. Y no es demagogia. Es la pura y dura realidad.

—No, si yo estoy de acuerdo contigo. Está claro que no todo tiene que ser privado y que hay cosas que podemos recuperar de la experiencia actual.

—Mira, el asunto ya no se centra tanto en la propiedad como en la gestión. Y en la gestión prima la filosofía de la entidad y la calidad moral de los gestores. Los italianos presumen de que ellos no han tenido crisis financiera comparable con la de otros países occidentales, y lo achacan, como dijo con mucho cachondeo el ministro de Economía italiano, a que «nuestros banqueros no hablan inglés». Quería decir que no son ejecutivos financieros educados a la americana, encargados de diseñar cada día un producto financiero más y más sofisticado con el que incrementar esa llamada riqueza financiera y aumentar la especulación.

—Los italianos son muy listos —dijo Colo—. Tras ese cachondeo aparente se esconden verdades como puños.

—Desde luego. La *finezza* italiana es siempre admirable. Pero es que en Francia el sistema financiero ha estado en manos públicas mucho tiempo y no ha pasado nada. Y además hay que poder distinguir.

—¿Entre qué y qué?

—Pues, por ejemplo, bancos pequeños y medianos, gestores de fortunas, de planes de inversión... Esos están en manos privadas y penetran en el mercado sin problema. Es bueno que cada uno confíe a quien quiera sus asuntos particulares. Si caen, pues caen, pero no se llevan la economía por delante.

—El tema, entonces, lo centras en los grandes bancos y no por ser grandes, sino porque por su tamaño pueden destrozar al país entero.

—Exacto. Eso es lo que digo. Bueno, lo que digo yo y lo que están diciendo los americanos después de la experiencia de Lehman Brothers. Se han pasado. En el fondo es lo que dijo Hegel, que a partir de un momento la cantidad se convierte en calidad.

—Hombre, meter a Hegel con la banca y el sistema financiero...

—Déjate de coñas, Colo. Lo que quiero decir es que sentaron

las bases del tamaño. Había que ser grande a toda costa, para ganar más y más dinero, para ser más y más eficientes. Pero no se detuvieron a pensar qué pasaba si en vez de avanzar se caían, si en vez de ganar dinero lo perdían, si en vez de ser eficientes se convertían en un problema. Y ese tamaño hace que si caen nos destrocen a todos. Y eso es lo que reclama pensar y no asentarse en dogmas ni en conclusiones del pasado que, entre otras cosas, se han demostrado no ser del todo ciertas.

—Pero cuando estabas en Banesto yo creo recordar que defendías la gestión privada del crédito, ¿o no?

—Claro, y sigo defendiendo que es posible y conveniente. Todo es cuestión de tamaño. Defiendo las empresas constructoras en manos privadas, por ejemplo, pero sería imposible defender que en un país existiera una única empresa constructora de tamaño tal que si quebrara nos mandara a todos a freír puñetas. Es una cuestión de tamaño y de algo más.

—¿Qué algo más?

—Pues por ejemplo de mentalidad.

—¿A qué te refieres?

—A la forma de entender la banca. Nosotros, en Banesto, teníamos claro que estábamos al servicio de la economía real, de las empresas y particulares. Ahora se inventa el rollo ese de la riqueza financiera y se desprecia a las empresas. Eso es lo que ha cambiado. Y la mentalidad de los gestores bancarios. Un presidente de banco de mi época ganaba al año lo que hoy ganan a la semana algunos directivos. Y eso no es que sea inmoral, que lo es en ciertas cifras, sino que condiciona todo. Si pones tu actividad exclusivamente al servicio de tu bolsillo con los bonus esos gigantescos, tan enormes como inmorales, y para eso inventas cada día un producto de «riqueza financiera», la cosa solo puede acabar mal. El asunto es sobre todo moral, de calidad de los individuos.

—Es posible que tengas razón, pero no creo que te sigan en ese debate. Tú has sido el primero, al menos el primer banquero, en denunciar la concomitancia entre políticos y financieros.

—Y con los medios de comunicación, Colo. Eso es lo que llamo el Sistema. Estoy convencido de que la cosa no va de esos retoques estéticos. Va de cambios en profundidad. Tenemos que construir un nuevo modelo y ese nuevo modelo exige, reclama definir adecuadamente el qué y el cómo del sistema financiero en su conjunto, porque es asunto capital. Sin definir el modelo financiero no podremos tener claro el modelo de crecimiento, es decir, cómo vamos a crecer y cómo vamos a ganar dinero como país.

¿Cuánto tiempo transcurrió desde que me inicié en el recuerdo de mi conversación con Colo? Ni idea. Lo cierto es que cuando regresé al mundo de los vivos en aquella cena, nada raro percibí. Quizá fueran solo segundos en los que los demás emplearon su tiempo en dar buena cuenta de una lubina a la sal que realmente estaba impresionante. La ruptura de la ecuación espacio/tiempo es algo que me apasiona, pero estaba claro que no podía dedicarme a ello en aquel momento, así que procuré retomar la conversación pero desviando un poco la atención, porque cargar demasiado las tintas sobre los banqueros, con independencia de que todos estuviéramos de acuerdo, podría restar credibilidad al resto del mensaje. Aunque, a fuer de sinceridad, cuando estás pidiendo dinero a la banca y te lo niega quien antes casi te lo regalaba, eso de la credibilidad tiene mucha menor consistencia. Así que lo procedente, lo oportuno, era volver un poco las tornas sobre nosotros mismos, sobre los empresarios de eso que llamo el sector real de la economía.

—Bueno, pero creo que nosotros tenemos que entonar también un poco el mea culpa. ¿O no?

—¿Quiénes somos nosotros? —preguntó Juanjo—. ¿Quiénes somos los nuestros, como decía aquel?

—Pues me refiero a los empresarios. Porque nos hemos desentendido de los políticos y de los banqueros. Y ahora, cuando unos y otros nos están fracturando la vida por los cuatro costados, nos damos cuenta de que esa dejación, ese abandono, ha sido una enorme irresponsabilidad.

—Hombre, con independencia de que tengas razón, no hemos

dejado de lado a los políticos, porque controlan el presupuesto y tienen mucho dinero que darte.

—No me refería a eso, Félix. Por supuesto que tienes razón y eso también es otro problema. Porque los hemos usado para nuestro interés. Vamos a ver, en España los empresarios siempre han vivido a la sombra del poder, ¿o no?

Verdad como un templo. En 1988 pronunciaba una conferencia en la Universidad de Santiago de Compostela sobre la estructura empresarial de España. Llegaba entonces a la conclusión de que, por diversas razones que allí, en la conferencia, analizaba, no disponíamos de una verdadera clase empresarial homologable con los países más importantes de Europa. ¿Catolicismo versus calvinismo? Puede ser, no lo discuto, y seguro que algo de eso hay. Pero más que eso, también. El exceso de sector público de un país se traduce en el intento de todos de conseguir participar en tus dineros.

Es curioso, pero en España siempre ha existido adoración del empresario por el político —adoración interesada, claro— y fascinación por el banquero. Con estas dos premisas lo que nos sucede tiene raíces históricas de cierta envergadura y consistencia.

—Es que el poder en España es dinero. Creo que son los mexicanos los que dicen que vivir al margen del Estado es una locura y contra el Estado un suicidio.

—Así es. Pero hemos ido demasiado lejos, en tamaño del Estado y en corrupción del empresario con el político.

Silencio. Y silencio obligado porque todos, en mayor o menor medida, en el instante mismo en el que nuestros negocios tropiezan, colisionan o concuerdan con el sector público, tenemos la moral laxa, lo más laxa posible para «financiar» a las personas que pueden decidir adjudicar una contrata, concedernos una licencia, aprobarnos un plan y cosas así. El punto de encuentro entre políticos y empresarios en demasiadas ocasiones es la corrupción pura y dura. Se paga para conseguir favores. Y por eso cuando el asunto se evoca la tendencia es a un silencio espeso y a permitir que suenen con fuerza los ruidos creados por los cubiertos al resbalar sobre los platos. Pero hay que afrontarlo por derecho.

—Si hay corrupción en la política, que la hay, nosotros tenemos que asumir la parte de culpa que es nuestra, porque estamos dispuestos a pagar al político o intermediario del político de turno con tal de obtener un beneficio.

—Y si no... ¿qué coño haces? Si ellos marcan esas reglas...

—Sí, Juanjo, pero con eso estamos pudriendo todo, poco a poco y paso a paso. Miramos a lo nuestro concreto, a lo mío, en esa frase: ¿y de lo mío, qué?, y nos olvidamos de que afectamos al país. Un país con políticos corruptos solo existe de verdad si los empresarios participan en el juego. Porque un corrupto reclama un corruptor. Así de claro.

—Desgraciadamente, así es, pero ellos son los que marcan las reglas, insisto.

—No hay reglas de juego sin jugadores, Juanjo. Cuando pagando conseguimos romper el principio de libre competencia, no solo prostituimos un político y con él el Sistema, sino que destrozamos a otros empresarios que han hecho las cosas bien, que quieren jugar limpio, que no tienen esos contactos y que se quedan con sus empresas sin las contratas a las que tenían derecho. Estamos afectando al sistema en su conjunto, y esto no podemos dejar de reconocerlo. No se trata de echar la culpa a otro, sino de darnos cuenta de que todos en menor o mayor proporción, unos más y otros menos, unos con la nariz tapada y otros con la sonrisa abierta, pero todos, al fin y al cabo, hemos contribuido a crear este estado de cosas. Solo aceptando esto podremos intentar buscar soluciones claras.

Eran cerca de las dos y media de la madrugada cuando llegué al magnífico Hostal San Marcos, de León. Curiosamente, a pesar de que pronto se cumplirían las veinticuatro horas de vigilia, no tenía demasiado sueño. Hablar y pensar sobre estos asuntos me apasiona, y al tiempo me provoca desazón, y con esa mezcla mantenerte despierto es más fácil. Pero conseguí dormir.

Al día siguiente, la prensa se hacía eco de un supuesto acuerdo entre Merkel, la alemana, y Sarkozy, el francés. Hablaban de un gobierno europeo, de una necesidad de gobernar el euro, de limitar constitucionalmente los déficits, de un presidente de ese gobierno europeo que duraría dos años y medio y sería rotatorio... Palabras. Parecía que todo eran meras palabras, como siempre. Solo algo concreto. Francia y Alemania tratarían de unificar los criterios y tipos del impuesto de sociedades. Esto era ya otra cosa. Asunto entre ellos, entre los que pueden mandar en Europa. No sé si significaría algo más.

Al tiempo se conocía que el Banco Central Europeo había comprado en una semana deuda italiana y española por más de 22 000 millones de euros... ¡Madre de Dios! Y, claro, los alemanes y los franceses se negaban a los eurobonos, al menos de momento, mientras no queda claro que los beneficiados por ellos deberían pasar a ser sus feudos.

Las Bolsas no se lo creyeron. Ni las Bolsas ni los ciudadanos de a pie. Era agosto. Seguíamos en vacaciones. Pero la procesión continúa por dentro.

Tenía que llegar a Peñafiel, en plena Ribera del Duero, así primero a Benavente, después a Valladolid y finalmente a mi destino. Iba solo en mi coche, conduciendo yo mismo. Las autovías te permiten, si respetas la velocidad límite, pensar al tiempo que viajas. Y eso hice, siguiendo mi nefasta manía. Y repasé la conversación de la noche anterior. ¿Cuál era la razón de los problemas de la empresa de Pedro? Pues algo en gran parte ajeno a él que consiste en la caída del sector de la construcción. ¿Previsible? Sinceramente, creo que sí porque el exceso era evidente de toda evidencia, pero a veces, insisto, no queremos oír más que lo que nos gusta. Ni oír ni ver. Y eso se paga. Porque hacemos planes extrapolando el presente, creemos que siempre seguiremos creciendo, nos endeudamos para hacer más y más cosas, y de repente el entramado se cae y nos quedamos colgados de una brocha. Así es la vida en demasiadas ocasiones.

Por cierto que hablando del cinismo de los políticos se me olvidó comentar con ellos un asunto de importancia. Hay concursos públicos convocados por las administraciones públicas españolas que descartan los productos ofrecidos por los empresarios españoles porque son más baratos los que tienen procedencia china. Y es verdad. Pero ¿cómo consiguen ese resultado? Pues mediante salarios imposibles de ser pagados en Occidente y con un régimen laboral inaceptable para nosotros. Así que todos jugamos en el mismo campo, pero ellos con unas reglas y nosotros con otras. Eso es cinismo en estado puro. Los políticos me exigen unas determinadas normas. Los chinos no tienen que cumplirlas. Con las normas chinas nosotros seríamos capaces de producir más barato. No sé si todos sus productos, pero sí muchos. Pero los políticos no quieren aceptarlo porque para ellos, al menos en sus discursos, forma parte de las conquistas de Occidente. Y gracias a eso los chinos se llevan los concursos y el dinero de Occidente. Es alucinante que China se haya convertido en el primer tenedor de deuda americana. El mayor acreedor del mundo, el que impone sus leyes en la economía capitalista, resulta ser un país comunista. Es más que una paradoja. Es un problema serio.

No más que otros, pero no menos que otros. Por eso digo que son demasiadas cosas al tiempo. Por ejemplo, hoy nos quejamos de la inmigración. Pero ¿quién suministró la mano de obra necesaria para el boom de la construcción? ¿Quién mantiene la mano de obra en el sector servicios? ¿Quién recogía la aceituna? Si queremos solventar nuestros problemas, tenemos que ser sinceros, al menos con nosotros mismos.

No sé, tienes la sensación de que nada queda en pie. Y es que es difícil que sea de otro modo, porque un sistema es un todo unitario. No es posible que alguna de las partes se desborde, por decirlo así, sin que ello afecte a todo el conjunto. Si disponemos de un sistema financiero desbocado, desproporcionado y que ha perdido el norte de su verdadera misión, eso solo es posible si el resto de los componentes sufren de distorsión de nivel igual o superior. Por ello desde hace mucho tiempo, más de dieciocho años, vengo hablando del Sistema como punto de referencia.

7

HABLANDO DE COMBINAR ÉTICA
Y CAPITALISMO

Al mediodía del 18 de agosto, a eso de las dos de la tarde y envuelto en un extraño calor, de intensidad desconocida para estas tierras altas, aterrizaba por A Cerca Ilia Galán. Le conocí hace años. Nuestra relación se inició a raíz de una carta que me envió a prisión con el propósito sincero de transmitirme unos ánimos que se suponían necesarios dada la brutalidad del encierro. Es profesor titular de Estética y Teoría del Arte en la Universidad Carlos III de Madrid, además de profesor invitado en las Universidades de Oxford, Harvard, La Sorbona y Nueva York, entre otras. Es poeta y autor de numerosos libros de ensayo y novela, además de colaborador de diversos medios. Inquieto, muy inquieto en su vida intelectual y puramente humana, con un orden de preocupaciones que no solo abarca los aspectos filosóficos de la estética, ni siquiera se centra en los puramente éticos, sino que profundiza en un mundo más amplio, ese que llamamos espiritual.

Situados en la terraza desde la que se divisa al completo el valle sobre el que se alza el símbolo de O Penedo dos Tres Reinos, nuestra conversación giró hacia lo que constituía la noticia del día: la visita de Benedicto XVI a Madrid. Los dos coincidimos en que este papa, siendo, como lo es, un hombre tremendamente culto, con un rigor intelectual evidenciado en sus obras de modo implacable, carece del, digamos, carisma o atractivo personal del que disfrutaba su antecesor, Juan Pablo II, mucho más orientado hacia lo que llamaría un catolicismo de masas con componentes de influencia mediática.

—Me parece —dijo Ilia— que Ratzinger es un hombre de una extrema lucidez, de una gigantesca claridad mental porque le he escuchado en directo y te aseguro que es persona que impacta, precisamente por la fuerza de su intelecto.

—Yo tuve la oportunidad —recordé— de compartir con él una cena en el Vaticano. Bueno, creo que fue en la sede de la Embajada española, a la que asistimos unas pocas personas y entre ellas se encontraba el cardenal Ratzinger, entonces máximo titular del organismo vaticano dedicado a la defensa de la fe.

—Pues a pesar de esa carencia de carisma, con lo que estoy de acuerdo, la afluencia está siendo masiva. Más de un millón de personas ocupa Madrid con este motivo. Y no solo jóvenes, aunque el encuentro se oriente principalmente a la juventud. Y es que hay algo más que carisma o rigor intelectual en el movimiento. Hay hambre de espiritualidad.

Estas dos palabras unidas, hambre y espiritualidad, referidas a un movimiento de masas, singularmente de masas jóvenes, producido en estos compases del siglo XXI, después de un gigantesco y brutal esfuerzo para que el individuo tenga una visión estrictamente materialista de la existencia, la global y la suya propia, no dejan de producir sorpresa. Sobre todo a los defensores a rajatabla de esa visión del mundo. No tengo idea en estos momentos de los porcentajes que se aplicaban a una y otra concepción entre los españoles, pero sea lo que sea, de lo que no me cabía duda alguna es de que Ilia estaba en lo cierto.

—Tienes razón, Ilia. La sociedad actual, no solo la española, está buscando. Y no se trata exclusivamente de un bienestar material, que es legítimo aspirar a ello. La búsqueda, al menos eso creo, tiene contenido espiritual, aunque la definición concreta, la precisión de en qué consiste eso que llamamos mundo espiritual no la tengan totalmente clara en sus mentes muchos de esos buscadores. Por ser más concreto: quiero decir que esa búsqueda no se circunscribe exclusivamente a la Iglesia católica. Es más imprecisa en sus contornos, más magmática, menos definida en sus perfiles. Buscan algo diferente a una visión puramente material del mundo y de la vida.

—Así es. Y creo que detrás del éxito de un papa como este, que no ofrece una de esas imágenes fabricadas especialmente para las masas, se encuentra precisamente eso que dices: la búsqueda, o mejor dicho, la necesidad de la búsqueda. Porque lo que sienten las personas con un mínimo de sensibilidad es una necesidad de algo distinto a lo que la sociedad oficial les ofrece, perteneciente a otro orden diverso del material, a una dimensión del hombre que supere el mero encuadramiento orgánico. Y en esa búsqueda, yo al menos creo que también es localizable un componente de protesta por lo que les toca vivir.

—Yo creo, Ilia, que sienten y viven en sus carnes que algo se desmorona, se descompone, y en ese proceso el hombre tiende a reencontrarse consigo mismo de manera más profunda que cuando vive aturdido por el exceso de bienestar material. Pero es algo más que un mero refugio ante esa carencia. Es más profundo.

En efecto. En prisión tuve la oportunidad de vivir como muchos presos; ante la inevitabilidad de su condición, ante la privación de libertad y la marginación que implica, se refugian en una especie de conversión hacia lo religioso que se traduce en poseer la Biblia o libros de corte oriental. Digo poseerlos, porque leerlos o estudiarlos ya es otra cosa. Pero llama la atención esa aproximación singular. Tan singular que desaparece en el mismo instante en el que recuperan un trozo de libertad. Pues aun a pesar de que la sociedad que les toca vivir y la carencia de oportunidades que parece ofrecerles suponen en cierta medida alguna forma de encierro, creo que el movimiento que vive estos días la humanidad, del cual esta manifestación de Madrid es un momento álgido, y sin duda importante aunque sea puntual, creo que esa búsqueda de lo espiritual es mucho más profunda que la que pudiera derivarse de una coyuntura social muy adversa.

—No deja de ser curioso, cuando menos singular —puntualizó Ilia—, que tras siglos de materialismo doctrinario nos encontremos hoy aquí, ante la visita de un papa como Benedicto XVI, y sosteniendo, creo que con razón, que lo que sucede, el fondo del asunto, es la búsqueda de mucha gente de un referente espiritual.

—Sin duda. Creo, Ilia, que aun valorando en primer término esa dimensión espiritual, lo grave, lo más inmediato consiste en que nuestra sociedad se descompone y casi nada está quedando en pie. Me refiero al modelo de instituciones de que nos hemos dotado como forma de organizar civilizadamente nuestra convivencia. Yo estoy escribiendo un libro sobre este asunto y siento cierta frustración personal cuando tecleo sobre el ordenador, porque no me gustan muchas de las cosas que tengo que relatar, pero es la realidad que se impone a mis deseos de consumir un poco de utopía.

—¿Sobre qué asunto en concreto estás escribiendo?

—Digamos que trato de investigar las raíces de nuestra situación actual. Es decir, por qué hemos llegado a esta situación, a este destrozo de convivencia, y no solo referido al mundo económico, al paro, a las quiebras, sino a la globalidad de la convivencia. Intento analizar las causas en profundidad. Por ejemplo, me he esforzado en demostrar el papel que ha cumplido el sistema financiero en esta crisis, y lo hago con la finalidad de que se entienda, porque no se trata solo de descalificar, de insultar, de culpar, de abroncar, sino de saber por qué y de qué manera una noción equivocada del sistema financiero ha contribuido de modo decisivo a traernos hasta aquí.

—Pues es de agradecer, porque nosotros, los intelectuales, no sabemos de finanzas, y tenemos necesidad de comprender para poder reflexionar sobre los cambios imprescindibles. Por eso creo que debes escribirlo de modo que nos resulte inteligible.

—Eso pretendo, la verdad. Otra cosa es que lo consiga. Pero, vamos, el asunto obviamente no es solo el sistema financiero, sino el conjunto del Sistema que parece desmoronarse. Ya sé que muchos, cuando dices estas cosas, te acusan de que eres catastrofista. Ya sé que abundan los que te dicen que la gente está cansada de oír lo mal que funcionan las cosas y que lo que desean son soluciones. Y es verdad. Lo malo es que los datos están ahí y con ellos es difícil dibujar un cuadro medianamente aceptable. Solo conociéndolo podremos intentar cambiarlo.

—Yo creo que es necesaria una revisión integral del modelo. Hay que repensarlo. Somos muchos intelectuales los que estamos en eso, los que reflexionamos sobre el asunto y sobre las salidas posibles, y por ello una visión del sistema financiero que nos resulte inteligible nos ayudaría. Como dices, hay más, pero vivimos en un sistema en el que las finanzas tienen un papel decisivo. Y a muchos nos falta una visión en profundidad, no del negocio financiero, que no nos interesa demasiado, sino del papel que juega en la vida social.

Tiene razón. Pero lo grave es que el predominio de lo financiero, por así decirlo, se ha traducido en la generación de grandes grupos que ejercen un notable poder en la vida social. Y que entre otros aspectos se manifiesta en el ofrecimiento de empleo, directo o indirecto, a los intelectuales, por ejemplo. En mi experiencia, la capacidad de secuestrar voluntades de algunos llamados intelectuales que ha ejercido, por ejemplo, el Grupo Prisa en sus momentos más álgidos, aquellos en los que su poder se expandía con escasos límites sobre la vida de España, ha sido muy notable. Y es que, como decía alguno, si te llevas mal con Prisa y no te publican en sus medios, tu vida de intelectual desaparece, porque te condenan a la marginalidad. Recuerdo un libro que se llamaba *La traición de los intelectuales*. Aquí se ha producido un arrendamiento de sus voluntades, por decirlo por derecho y de modo gráfico. Y eso explica en gran medida la para mí indudable penuria intelectual que sufrimos. Se instaló entre ellos la necesidad de una especie de pensamiento único, y esa necesidad tenía, justo es decirlo, componentes monetarios, porque se necesita dinero para vivir, y ya se sabe que el que paga manda. Pero, claro, como ese pensamiento no era verdaderamente único, ni profundo, ni cierto, así pasa lo que pasa.

—Puede resultar chocante, Ilia, que yo sostenga, por ejemplo, que existe una descompensación entre los daños que puede provocar el sistema financiero y su gestión estrictamente privada. Es decir, entre los bancos llamados «demasiado grandes para caer», los daños que si caen pueden provocar, y que su gestión y filosofía sean estrictamente privadas, y hasta casi singularmente privadas, y hasta aparentemente familiares.

—Perdona, pero no te entiendo bien. Ya te digo que no somos expertos en ese mundo...

—Disculpa. Quería señalar que si quiebra un gran banco, de esos llamados demasiado grandes, es la ruina para todo un país o para una parte sustancial de ese país. Por ello creo que debemos repensar cómo organizarlo, porque me parece excesiva una gestión puramente privada, no digamos ya familiar, sin una presencia decisiva de un aparato de control por parte de la sociedad, porque se trata de un asunto de envergadura nacional. Ya sé que puede ser malentendido, pero...

—Hombre, malentendido por nosotros creo que no. Me refiero a los intelectuales que pensamos libres de ataduras de corte ideológico dogmático y menos aún de intereses crematísticos. Por otros, quizá. Pero si existe coherencia en el planteamiento tendremos que abordarlo. No basta con descalificar a los banqueros, que es la moda hoy. Hay que saber por qué y qué alternativas proponemos.

—Precisamente por eso, porque siento que hay una especie de rebelión, hartazgo o como lo quieras llamar en el seno de la sociedad y se necesitan propuestas serias. Los problemas más o menos los conocemos. Pero de lo que se trata es de formular propuestas serias.

—Esto es lo que constituye el lado débil de los movimientos sociales tipo *indignados,* o como los quieras llamar. Sus protestas son comprensibles, pero no tienen propuestas serias, entendiendo por serias susceptibles de ser implantadas con realismo. No basta con que nazcan del deseo de cambio, ni siquiera solo de la reflexión, sino que, además, tienen que derivar de la experiencia —remató Ilia.

—El problema, Ilia, es lo que yo llamo la parcelación de la crisis. Es decir, aparece un señor y escribe que él tiene la solución para arreglar el paro. Es cómico, pero así es. Otro tiene idéntica solución, pero para arreglar el gasto en vehículos en las administraciones públicas, por poner un ejemplo más que límite. En fin, de esos arreglos parciales, o supuestos arreglos, tenemos un abanico de ofertas gratuitas muy amplio cada día. Pero eso no sirve. No se trata de problemas puntuales, sino del Sistema en su conjunto. Lo que vemos en diferentes campos no son sino las consecuencias concretas, en campos concretos, de un fallo global. Es como si descompuesto el motor de un coche en su integridad, viniera uno a decirte que él sabe cómo arreglar el carburador y otro a contarte cómo puede recargarse la batería...

Esta falta de visión global del asunto es lo que más me preocupa. La parcelación, la segmentación, el troceamiento del problema tiene cierta fuerza, puede servir para concentrar a la gente en asuntos muy concretos, de visión, pero solo funciona si se entiende que el problema es global. Todo está interrelacionado con todo. Nosotros, los humanos, manejamos un lenguaje que es por esencia fragmentario, esto es, dividimos la realidad en parcelas que son solo modos de entendernos, artificialidades para comunicarnos más fácilmente. Pero la realidad sigue ahí, presente, unitaria, y eso es lo que tenemos que abordar.

No puede decirse, por ejemplo, que la asistencia a la visita de un papa como Benedicto XVI derive de que unos jóvenes tienen problemas de empleo, otros con las drogas, otros buscan divertirse... El asunto es, como pensábamos nosotros, la búsqueda de referentes, y no consiste solo en una labor de escudriñar el exterior, el mundo de fuera, sino el interior de uno mismo. En el fondo la búsqueda espiritual es un poco el preguntarse quiénes somos, de dónde venimos y adónde vamos. Es mucho más que centrarse en los problemas de la economía o de la política, aunque siendo seres sociales y viviendo en sociedad tenemos que ocuparnos de ellos.

Lo malo es que esto que está sucediendo no es nada nuevo, ni resultaba impredecible para quienes querían abrir los ojos a lo que estaba ocurriendo a su alrededor. La visita de Benedicto XVI me trajo el recuerdo de aquella jornada en el Vaticano con su antecesor, Juan Pablo II. Gracias a Íñigo Gómez Bilbao conseguí recuperar el libro en el que se recogieron todas las ponencias y, además, las palabras del anterior pontífice. Lo guardo en la biblioteca de A Cerca, en las proximidades de mi mesa de trabajo, y lo custodio con especial afecto. En su día fue un documento poco difundido, porque ya se sabe que cuando algo no gusta, el Sistema expande con toda su fuerza la capa de silencio más densa y efectiva de la que es capaz. Pero silenciar no equivale a destruir. Al final, libres de presión forzosa hacia abajo, ciertas cosas acaban alcanzando la superficie, recuperando su espacio propio y natural. No hay forma de sumergir al corcho, como no sea presionando constantemente sobre él en dirección al fondo. Pero como en algún momento esa presión desaparece, el corcho recupera de nuevo la superficie de la que fue forzado a salir. Por eso estoy convencido de que la historia le hará un sitio, porque quienes por allí anduvimos reflexionando en aquellas jornadas nos anticipamos en mucho a nuestro tiempo, y predecimos el camino a seguir, que, ciertamente, no ha sido el recorrido, y así nos va.

Siento cierta frustración personal, como decía antes, cuando rememoro todo esto. Quizá otros se invadirían de vanidad al convertirse en profetas de la catástrofe. Pero personalmente tengo todas mis vanidades curadas y precisamente por eso me siento vivir en libertad. Mil veces mil preferiría que esos libros y esas admoniciones pasaran al baúl de los trastos inservibles antes que convertirse, como lo son, en documentos que señalaron ese sendero que por ceguera o egoísmo, o por lo que sea, que en el fondo da igual, no ha querido recorrerse, y de ahí el alto coste que estamos pagando. De ahí, también, y esto es lo que principalmente me importa, la enorme oportunidad que nos brinda el destino de contribuir a crear un mundo mejor. Nunca es demasiado tarde para tratar de mejorar la convivencia, para volver al referente del individuo en Humanidad.

A muchos les resultó más que extraño que me dedicara a organizar y que participara en un encuentro en el Vaticano titulado

Capitalismo y ética. No tanto por el lugar elegido, ni siquiera por el papel que en este asunto pudiera cumplir la Iglesia católica, sino porque debatir sobre capitalismo y ética podría parecer algo imposible. Escuché voces en aquellos días que me decían que se trataba de términos que viven en lugares diferentes, en órdenes de valores completamente distantes.

—Mira, Mario, el capitalismo solo atiende al beneficio. Lo demás es literatura. La única ética que preside el comportamiento de los grandes empresarios, y de modo muy singular y especialísimo los grandes banqueros, es la del beneficio. Cuanto más mejor. Y los accionistas de las empresas no atienden a ética o no ética. Les interesa el dividendo. Lo demás, cantos de sirena. Esa es la regla. Así que me parece una pérdida de tiempo y dinero lo que vas a organizar en el Vaticano.

—Pero es que eso sinceramente me parece un suicidio. No puede ser. Nos llevamos el modelo por delante.

—Pues ya no. Antes de la caída del Muro de Berlín teníamos un referente alternativo. Ahora ya no. Es tal el desastre que han originado los comunistas que tenemos gasolina para muchos años, porque ya no hay más solución que la economía de mercado. Y como no hay alternativa, no es necesario plantearse esos problemas que quieres traer a la reunión del Vaticano.

—Eso no es así. Nada puede subsistir si se sitúa por encima de la cohesión social. Nada es duradero cuando necesita consumir cantidades ingentes de injusticia. Nada pervive a costa de negar al individuo, al hombre en su dimensión total. Al final, la gente salta.

—Puede, pero hay mucho tiempo por delante, así que no debes preocuparte. Dedícate a lo tuyo, que es la banca.

¿Quién era mi interlocutor en semejante conversación? Pues no uno concreto, no solo una persona con nombre y apellidos, sino muchos nombres y muchos apellidos, porque era el modo de pensar —como diría Jospin— que impregnaba el momento de la sociedad española. Seguramente de la mundial, pero nunca he visto en mi vida un modo de ser, de pensar, de actuar, de moverse, de decidir tan brutalmente orientado al beneficio por el beneficio, tan despreciativo de ciertos valores humanos, de algunas de las reglas de la convivencia, como el de aquellos productos de la ortodoxia del Sistema, aquellos amantes de la riqueza financiera, aquellos que sonreían con tintes de desprecio cuando les hablaba de tejido industrial, de pequeños y medianos empresarios, de construir un país equilibrado. Incluso llegaban a decir cosas así:

—Déjate de coñas, este país no tiene más solución que ser un país de servicios. La industria, para los alemanes. Nosotros, al comercio y al turismo, que es lo nuestro...

Comprendo que produzca escalofríos recordar este planteamiento, pero en los días preparatorios de aquel encuentro en el Vaticano era la doctrina oficial que me llegaba desde todos los ámbitos del mundo financiero.

—¿Qué haces? ¿Dónde está Ilia?

María irrumpió en mi despacho mientras me encontraba envuelto en estos pensamientos y con el libro rojo en mis manos. No me refiero al de Mao, claro, sino al del Vaticano. Ella, como tantos otros, a pesar de que ya entonces era profesora universitaria y doctora en Derecho, no tenía almacenada en su memoria referencia alguna al Congreso, y mucho menos a sus conclusiones, lo que prueba que cuando el Sistema se pone a trabajar para destruir u ocultar, consigue resultados espectaculares. No siempre duraderos, claro, pero de momento...

—Ilia está con sus cosas. Hemos quedado para ir a pasear después. Y yo ando con el Congreso del Vaticano, porque me ha venido a la memoria a raíz de la visita del papa. Es curioso, pero tiempo después siguen vivas muchas de las cosas que entonces dijimos.

—¿A qué te refieres en concreto?

—Pues por ejemplo a cómo conseguimos conjugar, sintonizar, armonizar o como quieras llamarlo capitalismo y ética.

—Complicado, ¿no? ¿Tú crees que son términos más o menos homogéneos?

—Hombre, esa fue precisamente la batalla. Me decían que lo de la ética y el capitalismo se corresponde con lugares diferentes y que debíamos dejarnos de sueños armonizadores. Precisamente por eso lo abordé de manera directa en mi discurso.

Tomé el libro y busqué mi intervención, que viene recogida en las páginas 28 a 31.

—Mira. No solo no rehúyo esta cuestión, sino que la trato de manera directa. Lee por ti misma este párrafo en alto.

—No, léelo tú, que da igual.

—No es lo mismo. Cuando lees interiorizas más que cuando escuchas. Por eso lo de los audiolibros me gusta menos. El acto de leer es importante y eso que ahora parece despreciarse. Pero, bueno, deja esto de momento y lee el párrafo segundo.

María tomó el libro en las manos, lo sujetó como mejor pudo, porque los libros tamaño folio son algo incómodos de leer, buscó el párrafo que le indicaba y leyó en voz alta aunque templada, en la que podía adivinarse un punto de curiosidad:

El tema central que nos reúne hoy aquí es *Ética y capitalismo*. La ética y los valores económicos pertenecen, en principio, a dos órdenes distintos. La independencia entre ética y economía, o incluso la contradicción entre ambas, ha sido motivo de reflexión de grandes teóricos de este siglo.

Concluyó la lectura, siguió con el libro en las manos marcando el lugar en el que se encontraba el discurso, me miró y dijo:

—Yo estoy de acuerdo en que es muy difícil encontrar un punto de encuentro, valga la redundancia, entre ética y capitalismo. Son cuestiones, órdenes valorativos, como dices en el texto, diferentes.

—Sí, claro, pero el reto era ese, y sigue siéndolo. Por eso lo quise poner por delante de cualquier otra consideración. Atacarlo en directo.

—Entiendo, pero eso no es suficiente. Lo que cuenta es solucionar las cosas, no solo plantearlas. Y ¿qué solución le das al conflicto?

Pregunta que ataca el centro del problema. Yo sentía en aquellos días que el camino por el que circulábamos, el sendero que conducía a un progresivo distanciamiento de los valores propios de la economía real en beneficio de un artificial, cuando menos en mucho grado, mundo financiero, no podía conducir sino a un resultado fatal, porque, además, y, por en medio, se llegaba a negar al individuo convirtiéndolo en número. Porque los valores propios del mundo financiero, en el que los productos, por ejemplo, carecen de consistencia real, no tienen nada que ver con la actividad de creación de riqueza, en donde todo lo que haces es tangible, tiene presencia física, corporal, y no solo virtual. Pero he de admitir que en 1992 nos encontrábamos a miles de kilómetros de distancia del volumen y consecuencias que ha alcanzado el mundo financiero de hoy en día. No obstante, las tendencias son las tendencias. Hay que saber verlo. Mejor dicho, hay que querer verlo, porque si rechazas la visión porque afecta a tus intereses no hay nada que hacer. Por eso hablé de una idea que sigue viva en mi interior.

—Mira, la idea es un código de valores compartido.

—¿Qué es eso?

La verdad es que eso de un código de valores compartido suena un poco raro. Hoy quizá ya no tanto, pero si nos situamos en 1992 en plena efervescencia del culto a la nueva diosa financiera, eso de hablar de valores y, por si fuera poco, encima pretender codificarlos resultaba más que chocante. Pero así fue.

—Déjame ahora que lea yo —le pedí a María para facilitar la búsqueda y agilizar la conversación. María me entregó el libro y unos pocos párrafos más abajo del que leyó ella se encontraba la frase capital.

—Mira lo que dije ese día: «Conectamos así con una de las tesis centrales que me permitiré exponer ante ustedes: el punto de unión entre ética y economía es la concepción general de la sociedad, o, dicho de otra manera, el código de valores compartido que define el modelo deseado de una sociedad». ¿Qué te parece?

—Teóricamente muy bien, pero el asunto es que hay que precisar esos valores, hay que concretar cuáles son y quién se encarga de definirlos, y eso es lo verdaderamente difícil.

—Sí, claro, ese es el asunto y precisamente por ello lo abordé de manera directa y pedí que nos pusiéramos a debatir, a discurrir cuáles deben ser esos valores. Ese debate y esa discusión deben tenerse, dije entonces y mantengo hoy, en el seno de la tan cacareada sociedad civil. Lo malo es que entonces y hoy no estoy seguro de que esa sociedad esté dispuesta a ponerse a trabajar en el asunto.

—¿Qué quieres decir?

—Pues que no podemos ser optimistas. Estos años no han pasado en balde. La sociedad ha sido laminada. Fíjate que estamos ante la crisis más profunda que hemos tenido y las preguntas son: ¿Dónde están las Academias? ¿Y los Colegios Profesionales? ¿ Y los intelectuales? ¿Y las Universidades? ¿Cuál es el estado real de todas esas instituciones que deberían cumplir un papel primordial en la sociedad civil de nuestros días? Desgraciadamente, que yo sepa, no han sido capaces de articular una respuesta ni medianamente coherente a los problemas que nos acucian. Están como calladas, silentes, asustadas, impotentes. Es cierto que en ocasiones se han atrevido a esbozar algunas precisiones sobre el paro y no sé qué más. Pero en el fondo nada o muy poco en comparación con la magnitud de los asuntos que nos traemos entre manos. Tenemos una sociedad civil inerte y vacía. Y en eso los grupos económicos tienen una enorme responsabilidad.

—¿Los grupos económicos? ¿Por qué? ¿No son los políticos los responsables?

—Los responsables, María, somos todos. Pero los grupos económicos tienen una responsabilidad muy especial. Perdona que repita tanto esta palabra, responsabilidad, pero es que creo que cuadra a la perfección. Y lo digo hoy alto y claro porque ya lo dije en su día. Y ahí lo tienes, en el discurso.

Tomé de nuevo el libro. Me molestaban estas referencias constantes, pero no tenía más alternativa si quería evidenciar que no se trataba de pensamientos oportunistas nacidos al calor del desastre, sino de pensamientos, ideas, valores y juicios que anidaron dentro mucho tiempo. Además quería significar que atreverse a explicar estas cosas en público era, en aquellos días, nadar contra corriente, y eso suele traducirse en consecuencias complicadas.

—Mira. Esto es lo que dije: «El hecho de que los grupos empresariales cuenten en la actualidad con el grado de legitimación social más alto de la Historia Moderna les asigna una especial responsabilidad. Ellos deben contribuir a fortalecer la sociedad en la que se incardinan y de la que reciben el beneficio de su actividad».

Concluí la lectura. Nos quedamos en silencio. Sonaban fuertes esas palabras. Hemos visto en estos días cómo algunos empresarios de tamaño más que considerable se reúnen en torno a iniciativas en las que teóricamente pretenden defender la sociedad civil... Dan a sus proyectos —por así llamarlos— una publicidad ostentosa, buscando que la gente crea en ellos. Pero eso ya no funciona; al menos no como antes. Porque suena forzado y hasta cínico. La sociedad, afortunadamente, se ha dado cuenta de ello y las recibe, más que con indiferencia, casi con rechazo. Porque son conscientes de que estos años no han cumplido esas misiones. Recuerdo que un día, cuando creamos la Fundación Banesto, dije en la Junta General algo así como: «Debemos devolver a la sociedad en forma de cultura parte de lo que de ella obtenemos como beneficio». La gente sonreía cuando escuchaba estas ideas, porque desde siempre algunos expresaban otras más o menos parecidas, pero en su verdadero fondo las concebían como instrumentos de pura imagen, de marketing, sin corazón, sin sentimiento.

—Por cierto, ¿has visto lo que ha dicho Benedicto XVI en el discurso de entrada en España a los jóvenes?

—He leído algo pero no sé en concreto a qué te refieres.

—Pues a estas palabras que te leo. Las he tomado de internet. Son esclarecedoras para mí: «Hay palabras que solamente sirven para entretener, y pasan como el viento; otras instruyen la mente en algunos aspectos; las de Jesús, en cambio, han de llegar al corazón, arraigar en él y fraguar toda la vida. Sin esto, se quedan vacías y se vuelven efímeras».

—Son bonitas, desde luego.

—Ya, pero aparte de la estética...

—Hombre, la estética también cuenta, no se puede ir por la vida solo con conceptos, más conceptos... También las cosas bonitas cuentan, aunque sean utopías.

—Por supuesto, no lo niego. Pero me refiero al fondo. Es verdad que hay palabras que solamente sirven para entretener. Es el lenguaje de los políticos, que hablan, hablan y no dicen nada. Como mucho entretienen.

—¿Tú crees que entretienen? Yo creo que la mayoría aburre a muerte.

—Totalmente de acuerdo, pero aquí se refiere Benedicto XVI a palabras que son carcasas vacías, que carecen de fondo, que no responden siquiera a ideas, a pensamientos reales, a convicciones. Los políticos de hoy han sustituido las convicciones por las conveniencias. Solo les importan los votos. Hablan con palabras para entretener; no llegan al corazón.

—¿Qué es llegar al corazón para ti? Porque lo que yo pienso del corazón lo tengo claro y por eso te pregunto qué es para ti.

La pregunta es muy densa. La referencia al corazón no es exclusivamente a la víscera en cuanto tal. Tiene una carga simbólica muy profunda. Si se leen esas palabras de Benedicto XVI, se aprecia en ellas la diferencia entre mente y corazón. Dice, y tiene toda la razón, que algunas palabras «instruyen la mente». Son las que permiten un tipo de «conocimiento». Es el territorio de lo que podríamos llamar exclusivamente racional. Se necesita razón, sin duda, para vivir.

Pero no es todo. Hay algo que va más allá, que toca los lugares más profundos del ser humano considerado en su integridad. Si alguno no se ofende —insisto, y si lo hace peor para él— me atrevo a decir que son palabras que llegan a esa zona en la que vive el alma, el espíritu o como quiera llamársele. El lenguaje del corazón tiene una tradición muy profunda en todos los esoterismos, incluido, por supuesto, el cristiano. Pero es algo que se ha perdido en gran medida y por eso en aquellos días, a pesar de estar en el Vaticano, yo era pesimista y no me recaté de decirlo.

Me produjo cierta desazón leer las palabras con las que concluía esa intervención en el Vaticano. Después de pedir a los grandes grupos económicos que contribuyeran a potenciar y fortalecer la sociedad civil, se me ocurrió la idea de pedir a los medios de comunicación que colaboraran en tan importante tarea. Una pretensión que formulé con estas palabras:

> Los medios de comunicación como institución básica de la sociedad civil también juegan un papel decisivo en el proceso porque la opinión pública debe percibir con nitidez el proyecto, sus características básicas y la importancia del éxito de la tarea.

No era ingenuo. Ya tenía experiencia de cómo funcionaban los medios de comunicación en nuestro país, aunque siendo sincero me quedaba todavía mucho por aprender acerca del grado de servilismo que pueden alcanzar cuando sus intereses económicos andan por en medio. Lo aprendería después con elevado coste personal, aunque agradezco a día de hoy disponer de esa información. Una vez que he sobrevivido, claro. Lo que algunos, debo decirlo, se empeñaron a fondo en intentar que no se produjera, si no físicamente, sí al menos civilmente. Pero gracias a Dios, y a los despropósitos cometidos por ellos mismos, a su soberbia impenitente, a su adoración de lo conveniente, algunos imperios del pasado se debaten hoy en un dilema de subsistir o desaparecer, una vez que sus esencias han sido vendidas por razones de emergencia al postor que ha querido comprarlas.

Además de los grupos económicos y los mediáticos se encontraban los propios integrantes de la clase política. A ellos me dirigí para concluir y es ahí donde se nota con mayor carga el pesimismo que me embargaba. Creía a pie juntillas en lo que decía, en la necesidad de ese código de valores compartidos, al tiempo que pensaba que iba a ser muy pero que muy difícil que se pasara del plano verbal, del discurso a la acción y mucho menos a la conducta sostenida. Por eso dije:

Las instancias estatales deberían ayudar, aunque no podemos ser optimistas, porque mayor fuerza de la sociedad civil significa menor poder efectivo del Estado y quienes han sido educados en cualquier forma de autoritarismo mantendrán siempre esa raíz inextirpada, aunque más o menos evidente en función de las circunstancias.

No puedo ocultar un sentimiento de frustración ante la lectura de esas palabras. Han transcurrido desde entonces diecinueve años. En ellos, ni los medios de comunicación ni los grandes grupos empresariales ni la clase política han hecho nada en la dirección de fortalecer la sociedad civil. Todo lo contrario. Entonces ya tenía una noción muy clara de lo que era el Sistema de poder como conjunto de esa trilogía. Quería intentar que se dieran cuenta. Inútil. El poder ciega. No solo corrompe, sino que primero ciega. Porque se contempla lo real a través de los cristales de los intereses inmediatos.

8

NECESITAMOS CRECER, PERO ¿TENEMOS UN PLAN PARA CONSEGUIRLO?

Quedaba mucha tarde por delante y los demás se ocupaban en sus cosas, así que concluida la conversación con María, decidí tomar mi camino en solitario y salir en dirección a Esculqueira, a unos cuatro kilómetros de A Cerca. Pero visualizando mentalmente, imaginando el tramo de ascenso de más o menos kilómetro y medio de longitud, y de inclinación capaz de sacarte fuera el resuello, sobre todo con estas temperaturas, me arrepentí del itinerario escogido, cambié por aquello que dicen ser de sabios y decidí tomar rumbo al río, que siempre es mucho más reconfortante. Me refiero al río del molino, porque ríos por aquí hay más de uno, y aunque estamos en agosto y padecemos sequía, las aguas siguen corriendo, no tan voluminosas como desearíamos, pero al menos no se quedan quietas, como ciertos políticos cuando les mientas sus particulares bichas. Así que, sin saber por qué, tomé un ejemplar de mi libro *El Sistema,* el reeditado por Ediciones Martínez Roca, y me puse a caminar. Preferí que los perros se quedaran en casa porque los alsacianos sufren especialmente con el exceso de temperatura.

La inmensa mayoría de las personas con las que comento la situación actual, pertenezcan o no al gremio de los llamados intelectuales, aunque se trate de ejemplares del mundo de los vivos corrientes y molientes sin aspiraciones de intelectualidad, coinciden en que lo que sucede es serio y que algo muy profundo está cambiando. No saben hasta dónde alcanza la profundidad del terremoto, pero sí creen que no es una cuestión de parcheo, de atajar —como antes decía— los problemas, sino de solucionarlos, o cuando menos intentarlo, mediante acciones que puedan merecer ese apelativo. Y para ello tienen que ir directos al grano y no detenerse en la superficie.

Ya sé que son muchos los que quieren que algo cambie para que más o menos todo siga de la misma manera, esto es, cambiar un poco el envoltorio para que parezca un regalo distinto a ofrecer a la sociedad. La idea, la vieja tesis lampedusiana. Y admito que ha funcionado con eficacia durante muchos años. Pero hay momentos cruciales en la existencia humana en los que esto no sucede, en los que los cambios puramente estéticos, aquellos con los que se viste una mona de seda para que parezca humana pero siga siendo primate, ya no sirven, y en los que las acciones que se reclaman tienen que ser directas, enérgicas y sinceramente orientadas a solventar problemas.

La cuestión es si vivimos o no uno de esos momentos. Hay opiniones, claro, para todos los gustos. Muchos, como digo, responden que sí, que esto es ya un conjunto de muertos vivientes. Otros, por el contrario, aseguran que hay que cambiar algunas cosas pero que el Sistema no adolece de una enfermedad grave, sino de achaques debido a su ajuste a las circunstancias del momento. Yo, sin duda, me apunto a los primeros. Y no de hoy, sino desde hace tiempo. Es lo único que tengo para legitimar ideas que hoy se consumen con más facilidad: el tiempo de maduración en mi interior.

Bueno, el tiempo y su derivada principal: la experiencia. Porque de eso, de experiencia, tengo hasta hartarme. Y precisamente fue la experiencia la que me llevó a escribir ese libro que ahora caminaba conmigo en la tarde de Chaguazoso.

A veces uno necesita darse ánimos a sí mismo para continuar las tareas que se autoencomienda. Sentía que, a pesar de la claridad con la que yo veía las cosas, los esfuerzos desplegados desde hacía más de dieciocho años se habían saldado, al menos hasta el momento, con un enorme fracaso. Nadie atendió ni uno solo de los requerimientos. Y eso que habían nacido, como siempre digo, de la experiencia. Tal vez por eso. Pero reconozco que todo esto genera cansancio vital. Sientes la inutilidad del esfuerzo. Un impulso te dirige hacia el abandono de la tarea. Otro de signo opuesto te conduce a continuarla. Quizá no con el convencimiento de que conseguirás rematarla, sino tan solo de proporcionar un poco más de acicate al camino.

Descendiendo hacia el río por el camino que lleva a Manzalvos, poco antes de llegar al molino, dejas a tu derecha un pequeño prado, algo inclinado porque se sitúa en la ladera de la colina, en el que hallas cobijo a la sombra de la gigantesca copa de un enorme castaño que atrae mi mirada cada vez que por allí transito. Algo me impulsó a sentarme en ese lugar. No estaba excesivamente cansado, porque, como he explicado, el sendero es de descenso. La subida viene más tarde, al regresar a A Cerca. Pero aun a pesar de que disponía de fuerzas casi intactas, decidí detenerme, sentarme y comprobar en qué se traducía esa acción, ese movimiento y esa necesidad de un cierto cobijo. Seguramente sería más moral o espiritual, si se quiere, que de otro orden, pero lo que tenía a mano era la sombra de ese árbol. Nadie suele transitar por esa carretera a estas horas, aun a pesar de la afluencia de veraneantes. Demasiado calor. El sol todavía muy alto. La tarde todavía joven. La soledad podía acompañarme. La soledad y el silencio abrumador y estimulante de As Frieiras. Sonidos del bosque. Murmullo del río a lo lejos.

Abrí el libro *El Sistema*. Se me agolparon los recuerdos. Busqué en su introducción. Recordaba que allí expliqué los motivos por los cuales me decidí a escribirlo, asumiendo los indudables riesgos que ello implicaba, que se transformaron en más que dolorosas certezas en forma de vivencias en las que la crueldad no dejó de asomarse ni un instante. Conmigo y con los míos, con mis amigos, familiares, colaboradores, con todo lo que tuviera una cercanía mínima a mi persona. Trataron de comprarles. Algunos se negaron. Otros no, y arrendaron su dignidad. Así es el producto humano.

Busqué en aquellas páginas. Quería leerlas de nuevo. Seguramente las necesitaba para darme ese impulso que reclaman estas horas. Leí en alta voz lo que entonces escribí, siendo consciente de que esas frases tenían una antigüedad de más de dieciocho años.

He conocido la banca, las relaciones entre las distintas instituciones financieras, el poder real que el sector financiero español ejerce sobre el tejido industrial, los vínculos entre el mundo bancario y el poder político, las organizaciones empresariales y sus líderes, los sindicatos y los suyos, el subsuelo de los medios de comunicación social y muchas cosas más que, a mis cuarenta y cinco años, constituyen un acervo de experiencia personal indudable, que convierte estos años vividos, a pesar del enorme coste que han tenido, en una magnífica inversión en el terreno humano y personal.

Me detuve. Había apelado a la experiencia como argumento de autoridad. Lo mismo que hago hoy. Conocía, sabía por experiencia personal y directa, no por relato de terceros ni investigación a sueldo. Continué con la lectura de aquellas páginas.

Pero sobre todo y por encima de todo he aprendido, he vivido y he sufrido el funcionamiento de un esquema de poder que sintetizo con el término de «Sistema». Mi aproximación al mismo ha sido lenta, constante, diaria, con multiplicidad de experiencias objetivas, de análisis de las personas que lo integran, de los principios básicos de su conducta, de sus ramificaciones profundas en distintos ámbitos y de su funcionamiento acompasado, inexorable, con un manejo adecuado de los tiempos y con una voluntad de supervivencia hasta límites insospechados.

Ninguna duda. Al menos yo no la tengo. El Sistema ya es evidente que no funciona y que tiene que ser modificado. ¿Y ahora qué? Porque parece que es más fácil señalar el error de seguir una senda que describir con precisión el camino a recorrer. Esto último tiene más carga de problema, aunque solo sea porque no faltan voces dispuestas a calificarte de oráculo, aprendiz de brujo, ensayista de salvamentos nacionales y cosas así. Pero es lo de menos. Desde hace mucho tiempo no me importan lo más mínimo los adjetivos calificativos o descalificativos que tengan a bien dedicarme. No es mi asunto. Es el de ellos.

Mi preocupación es propia e interior. No quiero escribir sobre materia tan seria y sensible por el mero placer de hacerlo, aunque me guste escribir. Siento tanto la preocupación interior por lo que sucede, me importa tan poco haber acertado, que la responsabilidad me atenaza cuando dibujo con el teclado palabras destinadas a expresar mi pensamiento. Porque, por un costado, me abruma la sensación de que es muy difícil conseguir que las cosas cambien, y por otro el temor a equivocarme.

Lo primero ya lo expresé, como dejé constancia anteriormente, en el Vaticano. Lo reiteré en el discurso de junio de 1993 en la Complutense. La experiencia de estos años está aquí, con nosotros. No puede ser, en este campo, más desalentadora. No conseguiremos nada si nos limitamos a protestas de salón o de café. El Sistema se cierra sobre sí mismo porque se teje con los hilos de los intereses de la clase política dominante. Conviene no cultivar excesiva ingenuidad en las praderas del alma cuando de cambios políticos se trata. Se necesita, si queremos de verdad el cambio, que la sociedad civil se reafirme. Que se conceda a sí misma el papel que le corresponde. Y eso no en términos de literatura, de palabras, de discursos, de videoconferencias, sino de acción, de movimiento, de fuerza.

¿Estamos preparados para ello? No lo sé. Me temo que es difícil. Muchos me dicen que no lo intente, que la sociedad está aborregada, que han sido demasiados años de adoctrinamiento, de instalarse en el placer por el placer, en quitarse de encima responsabilidades. Me advierten que no debo equivocarme, que la gente solo quiere volver a lo de antes. Que es verdad que asisten a conferencias y coloquios, que protestan de manera silente o airada, que dicen cosas gordas en comidas, desayunos y cenas, que se manifiestan contra todo en charlas de café, pero que llega la hora de la verdad y les votan, y les vuelven a votar, porque no les importa el mal menor, sino que lo que quieren es regresar a lo de antes, a lo que conocen, a aquello que ya probaron y les gustó.

No quieren filosofar demasiado, ni hacerse excesivas preguntas. Ni demasiados cambios. Ni de uno ni de otro tipo. La sociedad civil está lejos —me aseguran— de querer asumir ese papel. Se han acostumbrado a ser súbditos y en esa condición están instalados y de ahí no les vamos a mover, ni con crisis ni sin ella.

No estoy seguro de que acierten en el diagnóstico, aun a pesar de la autoridad y capacidad que reconozco en las personas que así me hablan. Y no lo creo porque los datos arrojan una situación bastante límite. Al menos eso me parece. Quizá sea solo ilusión, esperanza, deseo de cambio. Los datos abruman, o cuando menos me abruman. Es verdad que aun a pesar de esos datos no parece que la sociedad esté dispuesta a estallar de modo violento, al menos por el momento. Ya razoné sobre esto.

Pero no todo es violencia, ni siquiera es necesario que se produzca para que se genere el cambio. Es cierto que muchos sostienen que todos los cambios de la Historia han reclamado mayores o menores dosis de violencia. Pero aunque la Historia se repite, no siempre lo hace de la misma manera, con los mismos métodos. La sociedad actual consume violencia. Eso es claro. Pero creo que puede pensarse en cambios en profundidad sin necesidad de dosis de violencia.

Creo que, a diferencia de lo que otros piensan, existen unas condiciones para que nos demos cuenta del fracaso de nuestro modelo y para que asumamos la necesidad ineludible de construir otro. No de formular revoluciones ni violentas ni abruptas, sino sencillamente de cambiar lo que con el paso del tiempo se ha demostrado que no solo no contribuye a crear las condiciones mejores de vida para nuestra sociedad, sino que se traduce en una especie de corsé en el que se encierran las libertades reales. Debo admitir que cuando sobre esto escribo debo embridarme al máximo, porque mi experiencia ha sido particularmente dolorosa. Pero ya he dicho que no almaceno en mi interior ninguno de los cánceres del alma, no conservo tumores de esa naturaleza y por ello no tengo interés alguno en refocilarme en el pasado, sino solo en traer a la luz las experiencias que de ese pasado se derivan para cincelar mejor y más serenamente un futuro.

¿Con quién contrastar mis ideas? Las expongo en conferencias, en charlas, en programas de radio y televisión, en artículos de prensa... Más o menos son conocidas, pero siento que algo me aprieta dentro cuando me dispongo a escribir sobre esto. Deseo, y solo deseo, contribuir a que se reflexione, a que nos pongamos a la nada fácil tarea de pensar, de reflexionar juntos, de diseñar. Hemos detectado muchos males que nos aquejan. Juntos podemos construir un nuevo edificio, una nueva casa común.

Algunos de mis amigos aseguran que vivimos momentos apasionantes de la Historia española. Así lo creo. Es una especie de periodo constituyente. José Merino, profesor titular de Derecho Constitucional, letrado en Cortes y letrado del Consejo de Estado, lo explicó con enorme claridad en la reunión convocada para preparar el I Congreso de la Sociedad Civil. Nos dijo cómo se han originado las Constituciones democráticas. Se trata siempre de movimientos celulares. Grupos de personas que se reúnen, que sienten, que buscan, que comienzan a formular soluciones, y finalmente esos movimientos acaban gestando una especie de estructura organizada celularmente y las soluciones y propuestas comienzan a tomar cuerpo, se traducen en proposiciones de cada vez mayor solidez.

¿Estamos ante un periodo constituyente? Creo que de hecho sí. De derecho es más difícil. Pero no imposible. Deberíamos estarlo. Este es el asunto.

Algo se agitó en el bosque. Quizá fuera un corzo pequeño como el que vimos el día pasado que cruzó de un salto preñado de elegancia de un lado a otro de la carretera provincial. Tal vez uno de esos pájaros, cuyo nombre no consigo recordar, que son córvidos muy especiales, de ojos de azul intenso y que raramente se dejan ver. No sé, pero percibí cierta alteración. Entonces imaginé que se trataba de García, mi rey gallego García, el de la tumba que no conseguí encontrar en medio de la zozobra del abad y de la maravillosa cromía del Panteón de los Reyes de San Isidoro. ¿Sería posible que García anduviera por allí?

No. Claro que no. Imaginaciones mías. Bueno, la verdad es que ya tuve una vez la experiencia de la ruptura del tiempo. Sucedió en La Salceda, en el olivar que mira a la sierra, al cerro Bartolo. Iba con alguien en el coche que no consigo recordar. De repente grité:

—¡Mira, un pavo real!

Lo vi con mi propios ojos y describí a mi acompañante sus colores y la forma de su caminar. Fue una visión fugaz. Apenas un segundo, pero lo vi, con total seguridad, con absoluta nitidez, sin el menor resquicio a la duda. Mi acompañante no. Pero escuchó paciente mis calificativos con los que ensalzaba la figura de ese animal. Ni siquiera me pregunté qué haría un pavo real en ese olivar, porque estaba emocionado por la visión, sobre todo porque me transportó a mi niñez, en la que vi cómo algunos ejemplares paseaban por ciertos prados de Tui.

Llegué a la casa de La Salceda y pedí que viniera Ignacio, el encargado, el responsable de esos campos. Nos sentamos alrededor de la mesa de madera barnizada en claro situada en la cara norte de la cocina, pedimos un café y charlamos de varias cosas, todas ellas relacionadas con la vida del campo. En un momento dado le dije:

—Por cierto, Ignacio, he visto al pavo real en el olivar. Es precioso.

Noté que Ignacio, sereno y calmo donde los haya, acostumbrado a consumir desgracias y malas noticias con más facilidad que la que mi amigo Colo tenía en la Universidad para tragarse bombones de chocolate, sin llegar a dar un respingo se tensó y echó su cuerpo hacia atrás, apoyándose en el respaldo de la silla de la misma madera que la mesa y con idéntico barniz, como si necesitara ese apoyo para no caerse al suelo.

—¿Pasa algo, Ignacio?

Tardó en responder. Me miró con una cara en la que me costaba adivinar lo que sucedía por sus adentros. Sabe que en ocasiones soy bromista, pero me conoce lo suficiente para percatarse de que aquello, el relato del pavo real, no tenía el aspecto de un chiste ni de una gracia de temporada. Permaneció en silencio por unos segundos aguantando firme mi mirada. Al final habló.

—Es que no hay ningún pavo real en el olivar, don Mario.

—¿Cómo que no? Te aseguro que lo he visto.

Nuevamente unos segundos de silencio. Sentí que le abrumaba

lo que iba a decir, le costaba la respuesta que debía proporcionar a mis preguntas. Al final no tuvo más remedio y habló:

—No hay ahora. Pero lo hubo. Tuvimos uno exactamente igual al que usted dice que acaba de ver. Pero eso fue hace más de seis meses. Se lo llevaron. No sé qué han hecho con él, pero lo que le aseguro es que ya no está aquí.

Concluida la explicación, bajó los ojos y depositó la mirada sobre la mesa. Sorbió un trago del vaso de agua. Percibí el sonido del líquido al atravesar su garganta debido al esfuerzo notorio que ejecutó para conseguirlo. En la cocina de La Salceda no se escuchaba ni un solo ruido. Quizá el que provocó mi estupor. No me atrevía a decir nada. No podía dar ninguna explicación racional y cualquier cosa que dijera podría conducir a turbar todavía más el espíritu de Ignacio, hombre que valora lo desconocido, que cree en el espíritu vivo de la naturaleza. No podía contestar.

Opté por el silencio. Cambié de conversación. Nunca más volvimos a mencionar el asunto del pavo real.

Ignacio se fue y yo salí a pasear. Tomé el coche y volví, esta vez solo, a recorrer el mismo sendero por el olivar. Pedía con todas mis fuerzas que apareciera el animal. Pero no. Ni rastro. Nada. Detuve el coche frente a la malla que separa el olivar de las rañas. Algunas reses comenzaban a bajar del monte para cobijarse en las encinas y consumir un poco más de la libertad que proporciona la visión del espacio abierto. ¿Qué explicación podía dar al hecho? Porque lo único cierto es que yo vi al animal y lo describí con cierto detalle y coincidía con el que tuvimos en ese lugar tiempo atrás. Desde ese día ese suceso me obliga a reflexionar sobre la curvatura del tiempo. O sobre su estructura capilar. O sobre la posible ruptura de su continuidad aunque sea por unos segundos. Todo eso por la visión de un pavo real en una tarde de junio en el olivar de La Salceda. ¿Hay una explicación alternativa a este fenómeno? Pues sí, claro. Tal vez, aunque Ignacio no lo supiera, el pavo estaba allí, el originario u otro. Los humanos consumimos espejismos. Todo es posible. También lo es que todavía nos queda mucho por conocer del verdadero funcionamiento del Universo.

Tal vez debido a ese recuerdo fugaz no quise detenerme a iden-tificar los rasgos de aquello que provocó el sonido y mi correspon-diente agitación. Cerré los ojos y me imaginé que era García, el rey fallecido en 1090. No tenía ningún diseño interior de su arquitectu-ra física, pero sí un detalle de mucha importancia: su hermano Alfonso, rey de Castilla y León, le encerró con los dos pies atados y así lo tuvo en la celda hasta su muerte física. Concentrándome en un par de pies atados con una argolla de hierro, ya disponía de suficiente asidero sin necesidad de dibujar mentalmente el resto de los rasgos corporales. Bueno, tal vez una túnica y un manto de piel, porque en León hace frío en invierno y la calefacción no funcionaba demasiado bien en aquella torre de reclusión forzosa.

Traicionado por su hermano Sancho, primero, y después por su otro hermano Alfonso, con la colaboración de su hermana Urraca, y encerrado en prisión diecisiete años por la única razón del poder por el poder, García se convertía, más que en un símbolo, casi en un ami-go personal mío. Los dos sabemos de ese tipo de experiencias y aun-que lo mío no fue morir en prisión y lo suyo sí, cualquiera que haya consumido algunos días en esos encierros sabe que a partir de ese momento valora muchas cosas que antes tenía, si no en los cajones del olvido, sí al menos en las estanterías de la indiferencia. Me sentía bien con esa forma sin demasiada precisión de contornos situada a mi costado, así que la representé sentada a mi derecha. No sé si la cubría la sombra del castaño, pero supuse que en su nivel de corpo-reidad eso le importaría menos. Sonreí. Ya sabía con quién comentar mis ideas de reforma del Sistema: ni más ni menos que con García. Por alguna extraña razón no encontramos su tumba. Quizá estuviera en nuestra casa de A Cerca. Ya hablaremos de eso otro día.

Es interesante reflexionar en voz alta sin esperar respuesta de una figura creada mentalmente aunque con rasgos ideales tan pode-rosos como el encarcelamiento atado de pies, aunque libre de manos. En ocasiones, al menos a mí me pasa, escribir, teclear sobre el orde-nador ayuda a profundizar en las ideas propias. Cuando las ves refle-jadas en papel, o en la pantalla de un ordenador, que para el caso es ahora lo mismo, las penetras con mayor profundidad que cuando exclusivamente viven en el espacio mental. Pues conversar con otro, aunque sea idealmente, es buena ayuda. Las ideas rebotan en el otro y el viaje de vuelta contribuye a que precipiten con mayor fluidez.

Durante el ascenso a Esculqueira del día anterior, ejecutado a marcha más que considerable con Ilia, dimos rienda suelta a algunas de las necesidades para poder salir de aquí, porque tengo algo muy claro: por supuesto que de aquí se sale, pero la cuestión es dónde se entra. Los pueblos siempre encuentran una salida, sea la que sea, reconforte o acongoje. Aunque la salida sea el empecinamiento de los políticos en no querer reformas profundas. Los pueblos se enquistan y en esa situación pueden vivir años. Se empobrecen económica, mental y hasta espiritualmente, pero continúan viviendo. Más tarde o más temprano —es cierto— aparece una ruptura, y dependiendo del grado de deterioro que se haya alcanzado, esa ruptura aportará mayores o menores dosis de violencia.

En España tenemos la oportunidad. Creo que en Europa, pero eso es demasiado para mí en este momento. Me resulta más que suficiente concentrarme en mi país. La oportunidad es encontrar una salida clara. La alternativa es entrar en un proceso de enquistamiento que generará, como digo, un deterioro progresivo y que conducirá al lugar que nos muestra la historia. Por ello perfilar la salida, no solo la puerta, sino la estancia en la que viviremos el tiempo que viene, es algo primordial. No solo cuenta —insisto— el de aquí se sale, sino que nuestra obligación reside en edificar el lugar en el que se entra.

Ya sé que la Historia te demuestra que, al final, por muy perfecta que sea la organización que diseñes y que implantes en una sociedad, el tiempo provoca un deterioro progresivo de su funcionamiento, y los ideales que la inspiraron, que estuvieron presentes en su nacimiento y bautizo, y hasta en su confirmación —por utilizar terminología eclesiástica tan propia de estos días de visita papal—, se transforman cualitativamente en un camino hacia su desaparición en cuanto tales. Pero eso es el hombre. Eso deriva de que por encima y por debajo de la organización se encuentra el individuo, la persona. El poder destructor del hombre es gigantesco. No solo depreda especies animales y vegetales, y hasta individuos humanos en demoledores genocidios, sino que descompone el andamiaje de ideales con los que se edificó un modelo de convivencia social. Las crisis y desaparición de civilizaciones son siempre obra humana. Por acción y por omisión. Más por negligencia que por dolo. Pero por acción del hombre en todo caso. Así que no debemos nunca perder de vista este tema central de toda propuesta: el individuo.

Alfonso VI pasa a la historia como rey conquistador y constructor. Pero esa historia, la traición a García, su hermano, el encerramiento en vida hasta la muerte del prisionero, es un hecho. Y el fondo de esa decisión es el trono. Es muy posible que también en la muerte de Sancho, su otro hermano, alguna actuación de Alfonso, directa o indirecta, estuviera presente, pero esto no lo sé. En todo caso, estamos ante el poder en su versión más inmediata. No hay ideales. Hay humanos construyendo edificios con sus vicios más detestables.

Imaginando a García frente a mí y consciente de su sufrimiento, le diría que tenemos que afrontar, en esta España de hoy, tres ejes muy decisivos. El económico, el político y el educativo. Son los tres pilares con los que hay que edificar la habitación en la que entramos si queremos salir de esta en la que nos encontramos.

Ante todo, claro, el económico. Porque una vez más tenemos al Estado en situación harto complicada. Debemos más de tres billones de euros, entre deuda pública y privada. Cierto es que, como dice Alberto Recarte, a esa deuda hay que descontarle los activos que tenemos contra nuestros acreedores y que suponen un billón, más o menos. No quiero discutir ahora el valor real de esos activos ni si de verdad podemos ejecutarlos, es decir, transformarlos en dinero. De otro modo su descuento es más teórico que real, pero lo dejo ahí. En todo caso, debemos mucho dinero. Y ese es el problema. Las cosas que nos suceden ocurren porque los acreedores tienen miedo, o como mínimo sienten profunda preocupación por saber cómo vamos a devolverles el capital y hacer frente a los intereses de nuestras deudas. Lo mismo que en cualquier familia endeudada: hay que saber de dónde sale el dinero para pagar lo que debemos.

El problema es que para que el país gane dinero tiene que crecer. Ese es el reto. Y desgraciadamente los análisis económicos nos dicen que es muy difícil que consigamos crecer a corto plazo de manera apreciable. Y esto es lo que asusta.

No pretendo que este libro contenga un análisis económico en profundidad atiborrado de datos y estadísticas y confeccionado de manera tal que resulte de muy difícil comprensión para la generalidad. Ya he hecho el esfuerzo de explicar el funcionamiento del sistema financiero. Porque si eso no se entiende, si no se comprende el papel que las instituciones financieras y su invento de la riqueza financiera han cumplido en estos tiempos modernos, no vamos a enterarnos de casi nada. Sencillamente, es capital comprenderlo, o por lo menos, como dicen los ocultistas, aproximarse a la noción de la idea.

A partir de ahí, las ideas son mucho más primarias. Al menos en su formulación, dejando a los técnicos su concreción. No podemos convertir a los españoles en profesores de economía para sacarlos de esta situación, de este magma de contaminaciones en que entre todos les hemos metido. Pero sí debemos explicarles algunas ideas clave para que sean conscientes de dónde estamos y cómo salimos de aquí. Ideas sencillas, pero ideas fuerza. La primera es clara como el agua: tenemos que ganar dinero, tenemos que crecer para, como primera cosa, pagar las deudas que hemos contraído estos años. Y, después, para seguir mejorando como país.

Y es que debemos asumir que estos años hemos vivido muy por encima de nuestras posibilidades. Así de claro. No íbamos del todo bien, sino que, cuando menos en una parte significativa, sufrimos un espejismo. Íbamos mal en el sentido de que estábamos gastando un dinero que no habíamos ganado. Consumíamos en una medida excesiva el dinero de otros, el que otros ganaban, ahorraban y nos prestaban. Llegaban a España miles y miles de millones. Fluía el dinero. Pero dinero y riqueza no es lo mismo. Primero, porque el dinero se puede inventar. Segundo, porque unos países pueden usar el dinero ganado por otros. Lo malo es que en este segundo caso hay que devolverlo. Y ese es uno de nuestros asuntos.

¿Qué sucede cuando has vivido por encima de tus posibilidades durante un tiempo? Pues que tienes que aceptar ir un poco a peor. Es decir, que ya no es lo mismo. Dicho más claro: que tienes que trabajar para ganar lo de cada día de hoy y lo que te gastaste en el pasado sin haberlo producido, sin haberlo ganado.

¿Y cómo se consigue crecer? ¿Cómo hacemos para que nuestro PIB aumente de modo sensible? No es tan fácil. Una cosa es comprender que lo tenemos que hacer y otra, que sea asequible de inmediato, y menos aún que se consiga de modo confortable y tranquilo. Eso sería pedir imposibles, algo que, por otro lado, parece que forma parte del lenguaje genético de muchas personas, sobre todo de las acostumbradas a vivir sin esfuerzo y a pretender seguir recorriendo el mismo camino.

Y nuestra pertenencia al euro es algo que, lo sepamos o no, exige grandes sacrificios si queremos continuar en él. Ya no es hora de lamentos. En los primeros momentos de la llamada Unión Monetaria, cuando se hablaba del viejo Tratado de Maastricht, algunos, muy pocos, dijimos que debíamos tener mucho cuidado, que estábamos manejando material explosivo de alta sensibilidad, en lo económico y en lo político. Sabíamos que el diseño del euro estaba mal concebido. Precisamente por eso queríamos que se explicara con claridad a los españoles en qué consistía eso de la Unión Monetaria, en qué se traduciría la cesión de soberanía monetaria, cómo nos afectaría a nuestra vida, a nuestras empresas, a nuestro ordinario vivir. Solo queríamos que se explicara, nada más, para que no nos lleváramos sorpresas en el futuro.

Porque las sorpresas iban a ser inevitables. Porque era claro como el agua que el entusiasmo inicial, forzado, desde luego, por una más que excesiva propaganda desde todos los rincones del Sistema, acabaría transformándose en un escepticismo, primero, y en una queja de fondo, después. Porque no podía ser de otro modo. Porque todo lo que se construye sobre cimientos artificiales acaba tambaleándose por mucho dinero que se gaste en propaganda. Y eso fue lo que sucedió. A los que pedimos un referéndum para que los españoles pudiéramos votar sí o no al euro nos llamaron de todo. Entre otras lindezas nos acusaron de antieuropeos... Es alucinante. Por cierto, que se ha acuñado el término «euroescépticos». Y se aplica, o, mejor dicho, lo aplican a quienes cuestionan el diseño técnico de la Unión Monetaria y Política europea. Es lo mismo que lo del Sistema. A mí no me gusta un determinado sistema. Pues los defensores, en vez de entrar a conocer las razones para el disgusto, en lugar de indagar si tengo o no argumentos sólidos, dignos de ser analizados y ponderados, se dedican a descalificar con eso de anti-sistema. Pues con lo de Europa sucede lo mismo.

Recuerdo una conversación con el entonces presidente del Grupo Prisa, Jesús Polanco. Hablábamos, precisamente, sobre mi deseo, mi petición, formulada públicamente en los medios de comunicación, de un referéndum, algo que sentó fatal a las instancias del Gobierno de entonces y derivadamente a las terminales del Sistema. Yo me daba perfecta cuenta de que muchos defensores del euro, sobre todo políticos, no tenían la menor idea de las consecuencias de fondo de lo que estaban diciendo. Operaban con palabras vacías, pero desgraciadamente no sucedía con ellas, como decía Benedicto XVI, que se las llevara el viento, porque agitaban mentes capaces de tomar decisiones y de meternos a todos en un lío por puros y duros intereses políticos y de partido.

Pues bien, Jesús Polanco me recriminaba esa petición mía. Su argumento era letal:

—La gente ni tiene idea ni tiene capacidad para comprender estas cosas. No se puede pedir voto cuando el cuerpo social al que apelas está sumido en la más profunda ignorancia sobre estos asuntos.

—Es verdad, pero entonces eso habría que aplicarlo a muchas más cosas que el euro, porque entonces lo que cuestionamos de fondo es la democracia en cuanto tal.

—Para eso estamos los medios de comunicación, para corregir

los errores que se pueden cometer con la democracia llevada hasta sus últimas consecuencias.

Entendido. Mantengamos un plano formal en el que consumimos palabras, pero luego, a la hora de la verdad, pongamos en marcha mecanismos que corrijan esas convicciones, es decir, los defectos o derivadas penosas de esas convicciones puramente democráticas. Esto es el Sistema en su expresión más clara, más dura, más rotunda.

Conversaciones como esta tuve varias en distintos lugares y momentos, sobre todo cuando nos enfrentábamos a alguna decisión de importancia. Y siempre sucedía lo mismo: una cosa es el nivel formal, el de las palabras que se dicen y pronuncian para la gente en general, y otra la necesidad de introducir correcciones, y no vaya a ser que se tomen en serio eso de las libertades constitucionales. La experiencia vivida fue la que me llevó a definir al Sistema en el modo y manera en que lo hice en mi libro. Digo en sus páginas:

> Entiendo por «Sistema» el modo de organizar las relaciones reales de poder en el seno de la sociedad española. Insisto en el término relaciones reales de poder, con el que pretendo referirme no al modo teórico de organizar un esquema de poder, sino al efectivo, al auténticamente vivido, que solo es deducible de manera empírica a través del análisis y constatación de su comportamiento. Dicho quizá de forma más clara: no importa solo *cómo se definen en un texto constitucional las libertades formales* de las que disponen los grupos que constituyen una sociedad. Lo que realmente interesa analizar es si en el *ejercicio de esas libertades formales* se aprecia la existencia de factores que distorsionan el principio formulado constitucionalmente.

La verdad es que en ese libro —*El Sistema*— utilizo un lenguaje demasiado técnico que dificulta su comprensión por personas, que son muchas, que no están acostumbradas a manejarlo. Pero, vamos, lo que quiero decir es muy rotundo: de nada vale disponer de Constituciones muy bonitas, que definan las libertades y derechos fundamentales de modo casi poético, si luego, a la hora de la verdad, en el momento de enfrentarse con ellas, con su ejercicio real, resulta que tenemos encima una estructura de poder que las convierte en más ilusorias que otra cosa.

¿Eso es lo que sucede en España? En gran medida ocurre y ejemplos los tenemos a diario. Precisamente por eso lo escribí en mi libro, que ha servido para poco más que hoy podamos darnos cuenta de que lo que nos sucede viene de muy atrás.

Recuerdo que Aznar, en su campaña electoral de 2000, decía a bombo y platillo que el principal logro político por él conseguido residía, precisamente, en haber introducido el euro en España. Supongo que hoy no diría lo mismo, vista la percepción de la gente que en Europa, y no solo en España, se ha dado cuenta de que no era oro todo lo que relucía. Son muchos los que hoy entienden que ese diseño se hizo mal. Hoy, como digo, lo reconocen. Quizá con la boca pequeña, pero más o menos lo admiten. Entonces con la boca grande insultaban a cualquiera que se le ocurriera pedir algo tan sencillo como: por favor, señores, si están ustedes tan seguros, tan convencidos, si tienen las ideas tan claras sobre las maravillas del euro, ¿por qué no lo explican bien a los españoles? ¿Por qué tienen miedo a un referéndum sobre una cuestión que es capital en nuestras vidas? Pues no. Ni referéndum ni nada. Política de hechos consumados conforma esa doctrina elaborada en los centros de inteligencia del Sistema.

Fue, siento decirlo, un claro exceso político embarcarse en una Unión Monetaria sin tener consolidada una Unión Política, sin tener centralizada la soberanía fiscal. Y hoy lo estamos viendo. Me llama la atención que Jacques Delors, un político socialista a quien se considera, seguramente con razón, uno de los padres del euro porque fue el primer presidente de la Comisión Europea y un impulsor de la moneda única, diga ahora esta frase: «Abramos los ojos: el euro y Europa están al borde del precipicio». Es verdad, pero la pregunta es: ¿qué responsabilidad tienen ustedes, señores políticos, en que nos encontremos en semejante situación?

Yo no creo que Europa esté al borde de ningún precipicio. Una determinada idea de Europa es posible e incluso probable. La Europa de los burócratas, la Europa diseñada por conveniencias políticas al margen de realidades, la Europa edificada sobre presupuestos ideológicos que la realidad se encarga de cuestionar, cuando no de rechazar cada día, esa Europa sí que es posible que se sitúe al borde del precipicio. Pero se arreglará. Porque Europa es algo mucho más viejo, más profundo, con más carga histórica y emocional que un diseño de unos políticos sentados alrededor de algunas mesas convencidos de que su misión es cambiar el curso de la historia.

Era evidente de toda evidencia que nosotros, los españoles, teníamos diferencias serias con los alemanes. Nuestra economía no tenía ni de lejos los niveles de competitividad que ellos manifestaban a las claras. Ni su tecnología, ni su modo de concebir el trabajo, ni nuestras gentes estaban igual de dispuestas a trabajar por España con el mismo ahínco, entusiasmo, voluntad y dedicación que ellos a contribuir a la mejora y grandeza de Alemania: son hechos. Y, dejando aparte emociones, esos hechos tienen dimensión económica. Ya lo creo que la tienen, y muy seria. Porque la competitividad de una economía es vara de medir la solidez de su futuro. Los no competitivos, en una economía mundial de mercado, acaban sufriendo las consecuencias de su falta de competitividad. Es solo cuestión de tiempo. Y ese tiempo ha llegado para nosotros.

Recuerdo aquel anuncio que me crispó. Se emitió, me parece recordar, en plena campaña electoral del 2000. Se veía a un par de personas mayores, hombre y mujer, jubilados, y el hombre le decía a la mujer algo así como esto: «Con el euro ya no tenemos que preocuparnos por nuestras pensiones porque ya estarán para siempre garantizadas».

Me indignó que se engañara a la gente de semejante manera, y que se ejecutara el engaño sobre el colectivo más sensible, el de los jubilados mayores, que no tienen otro deseo que sentirse tranquilos sobre su futuro. Cuando veo hoy cómo las pensiones de los mayores, según el relato del carpintero, sirven para financiar los gastos de las familias, y pagar hipotecas recibidas en tiempos de falsa bonanza, la verdad es que se me agita por dentro algo parecido a la indignación.

¿Podemos preguntarnos acerca de la conveniencia de salirnos del euro vistos sus efectos? Pues retóricamente sí, pero de hecho creo que no merece la pena. No digo que merezca o no la pena seguir o salir del euro. No entro en análisis de ventajas e inconvenientes. Sinceramente, creo que por motivos sustancialmente políticos no van a dejar que el euro caiga. ¿Nos pueden expulsar? Pues tampoco lo veo claro. ¿Hay algún político en los países periféricos —así nos llaman— capaz siquiera de plantear oficialmente las ventajas y los inconvenientes de seguir o de salir del euro? No, creo sinceramente que no, que nadie se atreve al ejercicio. Esperan, confían, suponen que al final harán lo que sea para que el modelo no salte por los aires. Nadie se pregunta por el precio. Nadie quiere asumir un fracaso que sería ciclópeo. Así que veo muy difícil una vuelta atrás en este campo. ¿Entonces?

Pues como no tenemos soberanía monetaria y como pintamos en Europa poco, tendremos que arar con estos bueyes. Pero llamando a las cosas por su nombre. Aunque duela, aunque moleste, aunque rechinen ciertos resortes que siguen sin querer ver la realidad. Hemos perdido competitividad con Alemania. Es decir, nuestros productos son menos competitivos. Por tanto, tenemos que recuperarla, y en este proceso de recuperación el papel de los salarios es vital. ¿Estoy diciendo que no pueden mantenerse los niveles actuales? Sí, estoy diciendo eso. Por mucho que duela. Es posible y realista que hay sectores en los que este postulado quizá no tenga que aplicarse de modo radical, pero en ciertas industrias intensivas en mano de obra, no queda otra. Tenemos que trabajar con esa premisa de que somos menos de los que nos creemos y tenemos que ajustarnos a lo que somos, no a lo que nos gustaría ser.

Y tenemos que hacer las cosas por nosotros mismos, no esperando salvadores de fuera, no pidiendo a Alemania que nos redima de nuestras culpas, que asuma nuestros errores, que pague nuestras deudas, que satisfaga nuestras carencias. Porque no lo van a hacer. Si fuéramos alemanes del este es posible, pero somos españoles del sur, así que nos tenemos que dejar de bromas y de pedir limosna y, por el contrario, hemos de ponernos a trabajar nosotros por nosotros mismos. Emplear la palabra «trabajar» aquí, cuando en el país tenemos cinco millones de parados, no es un eufemismo ni un comentario ácido. Es una expresión que quiere decir que, aceptando estar donde estamos con las limitaciones que tenemos que sufrir, somos nosotros los responsables de nuestro destino y no podemos confiar ni en limosnas ni en caridades, que no se van, insisto, a producir.

Hace unos días leía a intérpretes oficiales del pensamiento económico del Sistema decir con total y absoluta seguridad que los eurobonos, esos de los que hemos hablado más atrás, se iban a producir porque no queda más alternativa, porque no existe otro remedio. Incluso se aventuraron a la estupidez meridiana de que tendríamos eurobonos incluso sin contar con Alemania, lo que no solo no serviría de nada, sino que evidenciaría un proceso de confusión, de turbación mental colectiva de dimensiones más que considerables. El motor de Europa es Alemania. Francia le sigue, pero menos. Así que sin Francia y sin Alemania no se puede hacer nada. Nada serio, se entiende, porque las estupideces no reclaman ni de método ni de disciplina. Nacen espontáneamente, supongo, aunque en ocasiones da la sensación de que se dedican fervientemente a fabricarlas.

Precisamente por ello, en los momentos en los que se debatía la Unión Monetaria, yo entendía que era mejor admitir la realidad y tratar de configurar un euro a dos velocidades, de modo que los del sur, entre los que nos encontrábamos, dispusiéramos de más tiempo para acomodar nuestros datos reales a los suyos. Incluso estuve dispuesto a admitir que el liderazgo de ese sur le correspondiera a Francia, y eso que nuestras relaciones con los vecinos franceses, por circunstancias históricas bastante bien conocidas, no son de una exquisita cordialidad. Pero el proceso de reconstrucción europea exige dejar de lado algunas afrentas históricas. Ya sé que no es tan fácil y que todo reclama consumo de tiempo y paciencia, pero, en fin, al menos teníamos un camino. Al aplicar el café para todos ha venido el lío de pretender que sean iguales los que a todas luces son diferentes. Pero ya está hecho. Y ahora hay que cargar con las consecuencias.

¿Descarto una ruptura del euro? Yo ya no descarto nada en política, porque la capacidad de ciertos políticos actuales de decir digo donde decían Diego, asegurando que Diego era la más pura ortodoxia y el único camino posible, su habilidad y descaro en negar lo que afirmaron es tan grosera, y en ocasiones tan lacerante, que no excluyo que cualquier cosa puede pasar. Alberto Recarte, que no duda en calificar de error grosero el diseño del euro, considera que la salida de la moneda única sería una catástrofe para nosotros. De la misma opinión es el profesor Calaza, que escribió un libro específicamente dedicado a demostrar el error de la moneda única en ese diseño para un país como España, libro que, claro, fue cuidadosamente silenciado, aunque no consiguieron evitar que yo lo leyera, lo estudiara y a partir de ese instante comenzó una clara admiración por la inteligencia de ese hombre, acrecentada con el trato personal que mantenemos desde entonces hasta el día de hoy.

Alemania, como no podía ser de otro modo, acaba de decir, al igual que Francia, pero con más fuerza, con más rigor, con más contundencia, que de los eurobonos nada, que no es ese el camino. Y tiene toda la razón. El objetivo es estabilizar los países, entre los que se encuentra el nuestro, que han causado desequilibrios, que han seguido políticas de gasto sin control, de recibir dinero prestado creyendo que era suyo, de no ocuparse en reformar el modelo productivo, de seguir con un viva la Virgen aplicado a la construcción y la llamada promoción inmobiliaria, de derrochar dilapidando sin control el dinero en un Estado de autonomías que me parece sencillamente insostenible. Y eso lo tenemos que hacer por nosotros mismos.

El asunto es que mientras el euro siga, nosotros tenemos que continuar por el camino de las reformas profundas. No queda otra. Ya que no podemos salirnos del euro, incluso aunque asumamos que podríamos hacerlo pero que conseguirlo generaría un desastre sin precedentes como sostienen mentes autorizadas, ya que en ese corsé estamos encerrados, aprovechemos para seguir con una política de reformas profundas que permitan encarar un cierto futuro. Pero para ello hay algo que me parece imprescindible: diseñar un modelo de país.

Vamos a ver. Está claro que tenemos que crecer. Para ganar dinero, para generar empleo, para crear estabilidad social, para aumentar la cohesión de nuestra convivencia. Para todo eso es imprescindible el crecimiento. Y, además, no un crecimiento cualquiera, sino uno poderoso, por encima del 2 por ciento, que es el umbral mínimo, según los expertos, para crear empleo. Bien, pues ya está claro lo que tenemos que alcanzar. La pregunta es: ¿podemos? Si alguien dice sí, si responde afirmativamente, la pregunta sigue siendo: ¿me explica usted cómo?

Pues con un proyecto de país. Definiendo claramente dónde y cómo podemos crecer. Ya sé que esto parece muy difícil, incluso en cierta medida imposible, pero tenemos que hacer el esfuerzo. Debemos disponer de un proyecto a medio/largo plazo, porque esta es otra: no podemos esperar nada del corto plazo. Ya sé que esto no gusta, que la gente quiere escuchar que mañana por la tarde, a eso de las cinco o cinco y media, todo solucionado y ya está. Pues no. Ni mañana ni pasado mañana. Hemos vivido de prestado mucho tiempo y es mucho el que tenemos que emplear para recuperarnos. Y eso no debe asustar. Al contrario: debe estimular. Tenemos que saber trabajar por este país pensando en el medio/largo plazo, algo que hicieron los alemanes cuando incorporaron a Alemania Oriental. Nosotros, los españoles, tenemos nuestra propia España Oriental, que en este caso es la España virtual, la que se deriva de haber vivido por encima de nuestras posibilidades, de haber consumido lo que no producíamos, y de haber gastado lo que no ganábamos y que otros nos prestaban. Esa es nuestra «España Oriental». Y al igual que los alemanes en su día, nosotros tenemos que trabajar ahora para integrarla, para asumirla, para deglutirla, para incorporarla a nuestro vivir colectivo. Y si a los alemanes les costó muchos años el proceso, y al final triunfaron, a nosotros también nos va a suponer un consumo de tiempo y esfuerzo más que considerable. Merece la pena. Sin duda alguna. Siempre, claro, que estemos dispuestos a ello.

Yo pongo el ejemplo de los constructores de catedrales. Uno de esos monumentos del Gótico costaba un siglo. Así que es claro que los que empezaban a construir no verían el final de su obra. Y, sin embargo y a pesar de ello, trabajaban con todo entusiasmo. O con más o menos entusiasmo, pero trabajaban. Aquí, en nuestro país, se ha instalado una cultura del corto plazo, de la especulación pura y dura, de tal modo que lo que no consigues de hoy para mañana parece que no interesa. Es el culto a lo inmediato. Pues eso también hay que erradicarlo y volver a tener proyectos en la cabeza que exigen, que reclaman, que necesitan de un esfuerzo continuado. De otro modo el país es solo un centro de especuladores y adoradores de la riqueza financiera.

Porque uno de los desperfectos capaces de causar más daño a un país ha sido la pérdida de la cultura del esfuerzo, algo que en mi generación, no sé si todos, pero sí muchos, teníamos claro como el agua. Nada nos venía regalado. De ahí la expresión de que «no me ha tocado en una tómbola, sino que me ha costado lo mío». El exceso, ese que dice Gracián que siempre daña, se ha traducido en un tipo de mentalidad en el que no solo las cosas le vienen por añadidura, sino que se creen con cierto derecho a tenerlas sin que exista el correspondiente deber de trabajar, de esforzarse para alcanzarlas.

¿Qué es, entonces, un proyecto de país? Pues un Plan Estratégico de España. Es un Plan similar al que todas las empresas realizan anualmente y que prevén un periodo quinquenal. Se trata de hacer un análisis realista de qué podemos hacer en agricultura, en industria, en servicios, en turismo, es decir, en todos y cada uno de los sectores económicos que ahora están creando empleo/desempleo o produciendo beneficios/pérdidas. Pero se trata de hacerlo con una mentalidad empresarial clara y no esencialmente política, buscando agradar a la población y tratando de conseguir votos. Hay que llamar a las cosas por su nombre. Es muy posible que un plan así, integral, completo se encuentre fuera de nuestras posibilidades, en el sentido de que resulte excesivo. Puede ser, pero hay algo que podemos hacer y es aproximarnos a esa idea y desterrar locuras económico-políticas que nos afectan seriamente.

El olivar es un ejemplo de cuanto digo. Tenemos casi dos millones de hectáreas de olivar de secano que no son rentables con un entorno productivo de mil quinientos kilos de aceituna por hectárea, cuando el regadío se sitúa en un mínimo de seis mil y en un máximo de hasta doce mil. Y el truco falso de la supuesta pérdida de calidad del aceite ya no funciona. Durante años lo he advertido y sin la menor respuesta. Al tiempo, Portugal ponía en marcha algo así como cuarenta mil hectáreas de olivar productivo de regadío. Me llegan noticias de Australia, de California, del norte de África y hasta de China, modernizando plantaciones y técnicas extractivas, a la vista de que el aceite de oliva, producto viejo, casi cada día arroja más y más dimensiones favorables para la salud humana. Mientras nosotros seguíamos confiando en las subvenciones para sanear unas cuentas de explotación totalmente deficitarias. Y con ello inundábamos el mercado de aceite. Y por exceso se iban los precios al suelo. Y, claro, el que sufre es el producto, la calidad. Porque, nos guste o no, muchos establecimientos venden aceite de oliva por debajo del precio de coste. Y eso quiere decir que algo hacen. Y ese algo aparte de la subvención es destruir la calidad. Así de claro. Aunque no guste. Somos el primer país productor de aceite de oliva del mundo y por una estrategia instalada en la chapuza, y en ciertas formas poco sutiles de engaño, podemos perder la primacía mundial. De hecho, la calidad de nuestro aceite ya no es reconocida en los mercados en la forma en la que lo fue en otros tiempos. Sería lamentable, pero de seguir como vamos, sinceramente creo que será.

Y este ejemplo es válido porque la razón para no abordarlo no es de orden social, de la gente que vive del sector y palabras del mismo tipo, sino el deseo de mantener un voto cautivo mediante el dinero de las subvenciones. Eso no es ni siquiera pan para hoy, pero ciertamente genera miseria para mañana, y ese mañana está llegando a velocidades agigantadas.

Y desgraciadamente es extrapolable a otras áreas de actividad. Tenemos la agricultura que podemos tener. Con 1200 kilos de cereal por hectárea no hay quien compita. Ni con subvenciones ni sin subvenciones. El dinero público sin contrapartida se ha traducido en excesivas ocasiones en utilizaciones puramente golfas, aprovechándose de una coyuntura, sin ningún deseo real de crear mecanismos productivos a medio/largo plazo. El exceso de oferta ha deteriorado de manera sensible el sector turismo. ¿Qué pasa con la minería, que ahora parece que la Xunta de Galicia quiere renacer algunas concesiones mineras abandonadas? ¿Hay un plan económico o un plan político? ¿Qué sucede con la producción de medicamentos genéricos? ¿Hay trampa, cartón o hay abaratamiento de costes?

Podría ir repasando uno a uno esos sectores y descubrir las corruptelas instaladas en ellos. Es muy posible que en alguno no se den, pero lo dudo mucho. Ejemplos de personas y empresas que hacen las cosas bien y con rigor los vamos a tener. Por supuesto. Pero no se trata de ensalzar las excepciones, sino de generalizar el comportamiento de la mayoría de los que operan en el sector en cuestión.

Porque tenemos que cambiar entre otras cosas la mentalidad acerca de la finalidad de la empresa, que no es crear empleo, porque eso debe ser consecuencia de que funcione bien. Ni siquiera el beneficio por el beneficio. Es claro que una empresa que no gana dinero no puede subsistir a medio plazo. Es, por tanto, condición sin la cual no se puede funcionar. Pero no es el principal objetivo. Tenemos que recuperar la noción de servicio. La empresa está en la vida económica y social para cumplir, para prestar un servicio, consistente en producir bienes o prestar servicios que la sociedad demanda. Y para hacerlo en condiciones capaces de satisfacer esas necesidades de modo adecuado. Es así como recuperaremos la noción de calidad en un país demasiado acostumbrado a chapucerías de tercera clase.

Seguramente estaremos todos de acuerdo en que necesitamos ese Plan Estratégico, pero también con mucha probabilidad me preguntarán si creo que los políticos por sí solos lo van a hacer. Pues la respuesta es un rotundo no. Y no porque tenga animadversión de clase, que no es el caso ahora, sino porque la experiencia me indica que sencillamente no es posible que se pongan a trabajar como empresarios cuando no lo han sido nunca en sus vidas. No tienen mentalidad para elaborar un plan empresarial porque su estructura mental, su modo de pensar no es empresarial, sino político. Y sinceramente, la diferencia entre uno y otro es notable. El empresario, si ve que en un sector no hay nada que hacer en términos de rentabilidad de futuro, pues lo dice y en paz, y se pone a buscar alternativas a ese sector, lugares en los que emplear la mano de obra sobrante, piensa en vender maquinarias para comprar otras que sirvan en lugares o sectores diferentes... En fin, que trabaja en esa dirección seria.

El político piensa qué van a pensar los clientes potenciales, sus votantes, cómo se van a traducir en votos esas actuaciones, qué van a decir los medios de comunicación social, cómo va a verse afectada su imagen, qué pensarán en el seno de sus partidos... En fin, todo un mundo virtual que desgraciadamente está condicionando el mundo real. Y con eso es con lo que hay que terminar. Por eso digo que el Plan Estratégico de España, el análisis sector a sector, actividad a actividad, desgranando posibilidades, fortalezas y carencias, debe hacerse por los empresarios. ¿Tenemos empresarios dispuestos? Pues no lo sé, pero supongo que sí. ¿Contamos con las plataformas organizativas adecuadas? Pues posiblemente sí, y si hay que crear nuevas, se crean, y si hay que mejorar las existentes, pues se mejoran. ¿Tenemos al frente los activos humanos adecuados? Pues seguramente hay mucha gente de valía y se pueden complementar con otros, y los que no quieran seguir el camino del futuro y prefieran seguir anclados en el pasado, pues ellos mismos se retiran de la escena. No estamos ahora para exceso de contemplaciones porque la realidad, nos guste o no, es bastante acuciante.

¿Debemos mantener totalmente al margen a los políticos? No estoy diciendo eso. Advierto de que un plan estratégico serio debe nacer de la sociedad, debe ser confeccionado por quien conoce cómo funcionan las cosas en la realidad. No se puede hacer un plan empresarial por funcionarios que en su vida han tenido la responsabilidad de pagar una nómina, que no han sufrido las noches de insomnio pensando en qué hacer al día siguiente, que no saben lo doloroso que es comprobar en tus carnes cómo te niegan créditos quienes antes casi te regalaban el dinero. En fin, que es necesario haber sufrido un poco para saber cómo salir del sufrimiento, o por lo menos para intentarlo de manera seria y ordenada pensando, como siempre digo, en el medio plazo y no en mañana por la mañana. Y lo digo yo, que por razones ya de edad —al margen de la voluntad de Dios— no estaré todo el tiempo que me gustaría. Precisamente por ello hay que incorporar a la gente que tiene más tiempo por delante. Porque lo que será España no es lo que pensemos nosotros, sino lo que se derive de los modos de pensar de la gente que hoy es más joven y que tiene el futuro por delante. Y ese futuro nadie se lo va a regalar. Se lo tienen que labrar, casi diría arañar con sus propias manos, porque la cosa está difícil, pero al tiempo constituye una aventura apasionante. Confieso sin rubor que me encantaría vivirla hasta el final si somos capaces de poner el proceso en marcha de modo adecuado.

Una sociedad reclama políticos, esto es, personas que se ocupen de lo que se llama la cosa pública. Eso no lo duda nadie. Y los asuntos que nos afectan a todos son, por definición, cosa pública. Así que nadie pretende que ese Plan Estratégico se implante en la vida española sin contar con los políticos. De lo que se trata es de algo más simple, al menos en cuanto a formulación: que todo proyecto colectivo tiene que contar con el concurso y participación de la sociedad civil. Esta fue la idea esencial de mi discurso de 1993, el de la Universidad Complutense, y sigue siendo hoy, porque en esa dirección, como ya he explicado, en estos dieciocho años transcurridos desde entonces no solo no hemos mejorado, sino que el empeoramiento es tan intenso como perceptible. Y es hora de cambiar las cosas. Todas las instancias de la sociedad deben colaborar en la formulación de ese Plan Estratégico. Lo malo es que estamos tan carentes de instituciones civiles poderosas que esa participación es más ideal que otra cosa. Por ello hay que impulsarla con criterios empresariales. Con la colaboración de todos los que quieran participar, pero es necesario hacerlo y no esperar que sea una iniciativa política, porque desgraciadamente eso es difícil que suceda, al menos en la forma realmente debida.

Entre otras razones porque para que tenga éxito el Plan Estratégico hay que contar con elementos adicionales de mucha importancia. El primero, desde luego, vocaciones empresariales. Debemos tener clara una idea: la única forma de crear empleo real y estable es mediante empresas que sean competitivas y capaces de pervivir a largo plazo. Empleo artificial lo crea cualquiera y los políticos tienen tentación permanente de caminar por ese sendero. Mal asunto. No sirve de nada. Por ello, si tenemos cinco millones de parados es debido a la quiebra de quinientas mil empresas pequeñas y medianas. La cosa es clara: tenemos que volver por el sendero, pero al revés, creando empresas allí donde antes las destruimos. Solo de esta manera tendremos, insisto, empleo real y estable.

Y crear empresas cuesta mucho tiempo. Lo que se destruye en un par de años tarda mucho más tiempo en reconstruirse de manera consolidada. Pero eso es lo que tenemos que hacer. Y para ello es necesario estimular las vocaciones empresariales. Decía antes que uno de los desperfectos importantes causados por esta crisis reside, precisamente, en que se han perdido vocaciones empresariales, entre gente de cierta edad que estaba en condiciones de continuar, agregando al impulso, al entusiasmo la experiencia, y entre gente joven, que, visto lo visto, sienten tanta preocupación por su futuro que el mundo de la aventura empresarial les resulta en exceso arriesgado. Y esto hay que cortarlo de raíz. ¿Cómo? Pues como todo: presentando la sociedad un proyecto colectivo realista y atractivo. Solo si se entiende, se comprende y se admite como cierto que estamos ante un cambio de modelo, ante una nueva manera de entender, enfocar y dirigir la realidad colectiva, podremos pedir que renazcan esas vocaciones empresariales. De otro modo, no.

Y para que en estas condiciones se generen, se creen nuevas empresas, es necesario atender una demanda real de los empresarios: la reforma de las condiciones laborales. Demasiada demagogia se vierte en este asunto. La reforma tiene que consistir, entre otras cosas, en facilitar el despido y permitir la negociación en cada empresa. Es algo obvio. Si se disponen de condiciones excesivamente rígidas, está claro que al empresario le va a costar mucho más decidirse a invertir, a empezar o a ampliar su empresa. Tenemos que ser conscientes de dónde estamos. Priorizar es esencial, y la prioridad es crear empresas, porque lo obvio, lo evidente, lo incuestionable es que sin empresas rentables no hay empleo. Es necesario ir admitiendo ideas y convirtiéndolas en anclas para sujetar el modelo.

Es que si se aplica la reforma se va a despedir a mucha gente, así que no solo no se crea empleo, sino que se aumenta el desempleo. Eso dicen algunos. Visión más que corta. Sencillamente, ignora la realidad empresarial. Yo lo he vivido y lo sigo viviendo a diario. Hay empresas en las que prescindir de algunos trabajadores que por lo que sea ya no son necesarios, o no se han acompasado a los nuevos tiempos, puede permitir mantener el resto del empleo. El problema es que con determinada antigüedad el coste es excesivo y el empresario no se lo puede permitir. Es así como se acaba poniendo en riesgo el empleo de todos. Y esto no se quiere ver con claridad. Pero sucede, y con mucha frecuencia. Demasiada. Y es cierto que hay empresas en pérdidas que podrían remontar si dispusieran de una legislación laboral que les facilitara la reducción de una parte de la plantilla para salvar la otra y la empresa en conjunto.

¿Y es que carece de sentido pedir que los salarios se ajusten sustancialmente a la productividad? Pues no me parece. Se paga a alguien porque es productivo, porque aporta, porque contribuye de manera clara al desarrollo empresarial. Los funcionarios deberían igualmente ajustarse, al menos en lo posible, a este criterio. Pero en la empresa privada, que es el motor del país, sustraer la productividad como elemento para fijar salarios y su evolución me parece absurdo.

Seamos claros: esto es algo que vienen demandando los empresarios en España desde hace mucho tiempo. En los últimos quince años hemos tenido siete de gobierno del PSOE y ocho de gobierno del PP. Y nunca se ha reformado de verdad la legislación laboral. ¿Por qué? Pues por dos razones. Una es de coyuntura: porque en las épocas de bonanza la presión para el cambio disminuye. Como, además, esas épocas de bonanza en nuestro caso han coincidido con la explosión de mano de obra extranjera algo más barata, pues el efecto competitividad se conseguía, al menos parcialmente, por esa vía.

Pero la razón de fondo es otra y reside en el modo de encarar los problemas por la clase política. No hacen la reforma porque tienen miedo a perder votos. Porque tiene eso que llaman coste electoral. Esa es la clave. Un par de huelgas de los sindicatos y los políticos se asustan. Y aplazan decisiones urgentes.

Porque quien dice que con esta legislación laboral hemos sido capaces de crear empleo en otros momentos dice la verdad. Pero es que no es ese el asunto, sino que con esta legislación laboral no seremos capaces de crear el empleo necesario en estos momentos, en estas circunstancias, que son muy distintas a las que tuvimos en otras épocas. Esto es lo que cuenta. La tarea, el trabajo es de ahora.

Y para ello hace falta una voluntad política decidida. Que asuma el proyecto, que lo lidere y que no le importe el coste electoral, que no quiera cambiar convicciones por conveniencias de coyuntura. Y para eso es necesario, seguramente, una reforma en profundidad de los sindicatos. En realidad se trata de cambiar la mentalidad de los dirigentes sindicales. Tienen que darse cuenta de que vivimos en el siglo XXI y que los modelos del XIX ya no sirven para hoy. Hay que modificar la financiación de los sindicatos, terminar con muchos de los abusos generados con los liberados sindicales, obligar a que entiendan que España necesita una estrategia de colaboración y no de confrontación, que con actitudes del pasado no se reconquista el futuro.

Por ejemplo, ¿por qué se niegan a que las empresas individualmente puedan negociar sus condiciones? ¿Acaso es que todas las empresas de un sector son iguales? Evidentemente no. Unas son mejores que otras, unas tienen unos problemas y otras otros. ¿Por qué el café para todos? Pues porque de esta manera se reafirma el poder sindical. Pues aquí lo que hay que afirmar es la rentabilidad empresarial y el empleo derivado y situar como decisivas, como primera opción otras consideraciones que pertenecen a planos distintos. ¿Por qué se va a negar el derecho de la plantilla de una empresa a reducir voluntariamente sus salarios para contribuir al salvamento de la empresa o para permitir inversiones productivas o para ayudar al incremento de plantilla? ¿Qué sentido tiene anteponer ese pretendido poder sindical, que es poder de dirigentes, a la vida real de las empresas? Para mí carece del menor sentido.

Los empresarios no disfrutan, ni tienen como objetivo despedir a nadie. Si lo hacen es porque no queda más remedio. A nadie le gusta ese plato. Es preciso que esto se entienda. Es necesario que terminemos con la estrategia de confrontación y recuperemos la de colaboración. Aquí nadie quiere destruir ni empleos ni empresas. Conviene que se recuerde. Dejemos de seguir buscando al malo de la película para intentar construir un guion distinto.

Es cuestión de mentalidad. Casi todo es cuestión de modo de pensar. Pero necesitamos ese cambio en profundidad en el modo de entender las empresas y las relaciones en su seno si queremos sacar este proyecto adelante. Soy consciente de que alguno dirá que se trata de ideas elementales. Y es verdad. Lo malo es que a pesar de esa elementalidad llevamos demasiado tiempo conviviendo sin ellas. Y es que, aunque parezca mentira, muchas de las cosas que necesitamos, de las ideas que tenemos que implantar para salir de aquí y entrar en otro lugar más confortable, son sencillas, casi elementales. Por eso uno tiene esperanza en que las cosas se solucionen. Porque no se necesitan genios ni genialidades, sino ideas claras, trabajo, esfuerzo y visión a medio plazo.

A raíz del conocimiento de nuestras cuentas públicas por los acreedores del reino de España, de la situación de nuestra deuda pública y privada, se impusieron desde fuera, desde Europa, China y Estados Unidos, al Gobierno español una serie de reformas obligatorias. Algunas se implementaron con cierto rigor. Otras no. Entre estas últimas se encuentra la reforma laboral, que todavía no ha pasado de un mero movimiento cosmético, quizá por temor a los sindicatos, tal vez porque se preveía el desastre electoral del PSOE en las municipales y autonómicas y se intentó reducirlo al máximo. Lo cierto es que no se implementó una reforma efectiva. Es más, incluso el intento de llevarlo a cabo, aparte del posible desgaste del Gobierno, se tradujo en ciertos enfrentamientos en el seno de la propia patronal CEOE, lo que ya es excesivo. Pero parece que la protesta de ciertos empresarios derivaba de que los altos mandos de la CEOE estaban dispuestos a ceder en puntos que se consideraban esenciales. En fin, confusión y más confusión en un tema capital en el que debería existir claridad y más claridad. Las ideas fuerza no son confusas, ni extrañas. Implican acomodar el modelo español al europeo. No es cuestión de ideas, sino de voluntad política.

De nuevo un asunto que debe ser debatido de forma clara y transparente en el seno de la sociedad civil. Porque a todos nos afecta. Todos recibiremos las consecuencias positivas o negativas de que se implemente con eficacia. Y es asunto de urgencia porque la sociedad, como vengo diciendo, está alcanzando cotas de desempleo, y de la desesperanza correlativa, realmente insoportables. Conviene decirlo alto y muy claro: la sociedad tiene que ser consciente de que no solo se necesitan empresarios, sino además empresas rentables para crear empleo real, y eso reclama una legislación laboral adecuada al tiempo que nos toca vivir, que va a ser un tiempo largo y preñado de esfuerzo para recuperar cotas de bienestar —aunque distinto— y de cohesión en la convivencia.

Me imaginé a García sentado escuchando el discurso que proporcionaba en voz alta. Un hombre del Medioevo, muerto en 1090, no entendería nada de lo que estaba diciendo. Y no porque viviera esos diecisiete años en una celda con los pies atados, sino porque las vocaciones empresariales y las relaciones laborales en esa época nada tenían que ver con los modelos de hoy en día. La verdad es que en muchos aspectos, cuando echas la vista atrás, te das cuenta de que la Humanidad ha avanzado. La superación de la consideración del hombre como cosa, como objeto de relación jurídica, es uno de esos avances cualitativos que lo que realmente provocan es el estupor derivado de que durante muchos siglos la Humanidad hubiera convivido con semejante dislate. Pero así fue, y no hace tanto tiempo que la esclavitud fue abolida en Estados Unidos. Supongo que si

García pudiera contemplar lo que sucede hoy, no entendería nada o casi nada de estas cosas. Sin embargo, en lo que hace referencia al poder, al modo de comportarse, no le extrañarían algunas cosas que vivimos, porque tampoco son tan exquisitamente diferentes de las decisiones de sus hermanos para arrebatarle el trono de Galicia y el Condado de Portucale. Pero es que el poder siempre es el poder. Y las limitaciones, los contrapesos, los balances, como dicen los americanos, son siempre necesarios. A medida que la tecnología se pone al servicio de que el poder tenga todavía más control, esos contrapesos se convierten en algo no solo imprescindible, sino urgente.

Pues si no entendía de esas cosas, menos aún de la tercera pata que nos falta para ese Plan Estratégico en lo económico. Me refiero a la reforma del mundo financiero. Precisamente porque es capital, decisivo, imprescindible y como dicen los latinos una *conditio sine qua non,* es por lo que me he extendido en las páginas anteriores. Me parece imprescindible que la sociedad comprenda el papel del dinero, de los bancos, el modelo seguido de endeudamiento progresivo... No se puede vivir al margen de esas cosas. No se trata de convertir, como antes decía, a los españoles en expertos en finanzas. No es necesario, pero sí que tenemos que mínimamente conocer y saber interpretar la realidad financiera. Porque nos jugamos mucho en ello.

Como antes explicaba, ahora son muchos los empresarios que entienden la importancia del crédito, los que saben, porque lo han comprobado en sus carnes, que por muy bien que lleves tu empresa si no consigues financiar el circulante de modo adecuado, en unos casos no podrás crecer y en otros, lamentablemente, no podrás subsistir. Pero, en cualquier caso, una cosa es estudiar en la Universidad o en la Escuela de Negocios el concepto de *cash flow* y otra comprobar, cuando diriges una empresa, cómo necesitas al banco para poder acometer proyectos empresariales serios. Como siempre sucede en esta vida, cuando de la teoría pasas a los hechos, cuando viajas desde las páginas de los libros o las explicaciones de pizarra a la realidad pura y dura, es cuando se entienden bien las cosas. Quizá por eso dicen aquello de «a la fuerza ahorcan». Así que sin una reforma del sistema financiero no haremos nada. Porque para crecer empresarialmente se necesitan empresarios, empresas, marco adecuado de relaciones laborales y financiación. Siempre ha sido así, claro. Pero lo que no siempre ha sucedido es el disponer de un sistema financiero dominado por políticos, en unos casos, o por ejecutivos doctrinarios de la riqueza financiera y alejados de la verdadera función social del crédito, con la aquiescencia, el aplauso y la colaboración de los funcionarios teóricamente encargados de controlarles.

El otro día comentaba esta idea con Iván Mora, hermano de César Mora, familia de banqueros, concretamente de Banesto, pero de banqueros de los de antes. Iván, como en su día César, me relataba lo que escuchaba decir a su padre cuando ejercía de banquero. Y las ideas que se expresaban con esas palabras no se acercaban a las que hoy presiden el mundo de las finanzas. Entonces se entendía esa conexión de servicio entre la banca y la economía real. Lo que realmente ha llegado a perderse y que hay que recuperar de manera urgente si queremos que ese Plan Estratégico realmente sirva para algo más que para quedar presentable en unas hojas de papel, que seguro se encuadernaría de lujo, es acometer en profundidad la reforma del sistema financiero.

Y eso no consiste solo ni preferentemente en asuntos de cumplimiento de capital, es decir, eso que se llama con un lenguaje que casi no entienden ni los propios técnicos TIER, con sus distintas clasificaciones. Es lógico que los bancos deban tener un capital mínimo para poder conceder créditos. Aquí es donde entra en juego la vieja idea de la reserva fraccionaria que expliqué más atrás. Ahora se comprende su valor capital en el funcionamiento adecuado o en el destrozo de una economía.

Pero con todo y eso la clave es situar a lo financiero de nuevo en el lugar del que nunca debió salir. Y eso, insisto, se llama función social del crédito. Debemos tener clara una cosa: que vender dinero en sus distintas versiones no es lo mismo que distribuir camisas, pantalones, televisores o coches. Cuando hablamos de libertad de mercado a ultranza tratándose de este tipo de bienes, lo hacemos sin correr demasiados peligros. Pero cuando esa misma libertad se pretende aplicar sin reglas límites al sistema financiero, es cuando podemos ocasionar desperfectos de tamaño natural. Ya lo he explicado antes: la ruina de un banco puede provocar la de miles, cientos de miles de empresas y millones de personas que se ven abocadas a esa situación sin comerlo ni beberlo. Por eso los juegos liberales a ultranza tratándose de este mundo de las finanzas son muy pero que muy peligrosos. Lamentablemente, la experiencia lo ha demostrado así.

Es muy posible que alguno me pueda querer decir algo así como: «Oiga, usted no sostenía esta tesis cuando llegó a Banesto; al menos se decía que era un genuino representante de la libertad en el mundo financiero». Pues dirá lo que quiera, pero no sería del todo exacto. Una cosa es la libertad para que una persona que ha ganado legítimamente su dinero pueda comprar acciones de un banco y sentarse en su Consejo de Administración, y otra que la libertad a ultranza deba ser la regla aplicable al mundo de las finanzas. Esto último nunca lo he sostenido.

Por otro lado, en aquellos años ochenta y noventa, no se había desarrollado nada parecido al entramado de derivados y *swaps* del 2010. Esto no quiere decir que no existieran fórmulas digamos «imaginativas», pero ni de lejos tenían la proporción, el alcance, la dimensión, el tamaño que con el tiempo, ayudados por sistemas de retribución variable de los ejecutivos bancarios, los famosos bonus que han sido noticia en el mundo entero, llegaron a tener. Creo, incluso, recordar que en algún Consejo de Banesto expresamente me declaré algo escandalizado, y sobre todo preocupado, por el volumen de dinero artificial que se estaba generando con los famosos «derivados», es decir, productos prototípicos de la ingeniería financiera de la modernidad.

Por otro lado, no es de extrañar. Uno aprende a base de experimentar. La vida es el mejor laboratorio que imaginarse pueda. Así que tras años de experiencia en ese mundo llegué a conclusiones que no podían formar parte de mi acervo intelectual más que, en su caso, en el plano, más bien inestable, de la pura y dura teoría. Y una de esas conclusiones es que la famosa libertad de mercado hay que tomarla con cierta prudencia, y acentuando de modo muy agudo esta virtud cuando del mundo financiero se trata. Y por si alguien tiene dudas de cuanto digo, me limito a transcribir estas palabras que formaron parte del tantas veces citado discurso de la Universidad Complutense y del doctorado honoris causa. Aquí van: «El mercado, por sí solo, no resuelve todos los conflictos, de modo que, tanto en los casos enunciados a título de ejemplo como en otros muchos de parecida entidad, sigue siendo necesario arbitrar mecanismos que garanticen que el mercado conduce al sistema hacia una solución eficiente».

Pues este sigue siendo el tema central del debate referido particularmente al mundo financiero. Y si como consecuencia de esa amplísima libertad de mercado, esa desregulación a ultranza en beneficio de la cacareada riqueza financiera, se ha generado, o cuando menos indirectamente se ha contribuido, incluso a su pesar, a la destrucción de empresas y puestos de trabajo al carecer de financiación cuando les resultaba merecida, tenemos que como mínimo admitir que es asunto que merece una reflexión, y eso a pesar de que la moda prácticamente unánime de todos los economistas y teóricos de los últimos años ha sido, y, en gran medida, sigue siendo, la libertad por encima de cualquier consideración. Pues yo no me convierto en un afiliado entusiasta de esa escuela. Creo que hay que sacar enseñanzas de las crisis.

Antonio Torrero es un catedrático de Estructura Económica. Gran persona en lo humano y excelente teórico en lo profesional, es, además, hombre estudioso y especialista en contrastar los dogmas de las finanzas con las realidades de la vida. Ha escrito mucho sobre este particular y me declaro un discípulo suyo. Y quiero introducir normas de control en el proceso universal de desregulación y globalización financiera. Y lo hago no porque me convenzan más o menos los argumentos teóricos, sino porque he visto lo que ha sucedido y sigue ocurriendo en el mundo, así que creo que esas posiciones maximalistas del pasado tienen que ser sometidas a revisión.

Por eso me da pena lo sucedido con las cajas de ahorros. Dije antes y sostengo de nuevo ahora que podrían haber sido un instrumento más que adecuado para garantizar que el ahorro sirviera para financiar proyectos empresariales rentables. Los políticos han sido los causantes del daño. Quiero decir, para ser más justo y preciso, la gestión de esas entidades que en muchos casos, según me dicen, ha sido derivada de criterios políticos. Todo el mundo menciona de modo singular a la Caja Castilla-La Mancha gerenciada por Hernández Moltó como la tormenta perfecta del desperfecto financiero. Es posible. Pero no seamos ingenuos. No solo ha fallado la gestión de esos políticos, sino la supervisión de los llamados controladores, léase Banco de España, y hasta de las autoridades del Ministerio de Economía. Los españoles, o cuando menos muchos de nosotros, no nos creemos ni con fórceps que no estuvieran al tanto de lo que sucedía en esa caja en particular y en el sistema financiero en su conjunto. Imposible. Ni siquiera admitiendo dosis inadmisibles de negligencia en estado puro. No. Estoy convencido de que conocían y consentían. Miraban a otro lado. Por formar parte de un sistema de poder.

Lo que no me parece de recibo es contemplar los destrozos ocasionados, al menos en gran parte, por el modo de comportamiento del sistema financiero desregulado y globalizado, y decir que eso se salda simplemente con exigir más capital y mejores ratios de capitalización. No tiene el menor sentido. Más capital significa mejor solvencia, pero, al tiempo, podría traducirse en mayor capacidad de crear dinero y, por tanto, en mayor poder destructor. Así que es necesario ser algo más riguroso y tratar de obtener enseñanzas más rotundas que las que nos quieren señalar como solución.

Alberto Recarte apunta, como antes decía, a que en 2012, si no hay nuevos temblores, el sistema financiero español habrá quedado saneado en lo que a balances se refiere. Algunos dudan de que eso sea así, porque nunca sabremos con total exactitud cuál es el verdadero valor de ciertos activos en poder de los bancos. Pero, bueno, admitámoslo por la solvencia intelectual de quien lo dice, que es indudable. Y tomemos nota de que ese saneamiento habrá costado algo así como 250 000 millones de euros. Una monstruosidad. El 25 por ciento del PIB español. Una cantidad descomunal. ¿Alguien se imagina lo que se podría haber hecho con ese dinero en saneamiento industrial y creación de nuevas empresas? Porque ese saneamiento se hace a consecuencia de pérdidas que no dejan tras de sí elementos reales verdaderos. Bueno, quizá viviendas que no se venderán jamás a sus precios y algunas otras cosas, pero poco más. Es decir, que en gran medida —y me gustaría equivocarme— es dinero tirado por la venta de la modernidad de la riqueza financiera.

Pues algo así, como apunto, no se puede solventar con arreglos de balance de entidades financieras. Ni siquiera con impuestos sobre las transacciones financieras. Hay que ir más al fondo del problema. No quiero, insisto, convertir este libro en tratado de reforma del sistema financiero, sino apuntar ideas que creo pueden concitar la adhesión de muchas personas.

Antes que nada, limitar de modo radical los inmorales bonus que se autoatribuyeron los ejecutivos bancarios, a base de cobrar por eso que llaman retribución variable, dependiendo del tamaño de los balances que fueron inflados de modo brutal y artificial, considerando como beneficios puras anotaciones contables que luego se traducían en pérdidas reales, aunque los bonus habían sido ya cobrados y nunca restituidos. No es solo un juicio moral, sino que además esas prácticas afectan, vía la codicia de sus ejecutores, a la solvencia del sistema financiero, y con ella a la de la economía real, a la de las familias y empresarios de a pie, como he demostrado reiteradamente.

Ya sé que alguno me va a decir que debe existir libertad de las empresas para retribuir a sus ejecutivos como mejor les parezca sin poner límites ni puertas al campo cuando esa gestión se ha demostrado eficaz. Es una aproximación teórica difícilmente discutible, desde luego, pero estamos en el sistema financiero en el que la bondad de una gestión es algo que solo se sabe a ciencia más o menos cierto tiempo después y los bonus se cobran anualmente. Además el sistema financiero tiene una función social especial y en este sentido distinta a la del resto de las empresas, y eso tiene que traducirse en un rigor muy superior, sobre todo si contamos con el dato inequívoco de que los ejecutivos bancarios en algunos casos conocidos no han tenido el menor recato en límites ni cuantitativos ni cualitativos en esas retribuciones variables. Yo creo que hay un problema de límites, de medida en el fondo de todo esto. Siempre debe existir una medida razonable para todas las cosas. Más allá de ella aparecen distorsiones de la propia convivencia.

Creo, además, que hay que introducir reformas muy profundas en el funcionamiento de los mercados para evitar la proliferación absurda de instrumentos de la especulación pura y dura. Se especula con todo, hasta con los índices de Bolsa, por ejemplo. Ya expliqué este punto antes, pero quiero reiterarlo: hay que limitar de modo drástico el papel de la especulación en los mercados financieros, sobre todo con esas operaciones de futuro que convierten a lo que nació para garantizar capitales en un casino puro y duro. Es debatible hasta dónde debemos llegar en esa misión, pero es incuestionable para mí que la situación actual de especulación elevada a la enésima potencia es claramente negativa. Sobre todo cuando a los hombres los sustituyen, incluso, las máquinas, que son las que dan sin control de situación presente órdenes de compra y venta con total y absoluta indiferencia hacia cualquier otra cosa que no sea el puro y duro automatismo.

Hay que garantizar la existencia de unos centros de ahorro que se dediquen a financiar la inversión, recuperando la esencia de la actividad financiera y bancaria, y eliminando o restringiendo al máximo otro tipo de actividades, y esa financiación de la inversión puede hacerse tanto por vía de créditos como de aportación de capital.

Hay que volver a analizar con mucho cuidado los instrumentos de control, es decir, la actuación del Banco de España, por decirlo de manera directa y sin eufemismos. Ha fallado sin paliativos y no vale ahora con tratar de desplazar la culpa a otros. Hay que revisar su actuación real, no la meramente teórica, y ver dónde se producen las fugas que pueden convertirlo en una especie de policía financiera.

Hay que garantizar la gestión profesional de estos centros de ahorro eliminando cualquier vestigio de control político. Hay que recuperar la idea de un director ejecutivo profesional y políticamente inamovible, que disponga de un plazo suficiente para ejercer su función y con una retribución adecuada alejada de esos bonus a los que antes me refería.

Hay que garantizar la presencia de la sociedad en los órganos de control del crédito y la inversión. Si se trata de algo que afecta de modo tan directo a la vida de la sociedad, debe existir algún modo de conocer y controlar que el proceso se ejecuta con normalidad. Por supuesto, me refiero al control en esos órganos o centros de ahorro que mencionaba.

Hay que debatir en profundidad qué hacemos con esos bancos tan grandes que no pueden caer. Cómo controlar la gestión, cómo adecuar su estructura de gestión a los riesgos que implican para la sociedad.

Hay, en suma, que tomarse en serio la idea de la función social del crédito y el ahorro. Y este debate me temo que no lo vamos a tener, a la vista de lo que contemplo en los diarios y canales de televisión. Parece como si la tormenta se tradujera en unos cuantos retoques de índole más o menos cosmética, y no es eso ni mucho menos. Un modelo ha fracasado. Tenemos que reconocerlo. Y actuar en consecuencia de manera decidida.

Claro que, como me decía el otro día Alejo Vidal-Quadras, siempre queda el problema principal: los hombres encargados de gestionar esas entidades financieras, porque su estructura, su catadura moral es decisiva. Por supuesto, aquí y en cualquier otro lugar, en cualquier otro aspecto de la actividad económica, política y social. El asunto es que en este campo financiero hemos podido comprobar en carne propia la capacidad de daño derivada de una estructura moral dominada por la avaricia a ultranza, además de por dogmas fabricados por quienes no han contribuido nunca a crear verdadera riqueza en el mundo empresarial.

9

DESDE LA COMPLUTENSE DEL 93
A LA SOCIEDAD CON MIEDO DEL 2011

Admito que tuve que consumir algunas dosis de valentía, virtud que en ciertos momentos se aproxima a la imprudencia hasta el punto de confundirse con ella. Pero cada uno es cada uno, que dicen por ciertos lugares de España, y eso no hay modo de cambiarlo, ni siquiera con la edad. Incluso el cumplir años y acumular experiencias te puede estimular en el deseo de decir aquello que piensas sin excesivos miramientos, sin demasiadas preocupaciones por el qué dirán. Pero en aquellos días de 1993 tenía cuarenta y cinco años y me encontraba en una posición social y financiera de esas que dicen ser de lo más alto de la pirámide de organización social. Era cierto, pero precisamente por eso, si tenía que hablar sería para decir cosas, máxime cuando se trataba de un acto de semejante envergadura, cuando menos formal: los quinientos años de la Universidad Complutense, la presencia en el acto del Rey, y un discurso cuyo propio título ya indicaba que la polémica estaría servida: «Sociedad civil y poder político».

Comenté el discurso con poca gente, porque no había que dar antes de tiempo demasiados cuartos al pregonero, como se suele decir. Pero, obviamente, tuve que someterlo a la consideración del Rey porque no podía atreverme a tocar un tema tan delicado en presencia del Monarca sin que estuviera suficientemente informado. Iban a sacar punta, seguramente, a mis palabras, así que tenía el deber de evitar que don Juan Carlos se sintiera sorprendido. Por ello le hice llegar el texto íntegro de mi exposición. Era evidente que si se sugería algún cambio debido, precisamente, a la presencia real, lo iba a aceptar sin la menor duda, más por educación que por otras consideraciones colaterales.

Pero no. Silencio inicial y finalmente aprobación. No al texto, si se quiere. No a las ideas, pero sí al hecho de que las leyera con toda la carga de solemnidad que aquel acto implicaba. Pues, nada, adelante.

Y llegó el día del mes de junio de 1993, aquel para mí inolvidable año. Bueno, a fuer de ser honesto, diré que desde esa fecha en adelante no he parado de tener años de esos que calificamos de inolvidables. Sí, pero aquel momento tuvo su magia singular. Debido a distintos factores, entre los que mi consideración de entonces en la sociedad española, la capacidad de ejercer poder que me atribuía la presidencia del Grupo Banesto y la posibilidad de llegar a la opinión pública, el control —supuesto, imaginado— de algunos medios de comunicación social, la presencia del Rey y otros factores adicionales, provocaron que aquella mañana, en el Paraninfo de la Complutense, vestido de gala y con toda la solemnidad del ritual de ciertos actos clásicos del mundo universitario, se situara lo más granado del Sistema español. Esto sí, con plena y total ausencia de políticos, porque si quería reclamar el protagonismo de la sociedad civil, debía empezar predicando con el ejemplo. Ellos, obviamente, no sabían lo que iban a escuchar de mis labios, aunque ya me conocían un poco y la posibilidad de que me pusiera a desgranar cierto tipo de impertinencias no solo no la descartaban, sino que consideraban muy elevada la probabilidad de que ocurriera.

Y ocurrió. Desde lo alto de una especie de púlpito como los que se encuentran en las iglesias cristianas para que los sacerdotes expongan sus sermones, leí el texto. No suelo leer discursos, pero hay ocasiones en las que el protocolo lo reclama, como sucedió ante Juan Pablo II y ahora, un año después —1993—, ante el rey don Juan Carlos. Sentía cierta satisfacción interior —justo es decirlo— no solo por pronunciar aquellas palabras, sino, además, por comprobar en los días siguientes las reacciones.

Llegó la hora. Lo recuerdo bien. Me erguí un poco más y con un tono algo más solemne, más recargado, si se quiere, del que venía usando hasta ese instante de mi discurso, que ya era un tono mucho más afectado del que suelo emplear cuando hablo en público —pero a veces se confunde solemnidad con afectación—, con un punto de emoción imperceptible hacia fuera en mi voz lo dije:

Se advierte entre los ciudadanos un descenso generalizado en la valoración de la clase política.

Pronunciada la frase, me detuve unos segundos más de lo habitual. Quería percibir el ambiente creado con ellas, pero no mirando a los ojos de los asistentes, aunque solo fuera porque la distancia entre ellos y yo era lo suficientemente grande como para no poder apreciar sus brillos con nitidez. Me bastaba con el lenguaje corporal, comprobar si, por ejemplo, alguien se agitaba en los asientos que ocupaban. Y cierto movimiento se percibió, pero en general se conservó la calma. Así que continué:

Podría decirse que existe una cierta desconfianza entre el ciudadano y la clase política. Quizá sea debido a lo que dice Ortega acerca de que nada le gusta más al español que poder designar con nombre y apellidos al autor presunto de sus males. Pero también a la sensación de que no existe plena coincidencia entre los intereses de los políticos profesionales y los sujetos representados, sobre todo en una situación en que se desdibujan los perfiles ideológicos entre las opciones con mayores posibilidades de éxito electoral. El hecho de que se haya puesto de manifiesto una separación entre la uniformidad de pensamiento de la clase política y la respuesta divergente de gran parte de la sociedad es una prueba elocuente de la situación.

Lo miras con la experiencia de los dieciocho años transcurridos y, con independencia del acierto de fondo en el diagnóstico de la situación, algo de susto produce pensar cómo acogería el Sistema esas palabras. Es verdad que mi vida de estos últimos años es consecuencia directa de ese mundo en el que voluntariamente me introduje. Me refiero al intento de recuperar el protagonismo de la sociedad civil en detrimento del poder de la clase política y del sistema en general. Y, como dejé constancia más atrás, ya dije en el Vaticano algo elemental: que más poder de la sociedad civil implicaba menos de la clase política, y no se puede ser optimista, porque es casi imposible que alguien, sin una fuerte presión externa, ceda parcelas de poder.

Por si acaso, aclaré que esto no quedaba referido a la clase política exclusivamente, sino al vehículo esencial que manejan: los partidos políticos. Por eso rematé:

Esta posición social no afecta solo a la clase política considerada individual y aisladamente, sino que también repercute sobre los partidos políticos como cauce exclusivo para la generación de la clase dominante.

Pues ya solo quedaba decir que el modelo de democracia parlamentaria que nos habíamos dado a nosotros mismos, o mejor, que nos dieron algunos diciendo que éramos nosotros los que nos lo proporcionábamos voluntariamente, se encontraba igualmente en crisis, derivada precisamente de la que afecta a los políticos y a los partidos. Era obvio, pero había que atreverse, porque eso era ya poner encima de la mesa el debate de cómo debemos organizar nuestro modelo político a la vista de lo que tenemos entre manos. Y, para variar, de cabeza a la piscina.

Hoy nos enfrentamos en el mundo occidental con la necesidad no de cambiar el sistema representativo, cosa que habría que sopesar con mucho cuidado, pero sí de revitalizarlo. Revitalizar la representación significa acometer una tarea de reformas a través de las cuales se consiga que la democracia, siendo —no podría ser de otra manera— democracia de partidos, sea, al mismo tiempo, democracia de ciudadanos.

Ahora vamos a ser un poco sinceros con nosotros mismos y admitamos que aquello tenía que sonar más duro que un planteamiento meramente heterodoxo o iconoclasta. Estaba afectando a la esencia misma del modelo. Primero, porque el cauce —los partidos— no tenían buena imagen e iban a peor. Segundo, porque los actores —la clase política— se percibían con intereses alejados de los ciudadanos, y, tercero, porque la democracia, que se había convertido en una democracia de políticos y partidos, tenía que cambiar de modo dramático para que se transformara en democracia de ciudadanos, es decir, para conseguir, como concluía en ese discurso, «la presencia de la sociedad civil en las instancias del Estado» para hacer verdad esa tesis: «Cualquier proyecto político básico» para que se «pueda convertir en proyecto colectivo» debe retener «el concurso y la participación de la sociedad civil».

¿Nostalgia? Pues vuelvo a insistir en que no, en modo alguno. Claro que me habría gustado que los políticos y los actores del Sistema se dieran cuenta de que no perseguía nada más que denunciar lo que realmente estaba sucediendo en España. No solo en España, sino en todo el mundo occidental en mayor o menor medida. Pero yo quería concretarme a mi país y lo que dije era claro como el amanecer que hoy ha protagonizado la naturaleza después de unos días de lluvia de agosto. Se veían con total nitidez los perfiles de las «cuerdas» —así dicen en Castilla— de las montañas que definen, que fronterizan este valle, que indican el camino a seguir para cualquiera que quiera caminar al poniente con dirección a lo que fue Portucale en los tiempos del rey García.

Por cierto, tenía más que abandonado al hombre virtual. Y es que como me dediqué a hablar de economía y finanzas y en esas materias García no es experto, pues tampoco podía recrearme en una fluidez excesiva. Si se hubiera tratado de analizar los efectos de la prisión continuada, las traiciones por el poder y cosas así, seguro que el viejo y desaparecido rey gallego podría darnos un curso de doctorado. Pero de finanzas no. Y no es por falta de educación de los reyes de entonces, sino porque en aquellos días ni siquiera habían aparecido los banqueros. Quizá ciertas órdenes militares pudieron ejercer algunas funciones de facilitar la circulación de fondos, pero la banca en cuanto tal ni estaba ni de momento se la esperaba. Más tarde floreció en Italia. Después llegó a España, incluso antes del florecimiento de los banqueros sevillanos de los que hablaba con claridad de juicio y grosor de palabras la Escuela de Salamanca.

Pero si hablábamos de política, García podría explicarnos algunas vivencias, aunque en el fondo siempre sucede lo mismo: por aumentar y conservar el poder ciertas personas que lo ejercen son capaces de cualquier cosa, incluso de traicionar y encerrar a un hermano de por vida, por mucho origen real —es una forma de hablar— que tuviera. Y García se convertía ante mis ojos en un ejemplo vivo de esa forma de entender las relaciones de los hombres con los hombres.

—¿Qué es clase política? —me preguntaría García. Y tiene sentido que me lo pregunte porque en aquellos días solo existían con poder los reyes y la aristocracia. El pueblo de entonces no disponía de ningún instrumento efectivo para ejercer la menor alícuota de poder. Pero es que si hablamos en términos modernos, la clase política de los tiempos de García eran, precisamente, los reyes y la aristocracia, organizada de diferentes maneras, que no se trata ahora de organizar un curso de historia medieval, por mucho que me apasione.

García no podía saber, mientras vivió —otra cosa es después de muerto—, que la aristocracia dejaría de existir como tal clase en cuanto ostentadora de poder. Fue sustituida por la burguesía, lo que algunos llaman la revolución de los propietarios, que dividió el mundo —y parcialmente sigue así— entre propietarios y no propietarios. Tampoco pudo conocer, insisto en esa dimensión que finaliza en 1090, la aparición fraudulenta de la llamada revolución proletaria y de los ingentes, tan ingentes que resultan casi inconcebibles, daños que provocó.

Poco a poco esas clases dominantes han ido cediendo terreno a una clase especial: la política. A esa me refería en mi discurso de 1993 y me sigo refiriendo hoy.

—Pero ¿no es un abuso conceptual hablar de clase política?

Esta pregunta me la he formulado a mí mismo y era un buen momento para explicar a García que de abuso nada. Lo digo porque la esencia de una clase es la idea de casta y esa noción reclama un atributo esencial: la endogamia. Es una especie de pescadilla, de esas de la cola mordida, porque para ser clase hay que sentir la endogamia, y la endogamia es la que provoca la aparición de la clase. No es un trabalenguas. Vamos a ver: solo si se inventa algo que una y diferencie cualitativamente puede nacer la categoría casta.

¿Qué diferenciaba a la aristocracia? Pues el mito de la sangre azul. Dado que se quería que la condición fuera transmisible por herencia, debían encontrar algún atributo perpetuo, susceptible de seguir vivo en el siguiente heredero, y ese atributo fue la noción de sangre azul como elemento diferencial. No es de extrañar. Los reyes, una vez consolidados por la fuerza, se sometían a la elección de entre los notables, al menos en algunas monarquías como la visigoda. Pero luego, para subsistir de modo más claro, se agarran a la noción de «poder de origen divino». Y, claro, si eran designados por Dios para ejercer su misión política, quien osara discutirlo se enfrentaba a la ira divina, esto es, interpretada, con inevitables criterios de parcialidad, por los propios afectados, es decir, por los reyes y sus terminales. Pero semejante historia no podía perdurar eternamente, así que algunas revoluciones europeas, dentro y fuera del continente, se encargaron de decir que como historia eso no estaba mal, pero que en adelante habría que organizar la convivencia social de un modo muy diferente. Y así fue.

—Ya, pero ¿cuál es la prueba de la endogamia de la clase política?

La pregunta tiene respuesta sencilla: entre ellos se lo gestan. Para dedicarse a la política hay que pertenecer a la clase. Y los cauces de reclutamiento son los partidos. No exclusivamente si se quiere, porque la clase política se ha entrelazado —nunca mejor dicho— con otros centros de poder, concretamente el financiero y el mediático, conformando con ello eso que llamo el Sistema. Pero del mismo modo que nadie debe llegar a ser banquero sin pasar por los cauces de reclutamiento, obteniendo, además, el plácet del poder organizado en torno al Banco de España, nadie debe osar penetrar en la política sin utilizar las vías de acceso por ellos designadas. Y no es cuestión de intrusismo profesional. Es más profundo: si caminas por sus senderos, tienes que aceptar las reglas de juego, y estas proclaman pertenecer a la red de intereses mutuos. De este modo, cuando llegues a ejercer poder, tienes ataduras muy profundas que coartan la libertad real para tomar decisiones. Es el Sistema, la red actuando.

No creo que se necesite demasiada argumentación para explicar lo que constituye hoy una obviedad: existe la clase política y los españoles consideran que sus intereses y los de esa clase no coinciden en lo sustancial. Vamos, que ellos van a lo suyo. ¿Es justo este diagnóstico?

Mi posición es rotunda: si lo dije hace dieciocho años y el tiempo me ha dado, desgraciadamente, la razón, no voy a sostener ahora lo contrario. Y es que las encuestas son terminantes. Desgraciadamente, los políticos y los partidos políticos constituyen uno de los problemas más graves en la mente de los españoles. Es impresionante que eso sea cierto. Pero lo es. Las encuestas aquí no mienten.

—¿No es injusto medir a todos los políticos por el mismo rasero?

Alguno puede decir que no todos los políticos son igual de corruptos, ni se puede generalizar la corrupción como esencial a esa clase de personas. Y tiene razón. No todos son lo mismo en todos los aspectos. Ni mucho menos. Y hay buena dosis de injusticia cuando a todos, en esos asuntos de miseria moral, se los sitúa en el mismo gallinero. Y no exclusivamente en temas de corrupción, económica o de otro tipo, sino también en el modo de entender el poder. Pero en otros funciona la conciencia de clase. Vamos a ver: creo que ningún político profesional va a defender que el acceso a esa condición se haga al margen de los partidos. Porque todos siguen la senda, la ruta, caminan por las mismas vías, descansan en los mismos descansaderos y almuerzan en las mismas hospederías. Eso no quiere decir que todo político haya cometido actos de corrupción. Los hay y en exceso abundantes y, además, pertenecientes a todos los partidos, y por ello se produce la trágica defensa del «y tú más».

—Pero en algunas ocasiones se han admitido «independientes» en las listas electorales, ¿no?

Pues sí. Pero eso de independientes habría que matizarlo mucho, porque puede ser que no sean afiliados al partido que los incluye en las listas para el Congreso, pero eso no quiere decir que sean independientes. Y es que no pueden serlo. Porque el modelo funciona cerrado sobre sí mismo. Los parlamentarios son los que designan los partidos. El poder de confeccionar las listas cerradas les atribuye una posibilidad de secuestrar voluntades y libertades de esas que teóricamente forman parte esencial de la noción de independencia.

Un caso de independencia notorio fue, por ejemplo, el del juez Garzón. No tengo nada personal en contra de ese juez, pero como ha desparramado actividades variadas a lo largo de su peripecia vital, sirve, quiera o no, guste o no, como ejemplo en diferentes campos. Por ejemplo, en el del independentismo político, porque apareció de golpe en las listas electorales del PSOE; ocupó un cargo de cierta envergadura, y al decir de los conocedores, resulta que como no fue nombrado ministro, no solo dejó el cargo, sino que, además, regresó al Juzgado y se puso a investigar el caso GAL, en el que inculpó a personas con las que había compartido posiciones políticas. Aquí parece que el independentismo político es algo muy relativo.

Y es que los supuestos independientes lo son —en algunos casos sonoros— más de palabra que de otra cosa, porque ya se encargan los profesionales de que dejen de serlo y porque las consideraciones de conveniencia personal matizan la noción de independencia. Pero, en el fondo, sucede que el propio Sistema no permite la independencia real.

Es claro que los parlamentarios, las personas elegidas para formar el Parlamento, lo son porque el partido los incluye en las listas. Es claro que quien decide es el que manda en el partido, esa persona que, si gana, es el presidente del Gobierno. Por tanto, el presidente del Gobierno controla el Parlamento por esta vía. Y como los nombramientos del Consejo General del Poder Judicial dependen de los partidos, pues ya está todo cerrado y concluso: confusión de poderes en una versión poco sofisticada. Da igual que la Constitución proclame la división y la independencia de esos poderes. Luego, la vida, canalizada a través del Sistema, se encarga de corregir esos «excesos», y si los medios de comunicación social, como decía Polanco, rematan la faena, pues todo claro.

Y de nuevo esto no es de hoy. Se veía venir. Me parecía tan duro y tan preocupante que lo incluí en mi discurso del 93, de manera educada, si se quiere, pero clara.

> Causa preocupación la posibilidad de una cierta invasión del poder ejecutivo sobre el legislativo y judicial, con una tendencia muy problemática de confusión entre Gobierno y Estado.

Y por si alguien quería más sustancia añadí:

> Y hoy en Europa, con algunas excepciones, existe la preocupación de que el Parlamento, que fue un instrumento político de control, pueda llegar a convertirse, de alguna manera, en un mecanismo legitimador de decisiones que en gran medida se toman fuera de él.

Yo creo que no necesito extenderme más en consideraciones jurídico-políticas, ni siquiera en demostrar el pedigrí de mis convicciones, su edad y su exposición pública. Ya no es necesario, al menos en mi opinión. La sociedad española abrumadoramente sabe que los políticos conforman una clase, que sus intereses no son siempre coincidentes con los de la sociedad, que esta no se siente representada por ellos a pesar de que les vote, incluso como mal menor, que disfrutan de una serie de privilegios absolutamente inasumibles en estos tiempos, que legislan en muchas ocasiones para defensa de sus propios intereses, que utilizan las normas jurídicas para blindarse, en fin, toda una serie de hechos —insisto, hechos— cuya enumeración no cumpliría otra misión que recordar lo evidente, lo sabido, lo cotidiano.

Un ejemplo reciente. Se aprueba la modificación del Código Penal y se deciden a introducir la responsabilidad penal de las personas jurídicas. Es un asunto complicado y discutible, pero eso ahora no importa. Lo que cuenta es que en esa reforma deciden que tres entidades carecen de esa responsabilidad penal: los partidos, los sindicatos y los ayuntamientos. Es decir, los empresarios sí y los partidos y los sindicatos no.

Existe ya una conciencia, no sé si cuántica como dicen los expertos o de otro tipo, pero una conciencia generalizada de que con esta clase política no vamos a conseguir la modificación del Sistema, precisamente porque les interesa sobre todo el poder, y el Sistema se cierra sobre sí mismo, con independencia de las supuestas diferencias ideológicas entre unos y otros. Vamos, que entre el PP y el PSOE en determinados asuntos la gente no percibe diferencia. En otros sí, claro. Pero en la esencia de ciertos comportamientos no. Y desgraciadamente, si apelamos a los hechos, tendremos que inclinarnos ante la conclusión.

Porque, como decía antes, entre 1996 y 2011 hemos tenido quince años de gobierno de los que ocho han sido para el PP y siete para el PSOE. Y si hacemos repaso de temas capitales que se percibían como tales en 1996, tendremos que reconocer que no solo no se han modificado, sino que se han deteriorado de modo descomunal. ¿Ejemplos? Los tengo de todos los colores. Si miramos a la economía, la reforma laboral, sin hacerse, la reforma de la llamada justicia social, sin hacerse, la reforma del sistema financiero, sin hacerse, la gestión profesional de las cajas de ahorros, sin hacerse, la ley de huelgas, sin hacerse, la reforma de la política de subvenciones «electorales», sin hacerse, la reforma de la Administración pública para evitar dispendios faraónicos, sin hacerse... Puedo extenderme más, pero insisto en que creo que ya no es necesario.

Vamos al mundo de la política. Nos encontramos también con el mismo campo de preocupaciones no solo no solucionadas, sino nítidamente empeoradas. La necesidad de reforma de la Ley Electoral, la de evitar la politización de la justicia, la de democratizar los partidos, las listas abiertas, la necesidad de reformar la financiación de los partidos, cortar de raíz las tendencias disgregadoras... ¿Acaso algo de esto ha mejorado desde 1993? Pues evidentemente no. ¿Por qué? Porque los políticos, sean del signo que sean, tienen intereses comunes, precisamente porque esos intereses afectan a la noción de clase endogámica, y por ello gozan de privilegios jurídicos y hasta en materia de pensiones, sueldos, retribuciones y otro tipo de prebendas.

Sencillamente, la sociedad española se ha dado cuenta. Pero una cosa es percatarse, incluso decir públicamente y en alta voz que ya está bien, y otra actuar de manera directa y eficaz para cercenar de raíz el problema. Esto ya es otra cosa. Porque sigue viva en mí la duda de si de verdad queremos cambiar, de si estamos dispuestos a arriesgar, de si nos vamos a limitar a propiciar cambios de gobierno que en estos temas de fondo, como ha demostrado la experiencia de los últimos veinte años, significan seguir con más de lo mismo. Y cuando digo más, quiero significar con tendencia a empeorar, porque es obvio de toda obviedad, al menos para mí, que estamos cada día con un régimen real de libertades más cortocircuitado, disminuido y jibarizado por los modos de cierta clase política de entender las relaciones con la sociedad.

Por eso no comprendo demasiado bien las políticas del llamado mal menor. Ante una situación casi límite decimos que vamos a votar algo que asumimos que es malo pero que es lo menos malo. Creo que nos situamos en una especie de círculo perverso. Y no nos damos cuenta de que estamos afectando a la esencia del problema, es decir, a la propia idea de la democracia tal y como la practicamos en nuestra vida real.

Una cosa es decir que todos somos iguales y que un hombre un voto debe ser la regla inamovible, y otra bien distinta que esa teoría sea la que funcione en la práctica. Pues no. Como ya comenté antes, en el programa de los jóvenes que dediqué en Intereconomía a estos asuntos me sorprendió la claridad con la que algunos se manifiestan en torno a la inservibilidad del principio de un hombre un voto. Argumentaban de manera que años atrás hubiera supuesto la excomunión absoluta, porque decían que cómo va a ser igual el voto de un hombre formado intelectualmente, trabajador, que ha dedicado una vida a su país, que paga sus impuestos y demás, con el de un imberbe que se dedica a dejar que el tiempo resbale sobre su vida mientras consume todo lo malo que llega a sus manos. Ciertamente, con estos ejemplos límite la cosa tiene mal color para la democracia.

10

MAL COLOR PARA LA DEMOCRACIA
QUE NOS DEJAN VIVIR

El día pasado, ascendía con Ilia Galán hacia Esculqueira, tratando de demostrarnos a nosotros mismos que, a pesar de ciertas edades —me refiero a la mía—, de lo empinado de la cuesta y de lo extraño del calor reinante, podíamos mantener una velocidad de marcha apreciable y, al tiempo, comentar asuntos de máxima envergadura. Porque el futuro de la democracia como modelo me parece de dimensión más que notable.

—El problema de la democracia en cuanto hombre igual a voto está ya en manos de muchos intelectuales del momento. Vamos, yo mismo he escrito algunas cosas al respecto, sobre todo derivadas de la fragilidad del modelo electoral que tenemos.

Este comentario de Ilia, efectuado con algo de resuello exterior debido, como digo, al caminar por lo empinado de la cuesta y la temperatura, centraba la cuestión de manera tan directa que casi producía miedo. Una cosa es que los intelectuales estén tratando de analizar en ese plano los problemas de la democracia representativa universal o como se la quiera llamar, y otra que se atrevan a llevar el debate a la opinión pública en general. Esto es ya mucho más problemático. Hoy por hoy resulta inviable defender un modelo distinto al de un hombre un voto. Por eso Ilia lo reconocía.

—Lo que pasa es que todavía cuestionar el modelo es algo muy mal visto. Una cosa es pensar en el laboratorio cómo lo solucionamos y otra salir con todo el trapo verbal a decir eso de que el modelo de democracia universal se encuentra en profunda crisis.

—Pues no se dirá, Ilia, pero es que a mí me parece evidente que lo está si los intelectuales se ocupan de ello. Y cuando los jóvenes empiezan con esas cosas...

—Los jóvenes y los intelectuales... Un dúo complicado. Ya te digo que somos bastantes los que reflexionamos sobre ello. El asunto es cómo solucionarlo.

—¿En qué sentido?

—En encontrar una norma de ponderación. Vamos a ver: digamos que eso de un hombre un voto conduce en ocasiones a conclusiones, o mejor dicho, a situaciones que en el fondo son poco racionales. Eso que me decías de Polanco de que los medios de comunicación tenían que corregir los excesos de la democracia, eso es aberrante.

—Sí, claro. Sobre todo es cínico, porque si de lo que se trata es de hacer creer a la gente que vota libremente sin saber que en realidad sus mentes se encuentran condicionadas, eso es cinismo en estado puro. Mucho mejor ir directamente al epicentro del problema. Si no somos todos iguales, ¿cómo justificar la igualdad de voto?

—La tesis —apunta Ilia— es clara: todos vivimos en España. A todos nos interesan y afectan las decisiones. Y nos afectan por igual, con independencia de nuestro coeficiente intelectual, de nuestra formación académica, de nuestro nivel de estudios... Por tanto, todos debemos participar.

—Sí, claro, pero algunos te dicen: mira, a mí me afecta el puente a construir entre las dos orillas del Miño, así que como me afecta, quiero hacer valer mi voto para diseñar el esquema de resistencia de materiales.

El ejemplo nuevamente es extremo, pero se trata de estereotipar para forzar el debate.

—El problema es intentar diseñar un modelo aceptable para todos de ponderación del voto. Es obvio que no procede como ya sucedió en el pasado el voto censitario, es decir, que solo voten o que voten más los propietarios o en función de la riqueza de cada uno. Eso ya no es de recibo, entre otras razones porque funciona la herencia. ¿Qué método utilizar? ¿La formación académica? Difícil, muy difícil.

Ese es el asunto. Se siente la preocupación real de que los fundamentos del sistema no son sólidos. De hecho, entre la democracia teorizada y la vida hay una diferencia cualitativa. Yo creo que esto pocas personas se atreverían a debatirlo con seriedad. El poder de los medios de comunicación es decisivo. Al menos lo ha venido siendo hasta ahora. Por eso, insisto, escribí en *Cosas del camino* que cuando la democracia descubrió el poder de la inducción se convirtió en Sistema.

El problema de los medios de comunicación deriva en primer término de los condicionantes creados a consecuencia de ser una empresa que, como tal, tiene que subsistir, y para eso debe ganar dinero. Y no se encuentra con facilidad un medio de comunicación que pueda siquiera mínimamente subsistir si no es con publicidad. Así que, guste o no, los dueños de la publicidad tienen una enorme capacidad de cortocircuitar o de mediatizar la independencia del medio y eso se traduce en ocultar noticias, inflacionar otras o edulcorar de cierta manera las inevitables. Y en los últimos tiempos hemos propiciado una enorme concentración de poder económico: menos bancos, pero más grandes; menos empresas, pero más potentes. Eso puede estar bien en términos de eficiencia económica, pero la concentración de poder económico implica la concentración de poder publicitario, así que menos sujetos tienen más capacidad de afectar a la verdadera independencia informativa. Y esto es así en la vida real, cualquiera que sean las doctrinas que nos vendan en diseños de pizarra. Por ello, antes de decidir cosas en el altar de la eficiencia económica, deberíamos saber valorarlas en el de la eficiencia social, que, al fin y al cabo, es lo que importa.

Pero el asunto va a peor porque, además de la publicidad, aparece en escena el poder. Y es lícito disponer en un medio de comunicación determinado de un ideario a defender, y si una organización política encaja en ese ideario, es lógico que se empleen recursos mediáticos en su defensa. Pero eso no legitima cualquier método. Por ejemplo, mentir. Y algunos medios, en mi experiencia personal, han mentido al servicio del poder. Y no me refiero a opiniones. Entre la opinión y la afirmación del hecho hay una diferencia muy notable. Dar por ciertos hechos falsos no es algo insólito, desgraciadamente, cuando los medios se ponen al servicio del poder. Y no solo por coincidencia de planteamientos ideológicos o políticos, sino, además, porque el poder es dinero, tiene dinero, da dinero, proporciona dinero, y no solo por publicidad institucional, sino por otros medios, como sucedió con *El País,* mejor sería decir el Grupo Prisa. Si unimos dinero y poder, la cosa alcanza su punto de máxima ebullición.

Hasta el extremo de que, lo vemos todos los días o casi todos, el poder de turno utiliza a sus terminales mediáticas como fiscales en procesos penales. Hasta ahí llegan. Es mi experiencia que cuando se trata desde el poder de diseñar una estrategia sobre cualquier asunto que se quiere que impacte en la opinión, lo primero es hablar con los responsables de los medios afines para preparar el modo de «presentar» la cosa para provocar el efecto deseado. En ciertos campos esto es legal. Pero en otros es más que abusivo. Es inmoral. Por ejemplo, como decía, cuando se trata del orden penal. Siento tener que decir que determinadas querellas y ciertos nombramientos judiciales se preparan con mucho cuidado de forma que los medios afines lo presenten de tal manera que la generalidad vea lo que es un abuso como algo normal. El poder de la inducción...

Los medios de comunicación, que son esenciales para la defensa de la democracia, han conseguido, con sus abusos, afectar a la propia práctica de la democracia, convirtiéndola en una especie de esperpento de sí misma en demasiadas ocasiones. Y todo por el poder, el dinero, el dinero y el poder. La libertad de prensa es esencial. Tan esencial como darse cuenta de lo que sucede en la realidad diaria de nuestro ordinario vivir.

Tenemos que poner orden. No se trata de negar la libertad de prensa, sino de afirmar el derecho de los ciudadanos a una información veraz y a que los medios no sean utilizados torticeramente en un claro abuso de poder. Por ello hay que poner límites. Seguramente el mejor medio para conseguirlo no es una censura previa, sino posterior, es decir, que los medios se enfrenten a sus propias responsabilidades. Y eso se llama responder judicialmente de sus afirmaciones, en lo que a hechos se refiere. Y para ello sería necesario crear un mecanismo judicial capaz de actuar profesionalmente con rapidez, porque el tiempo es decisivo en la capacidad de los medios de dañar el honor, el prestigio, la hacienda o simplemente la estabilidad emocional de las personas, con todo lo que eso conlleva.

Y responder aquí significa no solo penalmente, que también, sino, además, civilmente, estableciendo una responsabilidad civil muy fuerte, cuantiosa, capaz de imponer prudencia en las informaciones, y exigirla de modo terminante, sin dulcificaciones. Porque la libertad de información es decisiva. El derecho a la verdad, también. Y el derecho de todos los ciudadanos a no verse vapuleados en su honor, dignidad, hacienda y estabilidad emocional por medios que al servicio del poder publican hechos falsos es algo primordial para defender una convivencia ordenada.

Por tanto, el problema es que se ha producido una degradación *de facto* de la democracia. Asumiendo que es así, ¿cómo solucionarlo?

Está bien que los intelectuales, según Ilia, se ocupen del asunto. Pero sobre todo lo que es importante es darse cuenta de que el debate está abierto. Y lo está, aunque de forma tímida y casi clandestina o cuando menos con poca luz y taquígrafos, como una derivada de los ejemplos que vivimos con la clase política y los partidos. Es la vida misma, la experiencia diaria, la que nos ha llevado a este huerto de conclusiones y problemas. Y esto no ha hecho más que empezar. El debate va a seguir de manera inevitable. Porque es el sentir general el que lo va a provocar. Más tarde o más temprano, pero inevitable. Algunos creen que el tiempo soluciona estas cosas. Pues no. Más bien, cuando alcanzan un determinado umbral, las empeora, las transforma en violencia. Los ejemplos de las revoluciones hablan por sí solos. No tenemos que llegar ahí. Me parece urgente abordarlo de una vez.

¿Era claro lo que decía en 1993? Por supuesto que lo era. Para mí y para muchos, pero los que ostentaban el poder para cambiar las cosas en la dirección dicha sencillamente no querían. ¿Y quieren ahora? Pues no da esa sensación, no parece, desde luego.

—Mira, contra el Sistema no hay nada que hacer. Es imposible cambiarlo desde fuera. Lo tienen atado y bien atado, y a quien se mueve... Bueno, mírate a ti mismo y a tu propia experiencia.

Tiene algo de razón. No toda, porque al final la vida avanza, pese a quien pese. Los reyes franceses y sus derivadas aristocráticas creyeron que su posición era inamovible. Pues no. Lo mismo pensaron los zares. Pues no. Y así sucesivamente. Cuando —insisto— se instala una conciencia social con un nivel determinado, cuando la sociedad piensa en términos mayoritarios de determinada manera, es solo cuestión de tiempo que las cosas cambien, y siempre es preferible que lo hagan de manera calma, serena, fruto del consenso y no de cualquier forma de violencia. Lo malo es que cuando no se quiere oír el ruido de las voces, se acaba escuchando el que provocan los materiales más sólidos.

¿Y qué podemos hacer? Pues tener claro qué es lo que hay que hacer y después intentar conseguirlo. Son dos planos, el de la idea y el de la acción. Pero dos planos que tienen que funcionar de consuno, como se suele decir. Hay un símil interesante que emplean ciertos ocultistas: cuando se trata de tallar una piedra, se necesita la piedra, el cincel y el martillo. Si nos ponemos a tallarla solo con el martillo, el grosor y la fuerza romperán la piedra, o como mínimo provocarán una talla muy poco afinada, bruta, brusca, inservible para ciertas partes del edificio.

Pero si queremos utilizar solo el cincel, sin la fuerza del martillo, no conseguiremos tallar las aristas ni la piedra, sino solo sentir frustración al ver que no avanzamos. Pues el cincel es la inteligencia, el poder de la mente. El martillo la fuerza, el poder de la acción. Entre ambos se consigue el resultado. Por cierto, para conectar con lo que antes decía, los constructores de catedrales tenían un dicho: no todas las piedras son iguales, porque cada una tiene su lugar en la catedral, desde la que cierra la cúpula principal, la más visible, la más elegante de todas, hasta la profunda, la más escondida de los cimientos subterráneos; no todas son iguales, pero todas tienen que estar talladas para ocupar el lugar que les corresponde. Es, creo, una buena enseñanza, cuando menos un buen campo de reflexión.

Pues no es tan complicado saber lo que hay que hacer. Algunas ideas básicas forman ya parte integrante de eso que llamo pensamiento colectivo. Empecemos a enumerarlas, aunque sin propósito exhaustivo, como se decía en la Universidad.

Antes que nada, hay que terminar con esa noción cerrada, endogámica de la clase política. ¿Cómo? Pues haciendo mucho más fluido el paso de la sociedad a la política, es decir, de personas que viven en sociedad, que han demostrado ser capaces, que en un momento dado puedan estar en política por un tiempo dado, es decir, que no se perpetúe nadie en esa condición.

Es un sentir general que no es conveniente que muchas personas que integran la clase política actual lleven toda su vida viviendo de y por/para la política. Ayer mismo me decían que esto incluso se percibe en los comentarios de ciertos políticos que comienzan a darse cuenta de que esta situación debe tener un final más tarde o más temprano y mejor ordenado que desordenado.

Porque, veamos. Un empresario que fracasa sufre sus consecuencias en términos de quiebra de empresas, pérdida de nivel de vida, pérdida incluso de las viviendas y enseres familiares. ¿Y un político? Pues no sucede nada, salvo en casos límites de responsabilidades penales. ¿Tiene sentido que no exista una legislación sobre responsabilidad civil de los políticos? Pues para mí no, no tiene sentido alguno. Y esa norma en materia de responsabilidad civil es imprescindible, pero no solo por un agravio comparativo con el resto de los componentes de la sociedad civil, es decir, con nosotros, sino porque eso ayudará a mejorar el manejo de los fondos a su cargo. Está claro que si soy consciente de que puedo tener que responder por un manejo negligente, tendré más cuidado. Si asumo que no me puede pasar nada, entonces la alegría, por así decir, primará sobre otras consideraciones.

Y obviamente no me estoy refiriendo a los casos de malversación de caudales en distintas formas. Esto ya tiene su tratamiento adecuado por la vía adecuada, que es la penal. Me centro ahora en un asunto más directo que es la responsabilidad civil, porque si el empresario que maneja sus dineros tiene que responder en caso de negligencia, ¿cómo va a ser diferente para personas que manejan dineros ajenos?

Y es que durante estos años, como apuntaba, la conciencia de clase política se ha ido traduciendo en un estatuto jurídico privilegiado en materia de sueldos, compatibilidades de diversos ingresos, responsabilidad civil y penal y un no demasiado pero intenso etcétera que genera una actitud de clara repulsa en la sociedad civil. Por tanto, con independencia de terminar con la endogamia, hay que eliminar cualquier vestigio de privilegio jurídico o económico sea del orden que sea. Y si alguno es necesario, habrá que razonarlo y justificarlo a los ojos de la sociedad, para evitar confrontaciones límite. Porque las cosas han llegado a un extremo que provocan cambios bruscos. El ejemplo de Islandia está ahí, con sus políticos encarcelados por mala gestión de la cosa pública y los banqueros perseguidos. Ciertamente, se alcanzaron en ese país extremos intolerables, y lo que puede ocurrir en una nación pequeña no es necesariamente extrapolable a otra más grande, pero...

Ya sé que vendrán algunos a decir, y algo de razón no les falta, que la política de hoy en día es mucho más compleja que antaño y que se necesitan verdaderos profesionales. Pues de ser así tendrían que explicarme a mí por qué algunas ministras actuales, y algunos varones en cargos de importancia, que la cuestión no es de género sino de competencia, ocupaban sus puestos de indudable envergadura y trascendencia social sin que tengan reconocida profesionalidad en esos campos, como, por ejemplo, carteras tan específicas y concretas como Sanidad. Son muchos los españoles que consideran que la competencia técnica es precisamente una de las mayores carencias de la clase política actual. Que, por ejemplo, los gobiernos últimos del presidente Zapatero —hasta noviembre si no hay adelanto adicional—, al menos algunos de sus ministros, son un ejemplo de incompetencia técnica manifiesta. Tanto es así que empiezan a reclamar que como mínimo las personas que vayan a ser ministros tengan cierta titulación acorde con las misiones que van a cumplir.

Esto lo que indica es que la llamada profesionalización de la clase política en cuanto tal se ha saldado en muchos casos sonoros con un auténtico fracaso y con una mediocridad personal evidente. Siento escribir así, pero es exactamente lo que pienso y como yo muchos. Este juicio no debe interpretarse como descalificación individual de todos y cada uno de los integrantes de la clase. Ni mucho menos. Conozco a políticos altamente competentes, conocedores de sus materias, responsables, serios y honrados. Por eso no hablo de individualidades, sino del conjunto, de lo que llamo clase. Y lo llamo clase porque es exactamente el nombre que tiene que recibir. Por ello insisto en que deben incorporarse a la vida política, a ocuparse de los problemas colectivos, personas que han demostrado ser capaces de hacer cosas por sí mismos en la vida civil. Que se ocupen transitoriamente y que luego regresen a esa vida civil. Y eso exige de manera clara y rotunda la temporalidad en el ejercicio de cargos políticos, es decir, que una persona no pueda vivir desde que nace a la vida política hasta que muere —casi— en la física, instalado en un coche oficial, capaz de desempeñar cualquier puesto, desde subsecretario de Cultura a gerente de Paradores Nacionales.

Porque uno de los efectos indeseables de la aparición de la clase política es la inflación del Estado, es decir, el llevar al Estado a asumir papeles, funciones, misiones que no son suyas y que luego no sabe administrar. Por eso vengo diciendo desde hace casi veinte años que es necesario que abramos el debate sobre funciones del Estado. Ya lo dejé apuntado más atrás, en otra parte de este libro, pero ahora quiero reiterarlo con total claridad. Insisto en que no me declaro, ni mucho menos, partidario de eso que llaman el Estado mínimo a ultranza. No. Hay funciones que son imprescindibles y que reclaman la noción de Estado entendida en su justa medida. Por ejemplo, antes decía que no podemos, ni debemos, elevar a dogma incontrovertible la libertad de mercado y creernos que con eso todo está resuelto, que el mercado es tan eficiente que si lo dejamos a sus anchas ya tendremos todos nuestros problemas solucionados. A la vista está que no es así y que determinada libertad excesiva en el mundo financiero ha ocasionado los desperfectos que todos conocemos.

No ignoro que algunos dirán que no es así, porque lo que tenemos es una libertad de mediopensionistas controlada por funcionarios y que el mercado nunca ha funcionado como tal. Pues es posible, pero si con lo que tenemos se ha provocado lo que se ha vivido, miedo me da pensar qué sucedería si dejáramos campar por sus respetos a las avaricias personificadas, qué escenario real tendríamos entre nosotros. Dejémonos de historias bonitas, de buenismos de salón y aceptemos, como luego matizaré, que al final las leyes, las reglas, las libertades y demás tienen que contar con algo esencial: el factor humano, el hombre, el sujeto, el individuo, la persona. Y si los valores morales de este individuo son los que parecen ser, ya podemos hablar de libertades, que al final lo que tendremos es más de lo que hemos visto, vivido y sufrido hasta ahora.

Posiblemente porque la clase política profesionalizada no sabe a qué dedicarse si tiene que regresar a la sociedad civil, o si lo hace el llamado tráfico de influencias se encuentra a la orden del día, es por lo que se producen ampliaciones innecesarias y de todo punto groseras del papel del Estado. En un programa de Intereconomía alguien hizo una pregunta muy clara. ¿Qué hace el Estado, por ejemplo, gestionando una red de hoteles a la que llama Paradores del Estado? ¿Es misión del Estado meterse a hotelero? A mí me parece más claro que el agua. A mí y a muchos, pero a los de la clase política sinceramente no tanto. Pero no por rigor conceptual, sino por salida vital, que no es ni mucho menos lo mismo, ni siquiera parecido. Por tanto, definir, plantear de manera clara eso que llama la agenda del Estado, es un elemento determinante si queremos un cambio en profundidad.

Pero esto sí: aquellas funciones que el Estado vaya a asumir tiene que desempeñarlas con competencia, profesionalidad y eficacia. Y eso no es asunto primordial de los políticos, sino de los cuadros de la Administración pública. Porque tenemos, no tengo duda, exceso de funcionarios, sobre todo en unos campos, y creo que tenemos defecto o carencia en otros. Pero para mí que es imprescindible recuperar el principio de la excelencia, de la profesionalidad, de la competencia en el desempeño de las funciones públicas. La idea de los grandes cuerpos de la Administración pública, entre los que se encuentra el que me honro en pertenecer, Abogados del Estado, es, fue y debería seguir siendo una garantía para las personas que se ven administradas por el Estado y derivadas. Pero tenemos que garantizar no solo su competencia técnica, sino además su independencia política, evitar que la presión de los políticos pueda acabar deteriorando la competencia técnica, suplantando con supuestas razones de gobernante las decisiones que se derivarían de una recta interpretación de la Ley. He vivido algún ejemplo de abogado del Estado que me gustaría que no hubiera pasado a formar parte de mi experiencia. Y me temo que seguiré teniendo que vivirlo. Porque cuando el Sistema se degrada, sus efectos, sus derivadas alcanzan los lugares más resistentes.

Por tanto, reducir el tamaño del Estado para que haga lo que tenga que hacer y deje de ocuparse de aquellas cosas que pertenecen al ámbito de los individuos, de la sociedad, y que eso que tenga que hacer el Estado, lo haga bien, con personas con competencia profesional probada, recuperando el principio de excelencia, de la calidad del servicio, de la dignidad de la función pública. Por tanto, menos funcionarios en algunos campos y más en otros, pero en cualquier caso mejores, más capacitados y más independientes. Esa es la idea. ¿Quién confecciona lo que llamo la agenda del Estado? Pues este debate debe celebrarse en el seno de la sociedad civil, que al fin y al cabo es la dueña de la *res publica*.

Porque esto es lo grave. Nosotros, la sociedad, somos los que formamos la convivencia diaria, los que tenemos asuntos comunes, los que vivimos, sentimos y sufrimos las consecuencias del diario vivir. Y para eso nominamos a unos políticos, para que nos administren la cosa común. Hay que poner atención en esta palabra: administrar. Es decir, que los políticos no son los dueños, sino solo los administradores. Esa es la tesis.

Pues será, pero la vida demuestra que se han encaramado a una posición en la que los verdaderos dueños son ellos. Se ha confundido cosa pública con cosa de los políticos. Nos han llevado poco a poco a una situación extremadamente pasiva. Ellos deciden, se ocupan, y a nosotros nos queda el recurso de protestar y cambiar, pero solo relativamente porque el modelo se ha canalizado hacia una especie de bipartidismo imperfecto, de modo que podemos elegir, pero dentro de un abanico muy limitado de opciones. Y es así como se va cerrando el modelo sobre sí mismo. Y esto es lo que hay que cambiar de urgencia.

Porque una de las derivadas a las que nos lleva el modelo es a una serie de bipartidismos cerrados que provocan una especie de oligopolio de oferta. En la escala nacional los dos partidos hegemónicos controlan la escena de manera implacable. En determinadas áreas territoriales, como sucede en Cataluña y País Vasco, los partidos autonomistas —es un decir— mantienen también cierta suerte de hegemonía, aunque no tan acusada. Pero como resultado de la Ley Electoral, disponen de grupos parlamentarios en el Parlamento del Estado que les sitúan en una posición de tremenda fuerza porque pueden contribuir de modo decisivo a nombrar o cesar presidentes de Gobierno, y eso lo utilizan, a la vista está la experiencia, para incrementar techos autonómicos, en un proceso en el que han caído los dos partidos hegemónicos.

Y lo malo es que no solo no quieren fluidificar la situación, sino todo lo contrario. José Luis Mazón, el abogado del que he hablado en este libro, me lo dijo con ocasión de la visita que hizo a A Cerca:

—Es intolerable la reforma de la Ley Electoral firmada por el PP y el PSOE.

Admito que me había pasado desapercibida y no sabía en qué

consistía, así que con cierta humildad lo pregunté y la respuesta de Mazón me situó en la plataforma del asombro:

—Han modificado la Ley Electoral de modo que si un partido nuevo quiere concurrir a las elecciones, tiene que cumplir una serie de requisitos y en concreto tiene que recabar un número mínimo de firmas a ser presentadas oficialmente y sin esas firmas no puede competir electoralmente, y los dos de acuerdo en eso, PP y PSOE.

—Pero... Me parece alucinante.

—Pues así es. Y yo creo que es ilegal, mejor dicho, inconstitucional.

—No sé si ilegal, pero me parece inmoral que exijan a los demás unas condiciones que no les fueron reclamadas a ellos.

—Pero es que afectan al derecho fundamental del sufragio pasivo y quieren hacerlo, además, retroactivamente.

—Yo creo que eso es una prueba de dónde estamos. No es que tengan miedo a posibles nuevos partidos...

—Yo creo que sí —me interrumpió Mazón—, porque son conscientes, aunque no del todo, de lo que sucede con el descrédito de la clase política, de los partidos, y tienen miedo a reacciones de la sociedad. Pero se han equivocado gravemente.

—Yo no tengo duda, y no porque sea inconstitucional, que seguramente lo es, sino porque es la prueba del nueve de hasta qué punto se quieren distanciar de la sociedad, seguir con sus controles, con su duopolio, con sus estatutos jurídicos privilegiados.

—Así es y vamos a impugnarlo legalmente ante el Constitucional.

— Pero, José Luis, sabemos de sobra que el Constitucional son ellos mismos...

—Sí, pero de nuevo hay que forzar ejemplos para que la gente vea y se dé verdadera cuenta de lo que está pasando.

—¿Y después del Constitucional, Estrasburgo?

—Pues si no queda más remedio...

—¿Y podría triunfar?

—Debería, aunque el Sistema es el Sistema, dentro y fuera de España.

—Entonces, ¿podría darse el caso de que se anularan las elecciones del 20-N?

—Podría, pero sobre todo debería. Otra cosa es que se consiga, pero es que el abuso es demasiado evidente para tirarlo por la ventana.

Tiene razón. La gente solo está dispuesta a ver ejemplos con manzanas, como se decía antiguamente. Las teorías sí, pero menos. Lo injusto es aquello que nos sucede a nosotros en un caso concreto. Si le pasa a un tercero... Tenemos que poner ejemplos encima de la mesa del debate de la sociedad civil, pero ejemplos concretos que evidencien que el Sistema no puede funcionar cuando se cierra sobre sí mismo y se aleja de los que realmente sufren las consecuencias de sus desafueros.

Pero es que, además, el modelo lo cierran de modo concluyente. Ya he demostrado cómo mediante los partidos se designan los componentes del Parlamento y cómo no tienen más alternativa que obedecer a quienes ocupan el poder ejecutivo por ser los que dominan el aparato del partido ganador de las elecciones o que ha conseguido el apoyo de los nacionalismos, a cambio, como digo, de cesiones competenciales. Eso termina con el principio de verdadera separación de poderes entre el legislativo y el ejecutivo. Siento decirlo así de claro, pero es que así es en una proporción tal que se puede generalizar sin cometer excesos verbales ni tropelías conceptuales.

Y de hecho convierten a la democracia no solo en una democracia de partidos, sino en un ritual en el que todo consiste en votar cada cuatro años y ya está. Lo dije con meridiana claridad en el tantas veces citado discurso de la Universidad Complutense:

Creo que puede sostenerse que democracia no es solo emitir un voto cada cuatro años y luego desentenderse de los asuntos públicos, como tampoco puede admitirse que el voto legitima cualquier tipo de actuación de los gobernantes sobre los gobernados.

Esta frase, como digo, tiene dieciocho años de antigüedad. Es evidente de toda evidencia que el fondo es más que sensato y razonable. Pero ¿qué ha pasado en este periodo de tiempo? Pues si queremos reconocer lo real digamos esto: que en estos años la democracia ha consistido, como máximo, en depositar el voto cada cuatro años, en alguna de las ofertas limitadas del modelo, con listas cerradas y sabiendo de la obediencia obligatoria de los políticos respecto de sus jefes. Y, además, los políticos, basándose en ese voto, han tomado las decisiones que mejor les han parecido sin consultas reales a la sociedad civil, por importante que fuera el asunto, como demostré con el tema del euro y cesión de la soberanía monetaria.

Por tanto, está todo claro: hay que concluir con los privilegios de los políticos, terminar con ese estatuto jurídico que se han dotado a sí mismos, fluidificar las relaciones entre la sociedad civil y la dedicación política, establecer limitaciones temporales, en fin, todo eso de lo que hemos hablado. Pero quedan varias preguntas.

¿Como conseguir la separación efectiva de los poderes del Estado? Pues es asunto a tratar por la propia sociedad. A mí se me ocurre que la independencia del ejecutivo y el legislativo tiene unas repuestas más o menos claras en países como Estados Unidos o Francia, por ejemplo. Personalmente, me gusta la idea de que exista un máximo representante del poder ejecutivo designado individualmente por medio de votación directa. Es decir, que los ciudadanos elijan a la persona que va a gerenciar los asuntos públicos como ejecutivo, y que lo hagan por un periodo suficientemente largo, que sea adecuado para poder implementar eficazmente planes y reformas serias. Un periodo, por ejemplo, de siete años. Al ser elegido directamente por el pueblo, tiene legitimidad de origen para poder nombrar a su gobierno con personas técnicas, capacitadas, independientes, que no tienen que hacer política de pasillo ni entregarse a la red de intereses. Un gobierno de personas que pueden gestionar adecuadamente los problemas públicos, pero que no necesariamente responden a ese esquema de políticos profesionales entre los que, desgraciadamente, la mediocridad ha encontrado campo en el que florecer como si de un invernadero almeriense se tratara.

La composición de muchos gobiernos se efectúa no según la competencia de los nombrados, sino según compromisos de distintas fuerzas, o secciones o sectas dentro de los partidos, y eso garantiza mal la eficiencia, y es camino que nos lleva al lugar en el que estamos. Debemos poder elegir a la persona que creemos más capacitada para encabezar el Estado. Y hoy en día, en el que las etiquetas han comenzado su imparable declinar, cuando lo que nos importan son las ideas de una persona, su experiencia y su capacidad probada, poder elegir a esta persona es una cuestión de primera necesidad. ¿Cómo se relaciona esta elección directa del poder ejecutivo con la Monarquía parlamentaria que actualmente tenemos?

II

PASEANDO POR DEUSTO
Y PENSANDO EN LA MONARQUÍA

El jueves 25 de agosto estuve en Bilbao. Salí muy temprano de A Cerca, a eso de las seis y media de la mañana, y tracé rumbo a la capital de Vizcaya pasando por Benavente, León y Burgos. La verdad es que la red de autopistas ha facilitado de modo más que considerable la circulación y fluidez convirtiendo en un paseo largo, pero tranquilo, lo que antes era un tormento penoso.

Admito que percibía en mi interior cierta emoción en ese viaje. Ni siquiera un día completo consumiría en Bilbao, porque al siguiente de nuevo necesitaba encontrarme en A Cerca. Pero esas horas de estancia en tierras vascas iban a merecer la pena porque un acontecimiento en lo emocional se convertiría en el protagonista: mi reencuentro con la Universidad de Deusto, en la que se fermentó, comenzó a edificarse, mi arquitectura intelectual. Quizá muchos no lo acaben de entender bien, pero siento una sincera admiración por el pueblo vasco derivada de los años que viví en su Universidad, que es vasca, en cuanto a localización física, y que es universal como corresponde a su función. Y, en concreto, ciertos integrantes de la orden de los jesuitas dejaron en mí una traza, una suerte de impresión capaz de confeccionar un surco a seguir en un modo de pensar. Sería de mal nacido no querer a esa Universidad en la que tanto recibiste. Por supuesto, yo aporté lo mío en el proceso, colaboré de modo decisivo, pero en esos días de formación universitaria se recibe más que se da, siempre, claro, que tengas la mente alerta y dispuesta a la nada fácil misión de aprender de verdad, no solo de repetir, memorizar, reproducir, sino aprender, construir, formar.

Pero aparte de eso reconozco con mucha alegría la gran contribución que algunos vascos han efectuado al desarrollo industrial de España. Un entusiasta del papel de la economía real, como es mi caso, no puede sino agradecer ciertos comportamientos de personas sonoras de la sociedad vasca que edificaron no solo empresas memorables, sino, lo que para mí es todavía más importante, patrones de comportamiento en el mundo empresarial que luego, desgraciadamente, han sido marginados en esos extraños altares de pobrezas reales disfrazadas de riquezas artificiales. Por eso mi admiración por esa mentalidad del pueblo vasco la confieso sin el menor rubor y con mucho entusiasmo. Y eso no quita para que algunos elementos marginales de ese pueblo, en una locura incalificable, hayan sido capaces de traer infinitas cantidades de dolor a muchos, muchos españoles que siguen sin entender cómo se puede nutrir un alma humana con un odio derivado no ya de una locura física, sino, incluso, de una falsa interpretación de la Historia. Pero así es.

Bien, pues con el rector, Jaime Oraá, penetré de nuevo en el recinto, atravesé el primer claustro, llegué al segundo percibiendo que la emoción aumentaba enteros —al contrario de la Bolsa en ese día—; nos situamos en el hall en el que tantas veces pisé su suelo, me confronté con la escalinata de un cuerpo que se divide en dos en el primer rellano para ascender a la planta superior, crucé por delante del viejo bar, visité el salón de grados, la biblioteca nueva, atravesé la ría caminando por el nuevo puente y dejando atrás el magnífico busto del padre Arrupe, me enseñaron la nueva biblioteca en donde un millón de volúmenes esperan a los estudiosos de sus contenidos, visité la casi cámara acorazada en donde se custodian primorosamente los incunables... En fin, inolvidable. Desde la enorme cristalera de una de las salas de lectura se vislumbra el impresionante edificio del museo Guggenheim, pero admito que en ese instante me atraían y agitaban interiormente mucho más los recuerdos derivados de recuperar la visión de aquel monte plagado de verdor que yo divisaba desde la ventana del cuarto de mi colegio mayor y en el que depositaba mi vista cansada de estudiar, como si de un albergue del espíritu se tratara.

Y envuelto en recuerdos, no pude dejar de verme a mí mismo en el pasillo entarimado de la parte superior de nuestra residencia, charlando con algunos colegiales acerca de la nueva Ley Orgánica que Franco, el anterior jefe del Estado, proyectaba como futuro marco rector de nuestra convivencia. Y me recuerdo hablando de la Monarquía, y no con entusiasmo precisamente. Porque nunca fui monárquico, al no poder aceptar los tres pilares conceptuales en los que se basa: la transmisión hereditaria del cargo, la transmisión hereditaria del saber, la primacía del primogénito. Y no menciono la superioridad del hombre sobre la mujer porque ya fue abandonada en algunas monarquías, aunque pervive, de momento, en la nuestra.

Estas reflexiones procuré hacerlas en la voz más baja posible, porque a mi lado, al menos virtual e imaginariamente, se encontraba el rey García, aunque era consciente de que a él, precisamente a él, le iba a costar mucho justificar la transferencia genética de una estructura moral superior cuando sus dos hermanos varones, Sancho y Alfonso, y su hermana Urraca, colaboraron en encarcelarle de por vida con el único y exclusivo propósito de quedarse con el reino de Galicia que su padre, el rey Fernando, le dejó como herencia. Con esos antecedentes, y habiendo muerto en prisión con los pies atados, no creo que García se indignara mucho con esas consideraciones mías.

De un modo particular entendía que la llegada de la dinastía de los Borbones, con un Felipe V cuyo reinado en España se diseñó por su abuelo para incorporarnos a Francia, aunque finalmente no se consiguiera semejante resultado, nos costó mucho en términos de «propiedades» fuera de la Península, porque la paz que le permitió reinar nos obligó a muchas concesiones territoriales. Seguramente con el tiempo habrían resultado inevitables, antes o después, pero que fuera el precio de la llegada de una dinastía extranjera con semejantes designios nunca me acabó de producir una sensación agradable. Con todo, en aquellos años mozos no quería que la Monarquía volviera a ser la forma de Estado.

Y, curiosa y casualmente, el paso del tiempo me llevó a sentir un enorme cariño y respeto por don Juan de Borbón, y derivado de su persona, un afecto indudable hacia don Juan Carlos de Borbón, en cuanto persona humana, porque conocí los sufrimientos por los que ha tenido que atravesar. También he sido testigo de otras cosas, pero en la vida de una persona, ocupe el puesto que ocupe, siempre encontramos llanos y picos, valles y montañas. Eso es precisamente el ser humano. Pero, en cualquier caso, como Mario Conde, como persona, ni yo ni mi familia debemos nada al Rey, aparte del posible afecto que nos haya podido dispensar. Me refiero al Rey, no a la persona. Y precisamente porque no le debemos nada puedo afirmar con total claridad que siempre he mantenido una posición de lealtad. Y eso implica decir lo que realmente se piensa, guste o no al Monarca.

Muchos defensores de la bondad de la Monarquía como sistema solo tratan, en el fondo, de defenderse a sí mismos en cuanto integrantes de una clase que hoy solo tiene como referencia el valor nominal de un título y el contenido de historia que pueda localizarse tras él. El ser humano siempre trata de diferenciarse de los demás, de jerarquizarse, de crear palos superiores e inferiores en el gallinero del vivir. Y unos seres individuales son claramente superiores a otros. Pero de lo que se trata, en este sentido, es de crear mecanismos objetivados de diferenciación, que sirvan para esa misión aunque el sujeto individual no sea, precisamente, superior. En este sentido la casta. El creador de un título nobiliario concedido por el rey puede ser un gran hombre. Y merece, en ese sentido, el reconocimiento. Pero al ser transmitido por herencia nos encontramos con casos realmente patológicos, personas que en modo alguno merecen, en términos humanos, la calificación de noble que se les atribuye en términos de epidermis social. Ejemplos los hay y no son escasos. Por eso, si alguien quiere seguir disfrutando de un estado cualitativo diferencial, en el plano superficial de lo social, derivado de su inclusión en esa condición aristocrática, necesita tener un rey. De otro modo desaparece. No existe en Francia, Alemania, Italia... Por ello, en la defensa intelectual de la Monarquía que efectúan algunos —no todos— he vislumbrado, más que razonamientos, verdaderos sentimientos, y un tipo de sentimientos muy definido: si yo quiero seguir siendo yo, en cuanto ese particular yo, necesito que el rey siga siendo el rey. Bueno, pues no pasa nada. Ya sé que no es consistente, pero tampoco uno se puede poner a discutir sobre estas cosas que, en el fondo, son totalmente intrascendentes.

Don Juan Carlos ha jugado, y lo digo con total sinceridad, un papel difícil. Poco me importa que existan lugares desconocidos o no suficientemente esclarecidos en su reinado. Creo, como español, que el servicio prestado ha sido más que positivo. No era fácil la salida de la muerte de Franco. No era fácil haber sido designado por él como sucesor y arrancar su legitimidad de esa decisión. No era fácil romper la legitimidad dinástica dejando a su padre sin la condición de Rey y situándolo en la extraña posición de hijo de Rey y padre de Rey sin ser Rey. No resultó cómodo navegar en esas aguas en una Monarquía nada consolidada y con una ausencia de verdaderos consejeros reales desinteresados, que no trataran de obtener cualquier clase de beneficio de la proximidad del Rey. Y el resultado es que hemos llegado hasta aquí con mucha más facilidad —de esto no tengo dudas— que si se hubiera intentado otra fórmula.

El asunto es el futuro. El presente derivado del pasado es claro, al menos lo es para mí. Pero ¿y el futuro? ¿Tiene sentido una Monarquía como la nuestra en un pueblo que no es monárquico, sino como mucho juancarlista? Pues son muchos los que responden negativamente. Pero sin ira, ni revancha, ni nada de eso. Simplemente, creen que la Monarquía es una institución del pasado y que eso de seguir transmitiendo el poder por vía hereditaria es algo contra la lógica del momento. Y es difícil rebatirlo. Además es que se trata de un sentimiento generalizado en muchas áreas de la sociedad española.

En la juventud de modo singular. Y los jóvenes son los dueños del futuro. Y no se trata solo de que la Monarquía implica el respeto por unos símbolos, que todos sabemos que son meras convenciones, pero que si alguien quiere demolerlas, tiene que asumir que sitúa en riesgo de demolición a la propia institución que de ellas vive, que de símbolos y convenciones se alimenta.

Más profundo es que la Monarquía española necesitaba haberse incardinado, sujetado en dos terrenos capitales. Primero, anclar su legitimidad más en la sociedad civil que en los políticos. Eso creo que no se ha conseguido, al menos no con la fuerza que una Monarquía como la nuestra habría reclamado. Segundo, haberse convertido en un símbolo efectivo y terminante de la unidad de España. Tampoco creo que en ese campo se haya logrado la percepción de que su trabajo haya resultado efectivo. No creo que exista la convicción de que la Monarquía es imprescindible en este delicado proceso de garantizar la unidad y la cohesión, posiblemente debido a que durante estos años la misma idea de unidad se ha visto seriamente comprometida en algunas ocasiones. Algunos dicen, y tienen razón, que el Sistema afecta incluso a la propia institución de la Corona. Es posible, pero hay momentos en los que es necesario trazar una raya que no debe ser traspasada. Si ante situaciones de agravio personal o institucional derivadas de un abuso cierto, claro y terminante del poder político, motivado en finalidades espurias, la Monarquía permanece impasible, utilizando el argumento de que no puede hacer nada, si en esos casos límites carece de poder efectivo, es lógico que muchos se pregunten para qué queremos una institución que en tales situaciones, cuando más se la necesita, se considera vana.

De momento, creo, el debate de la Monarquía no está abierto en la sociedad española, precisamente porque tenemos muchos temas más urgentes en los que pensar. Pero es más que posible que llegue el día en el que se abrirá. Y si la solución es el cambio en la forma de Estado, espero que sepamos abordarlo con los criterios de racionalidad política, al tiempo que con la generosidad que el sacrificio de algunos ha implicado, con el reconocimiento a la labor de años que nos ha permitido una convivencia pacífica y una salida ordenada de una situación compleja.

No se trata de debatir acerca de qué cuesta más, si una Monarquía o una República, ni de ponerse a lanzar diatribas sobre familiares reales y comportamientos poco edificantes de unos y otros, ni siquiera dedicarse a analizar patrimonios supuestamente ocultos. Eso no es el tema central. Ni tampoco el error —a mi juicio, claro— de haber popularizado la Monarquía llevándola a extremos de programas del corazón. Todo contribuye a desprestigiar una institución, pero el tema es de fondo, no de mera epidermis.

No me parece sólido el argumento manejado por algunos de que prefieren un rey a un presidente de la República como Zapatero. Creo que carece de la menor consistencia intelectual, dado que en el fondo lo que se cuestiona no es Monarquía o República, sino que la calidad de la persona incline en favor de uno u otro. Un rey bueno es mejor que un presidente malo. Así planteado el tema, es poco serio, porque entonces un rey malo es mucho peor que un presidente bueno. No, no es eso. Conviene ser riguroso. No son personas. Son modelos. Personalmente, no oculto que el modelo de la Monarquía electiva me gusta. Siempre lo he dicho, así que ahora lo reitero. Pero, claro, el asunto es quién elige, es decir, cómo se constituye el cuerpo de electores. Si es por vía hereditaria, entonces estamos en el mismo círculo vicioso. La casta se autoelige a sí misma. La Iglesia dispone de ese modelo de Monarquía electiva, porque es el colegio cardenalicio el que elige, y con su elección provoca un tránsito cualitativo, porque el papa no es un *primus inter pares,* sino algo más, al recibir una legitimidad de lo Alto canalizada a través de las voluntades cardenalicias. Y, evidentemente, el colegio cardenalicio no se conforma por vía hereditaria. Es una aristocracia intelectual no hereditaria. Eso es harina de un costal muy diferente. Eso puede funcionar muy bien. De hecho, ahí está la Iglesia. Y con todos su fallos, errores y ciertos horrores, sigue viva, como se ha demostrado recientemente con la visita a España del Papa.

¿Tendremos en Occidente en algún momento algo parecido? ¿Es el futuro una Monarquía —entiéndase el término— electiva por un cuerpo de notables sin transmisión hereditaria? Pues no lo sé. Así que de momento vamos al presente más inmediato.

Nos encontramos en un duro, difícil y plagado de problemas proceso de construcción europea, de un tipo de modelo europeo, para ser más exactos. Es más que posible que el proceso de Unión Europea empuje en la unificación de formas de Estado, porque si se acaba unificando la gobernanza, si acaba instalándose una Unión Política, no veo fácil, en este contexto, combinar monarquías de unos con repúblicas de otros. Presiento que en algún momento del futuro los españoles nos plantearemos elegir al presidente ejecutivo de manera directa para gozar de un modelo de organización jurídico-política basado en la racionalidad y en las enseñanzas de la experiencia. Eso es perfectamente posible porque existe en varios países de Occidente y su funcionamiento es más que razonable. Y con ello se diferencia del poder legislativo, del Parlamento. Y puede ocurrir que tengamos un Parlamento mayoritario de un color y un presidente ejecutivo de otro. Y eso no solo no es malo, sino que es tremendamente sano. Porque implica confrontación de poderes. Aquí, en España, el que manda en el Gobierno manda en el Parlamento y en el poder judicial. Y los resultados los tenemos a la vista. Así que volver a recuperar el postulado de la separación efectiva de poderes como garantía de las libertades es sencillamente una prioridad absoluta. ¿Es compatible esta elección directa del poder ejecutivo con un modelo monárquico? Hombre, en la vida casi todo cabe. En mi libro *El Sistema* defendí esta compatibilidad. La cuestión es que creo que el futuro camina por lugares diferentes a día de hoy. Compatible sí que es, pero no sé si será la solución o si, por lo que antes decía, el modelo europeo tenderá a unificarse en forma republicana.

Esta madrugada del 27 de agosto la prensa comienza a hacerse eco de una especie de protesta larvada contra la última de las decisiones adoptadas de consumo por el dúo PP/PSOE. Me refiero a la reforma constitucional para señalar un límite al déficit público. De repente, hace unos días, en la reunión de alemanes y franceses en la que decidieron que eso de los eurobonos era un camino equivocado, exigieron —esa es la palabra— a los países llamados periféricos, entre los que sitúan a España, que si querían que les ayudaran los ricos, que si pretendían obtener auxilios financieros directos o indirectos, tenían que ajustarse a la idea del déficit cero, y lo mejor, según ellos, para garantizarles que iban en serio con esas medidas, para calmar a los emperadores de los mercados, consistía en incluir una norma de este tipo en la Constitución de cada uno de los países en cuestión.

Pues dicho y hecho. De repente, casi con nocturnidad y alevosía, como suelen decir —o solían, que el mundo cambia— los penalistas, los dos partidos pactan ni más ni menos que una reforma de la Constitución para contentar a las exigencias alemanas. Y lo que pactan es una decisión de naturaleza económica que no constituye, al menos a día de hoy, un dogma intocable, es decir, que unos economistas opinan de una manera y otros de otra. No parece demasiado sensato llevar a una norma constitucional un semidogma económico.

Por cierto, hace años pronuncié en la prestigiosa entidad francesa ENA una conferencia en la que abordé este asunto, un tanto abstruso, lo reconozco, de eso del déficit público, materia terriblemente importante, a la par que absolutamente ignorada —como tantas otras importantes— del gran público. La democracia que vivimos cada día se va convirtiendo en un modelo que atribuye todo el poder a una masa que cada día se entera menos del fondo de las cosas sobre las que supuestamente tiene que decidir. Pero, continuando con el tema, ya entonces dije que eso de los déficits hay que tomarlo con cautela porque no es lo mismo un país que ha terminado con su política de infraestructuras, carreteras, por ejemplo, financiadas con déficit, que otro al que le queda mucho camino —nunca mejor dicho— por recorrer. Pero en principio tender hacia que el Estado gaste lo que ingresa y no más, es bueno. Pero no es todo. Ni mucho menos. Porque un déficit cero es compatible, por ejemplo, con una imposición tan brutal que impida la creación de riqueza a futuro.

Pero no es en esto en lo que me quiero centrar ahora. Lo que interesa es otra cosa. Y esa otra cosa es la mentalidad que se refleja en la manera en que tratan este asunto. Vamos a ver: es la reforma de la Constitución la que se encuentra afectada. He escuchado no una, sino cientos de veces, voces supuestamente autorizadas integradas en la clase política, afirmando con particular énfasis que la Constitución es algo muy serio y que no se pude modificar por las buenas todas las tardes. Hombre, tenemos una Constitución nacida en 1978 y en circunstancias muy especiales. Estamos en 2011. Han pasado treinta y tres años. No puede decirse seriamente que sea una frivolidad por el escaso tiempo transcurrido. Y no es un tiempo cualquiera, sino muy convulso, con muchos cambios, con dogmas rotos, con postulados económicos y políticos que han demostrado ser falsos e inservibles, con un mundo en ebullición, con una inmigración que afecta de manera decisiva al norte y al sur de Europa, en fin, con demasiadas cosas importantes como para que vengan a decirnos que no ha pasado nada. Claro que ha pasado, y sigue pasando.

Por eso el intento de deificar la Constitución, de considerarla como algo divino, no es que sea una estupidez, es que se trata de un asunto más grave. Porque es evidente que la Constitución es solo un texto en el que se recogen normas para ordenar nuestro modo de vivir. Poco más. Y poco menos. Por eso, si el paso del tiempo evidencia que algunas de esas reglas no funcionan, que es mejor cambiarla, ¿por qué no hacerlo? ¿Qué motivos sensatos pueden impedirlo? Ninguno. Simples intereses. Por ejemplo, se dice que no es bueno abrir el debate de la sucesión del varón y la hembra en la Monarquía española por si eso lleva a un debate sobre la propia institución monárquica. Pues si ese debate hay que hacerlo, lo haremos. Tratar de ocultarlo, frenarlo e impedirlo por esa vía de seguir estableciendo la preferencia del hombre sobre la mujer es una tontería porque solo se consigue afectar negativamente a la Corona. Pero es que, cuando se plantean reformas constitucionales, a lo que se tiene miedo es a que se cambien reglas de juego que afectan a los intereses de la clase política. Este es verdaderamente el asunto y no otro. Tienen miedo a que determinadas normas constitucionales puedan, por decirlo por derecho y sin eufemismos, cambiar la red de intereses que constituye el Sistema y eso no quieren que suceda bajo ningún concepto. En el fondo de sus discursos de responsabilidad, seriedad, y palabras similares, algo de intereses se esconde.

Lo demostraron cuando crearon un mecanismo de reforma de la Constitución que conforma un blindaje brutal, porque si se quiere reformar aspectos importantes, de los que merecen verdaderamente la pena, además de una mayoría de dos tercios de las dos cámaras, es decir, del Congreso y del Senado, es necesario disolver las cámaras, volver a elegirlas nuevamente, volver a analizar la reforma, volver a decidir qué les parece bien y, si es así, someter a referéndum. Vamos, que es lo más parecido a imposible.

¿Por qué semejante mecanismo? Dicen que para defender la Constitución. No lo creo del todo. Algo habrá, pero, como decía antes, me parece que igualmente son perceptibles intereses de clase política detrás de algo tan complicado. Debería ser mucho más simple, porque, insisto, no se trata de andar modificando cada tres días el texto constitucional, pero mucho menos de impedir que cuando el tiempo transcurrido es razonable y las enseñanzas evidentes, se tenga que montar un lío casi imposible para que los españoles puedan mejorar, solo mejorar, las normas de su convivencia. Y si se tiene miedo a eso, no debe extrañarnos que algunos piensen que es asunto de clase política, de blindaje —otro— de sus intereses.

Algo de eso ya vieron los revolucionarios franceses. Comentando este asunto con un amigo, me dijo que creía recordar que en aquellos momentos revolucionarios se puso en evidencia el intento de congelar los intereses de la clase política con el procedimiento de dificultar al máximo la reforma de la Constitución. Al cabo de unos días me envió un texto. Era la Declaración de los Derechos del

Hombre y del Ciudadano de 1793, que fue votada por la Convención Nacional el 23 de junio de 1793 e incorporada como Preámbulo a la Constitución Francesa de 14 de junio de este año. Y tiene un artículo, el 28, que dice algo muy interesante.

El pueblo tiene siempre el derecho a revisar, reformar y cambiar la Constitución. Una generación no puede comprometer con sus leyes a generaciones futuras.

La clave es precisamente esa: que una generación no tiene derecho a comprometer con una ley a las futuras. En una ocasión, no hace mucho tiempo, una chica joven se acercó al príncipe de España, que estaba rodeado de algún presidente autonómico, amén de otras autoridades. No recuerdo qué hacía exactamente, pero esa es la escena. La chica, como digo joven, se acercó y con voz calmada y serena y totalmente educada le preguntó al Príncipe que para cuándo un referéndum sobre Monarquía y República en España. Hay que reconocer que desde el primer momento no estuvo muy afortunado el heredero de la Corona, pero la chica insistía, y cuando el presidente autonómico en cuestión le dijo que eso ya estaba resuelto en la Constitución de 1978, ella serenamente respondió:

—Sí, pero yo no la voté. Y ahora quiero tener la posibilidad de decidir por mí misma si quiero ser ciudadana o súbdita.

Lo de menos es la palabrería, porque es evidente que se puede ser súbdito en una república de malos modos. Lo que cuenta es el derecho de las generaciones que no votaron un modelo a poder hacerlo, cuando de asuntos de importancia se trata. Por eso nadie debe blindar una Constitución, y menos de un modo semejante al que se pactó en su día. Parecía que se quería blindar algo a toda costa. ¿La Monarquía? ¿La clase política? ¿El Sistema? Puede, pero en cualquier caso no es ni mucho menos razonable que se someta a semejante camino, extremadamente difícil, algo tan sencillo como el deseo de los españoles de darnos la Constitución que nos parezca más adecuada y que nos aconseja la experiencia.

Y esto es particularmente importante en un momento en el que muchos consideramos que nuestra Constitución tiene que ser reformada en aspectos muy relevantes, que son los que se ponen de manifiesto en este libro. Y otros que se quieran evidenciar y que sean igualmente razonables. Y cuando los políticos hablan de que esas reformas no se pueden hacer, lo que la gente piensa es que no defienden la Constitución, sino sus intereses. Y eso se ha acentuado de manera muy intensa con esta reforma que proyectan —y que han rematado finalmente— en el asunto del déficit. Y no es por el contenido, sino por la forma, por el modo de hacerla, por el desprecio a los españoles que implica.

Porque en el fondo lo que trae a la luz es el modo que tienen los dos partidos dominantes de concebir el poder en relación con la sociedad civil. Si ellos quieren, si les resulta, por lo que sea, conveniente la reforma, la pactan entre ambos y ya está. Pero si es la sociedad civil la que quiere introducir modificaciones constitucionales, entonces la cosa la visten de color negro oscuro. Y eso no puede ser. Pero es que es así como ven a la sociedad, que no es sino un conjunto de votantes, que solo pueden elegir entre listas cerradas, entre dos partidos mayoritarios, y que, además, una vez elegidos los representantes —por así decir—, estos harán con el voto recibido lo que digan los jefes de sus partidos. Y esto, que suena fuerte, que hace nada habría merecido el manido insulto de antisistema, hoy es una realidad percibida como tal por una inmensa mayoría de la población. Y precisamente por eso tiene el concepto tan negativo que tiene de la clase política y de sus representantes, y ese concepto es el que se encuentra en la base de los problemas que nos acucian, porque la sociedad quiere reformas en profundidad y los políticos, al menos muchos de ellos, quieren seguir con su mismo *statu quo*.

¿Y qué es lo que hay que hacer para cambiar este estado de cosas? Pues hay que tomar medidas, unas más serias e importantes que otras. Pero tomarlas. No solo hablar de ellas, no solo cacarearlas, no solo incluirlas en programas de instituciones, plataformas, proyectos... No. Se trata de pasar a la acción con un conjunto de ideas claras. No muchas, pero claras. Y sobre todo con una voluntad terminante de exigirlas. Y empleo la palabra «exigir» porque es la adecuada, ya que es la sociedad civil la que tiene el dominio sobre las cosas que son propiamente suyas, y la clase política son administradores que han llegado al convencimiento, puesto de manifiesto en multitud de ocasiones, de que son dueños del debate y de las decisiones y que a los españoles les queda eso de votar cada cuatro años.

12

SANTO ESTEBO, LOS JUECES
Y LA SOCIEDAD CIVIL

El sábado, 27 de agosto, teníamos el proyecto y deseo de visitar el monasterio de Santo Estebo, en la maravillosa Ribeira Sacra gallega, una gran desconocida, que ofrece un espectáculo visual inusitado al contemplar los cañones del Sil, una obra de la naturaleza verdaderamente admirable. Por cierto, san Esteban, o santo Estebo, que es lo mismo, goza de una tradición de peso por estas tierras de Galicia y por las originarias de Portucale. Y casualmente antes de dormirme, ayer noche eché una ojeada a un libro de los Evangelios que tengo en mi mesilla de noche. Es una edición bastante rudimentaria, pero me funciona, porque admito que de vez en cuando me gusta, antes de dormir, ojear algo de este tipo, me refiero a libros de porte espiritual, aunque en ocasiones te llevas sorpresas no del todo agradables. Y eso sucedió cuando leí lo que los autores glosadores del libro han situado en la celebración de San Esteban, Protomártir, que tiene lugar el 26 de diciembre, precisamente al día siguiente de la fiesta cristiana de la Navidad. Pues bien, san Esteban mantuvo una posición doctrinal en determinados puntos que tropezó con los intereses de la casta sacerdotal judía, por lo que fue enviado ante el Sanedrín, el Tribunal Supremo de entonces para la raza judía, y le acusaron de una serie de cargos deleznables, le prepararon los correspondientes testigos falsos para garantizar el éxito del festín, y siguiendo el guion acordado, cuya antigüedad parece remontarse al origen de los tiempos, le condenaron. Y no solo eso, no exclusivamente redactaron una sentencia formal, sino que, además, le lapidaron.

Pues bien, lo que los autores del libro de los Evangelios que tenía en mi mesilla, como antes relataba, glosaron para ese día es un pasaje terrible. Una frase de Jesús en la que dice lo siguiente: «No os fieis de la gente, porque os entregarán a los tribunales..., los hermanos entregarán a los hermanos para que los maten, los padres a los hijos...». Inmediatamente me acordé de García porque, como ya he relatado, sus hermanos le situaron en una celda de por vida, hasta su muerte física. No sé si antes le crearon algún tribunal *ad hoc* —como dicen los juristas puros—, pero supongo que no sería necesario porque en aquellos años de Monarquía absoluta, la confusión del poder ejecutivo, legislativo y judicial en la persona del rey debía de ser total. Así que se trataba de un yo me lo guiso, yo me lo como.

Pero, dejando ahora eso a un lado, lo terrible es el papel que Jesús asigna a los tribunales. Eso de no os fieis porque os entregarán a los tribunales implica concebir a estos, y por derivada los jueces, como un lugar de perversión. Sobre todo de perversión política, porque se utiliza a esos tribunales, y por ende a sus componentes, como un instrumento para que los hermanos consigan que maten a los hermanos y los hijos a los padres. Produce ciertos escalofríos que Jesús el Cristo tenga una imagen tan absolutamente demoledora del papel de los tribunales. Curiosamente, no se aleja mucho de la imagen que de la Justicia tienen los españoles a día de hoy. Y me imagino que si profundizo en otras épocas, me voy a encontrar con algo muy pero que muy parecido. ¿A qué es debido semejante despropósito? ¿Acaso los tribunales no deberían reflejar la imagen de la Justicia ciega y obediente de la Ley? Pues sí, deberían, pero no es esa la consideración general en la que son tenidos, y por lo que vemos no es algo nuevo, sino que siempre ha sido así.

Pésima noticia, claro. Porque de nada nos sirve contar con leyes estupendas si son aplicadas por jueces corruptos. La seguridad jurídica real es más una cuestión de tribunales que de normas. Precisamente por ello el deseo de todos los políticos ha sido controlar a los jueces y utilizarlos como instrumentos en sus designios. ¿Cómo se controlan? El método más eficaz es nombrándolos, designándolos para un cargo en el que ejercen poder y disponen de retribuciones adecuadas. El mentado suele ser respetuoso y obediente con el mentor. ¿Y solo por eso se dejan corromper? Hombre, el ser humano es débil, sobre todo frente a determinadas ofrendas. Pero se suele ser algo más sutil cuando de corromper se trata. No es normal andar con maletas de dinero a ser entregadas a cambio de sentencias favorables a los deseos del gobernante. Eso queda para estratos inferiores de la corrupción judicial, en donde es posible que haya jueces que se dejen corromper en, como digo, temas menores a cambio de pagos en metálico.

La corrupción judicial de altura funciona de otra manera. Son ofrendas de cargos, de promociones que implican retribuciones y honores, y hasta de prolongación de emolumentos en los casos de jubilación. Y los jueces, como cualquier otro colectivo, porque todos se componen de humanos, son sensibles a estas cosas. Y, como digo, el poder suele ser algo sutil y no excesivamente grosero. La sutileza aquí se llama «razón de Estado». Cuando se trata de usar a los tribunales para ajusticiar a un enemigo político, se maneja esa noción, que, como tantas veces he escrito, es solo razón de gobernante. Pero si estás dispuesto a creerte algo porque te conviene, esas tres palabras, razón de Estado, funcionan muy bien, y basándote en ellas puedes coger la Ley y apartarla un poco y decir, como me señalaba aquel viejo jurista, que «si bien es cierto que... no lo es menos que...» y con eso produces la resolución judicial conveniente a los intereses de tu mentor. De este tipo de prácticas judiciales deriva la frase de Jesús: «No os fiéis de la gente porque os entregarán a los tribunales».

Así que la clave de conseguir jueces adeptos al poder, seguidores de sus «razones de Estado», reside en el acto de nombramiento. Quizá por ello, en los momentos en los que los socialistas —creo que ellos empezaron— se dieron cuenta de que determinadas actuaciones suyas podían acabar en responsabilidades penales, pasaron a ocuparse de la Sala Segunda del Tribunal Supremo, además, claro, de la Audiencia Nacional, que para eso fue concebida como un Tribunal especial. Y ocuparse aquí quiere decir garantizarse que las personas que llegaban a esos puestos de magistrados de esa sala deberían tener un tipo de simpatía o empatía con el poder que los nombró. De ser así, si alguno tenía la mala suerte de ser «entregado a los tribunales», que contara con que esos tribunales se iban a comportar con una obediencia derivada de la conciencia de a quién debían el puesto. No siempre las cosas son tan lineales porque de vez en cuando el nombrado sale algo díscolo y ejecuta el guion conforme a lo pactado. También es posible que a pesar de ser nombrado por un partido, si ves que es el otro el que parece que va a ostentar el poder, el nombrado se pase de bando. En fin, que tenemos una gama multicolor de posibilidades que en cualquier caso no permiten que la imagen de la Justicia sea la que debiera ser. Pero, con todo y eso, lo peor no es la imagen, sino la realidad. No importa tanto que los españoles crean que la Justicia es corrupta como que de verdad lo sea. Y, desgraciadamente, salvando, como siempre, multitud de casos singulares, no puede decirse, al menos como opinión derivada de un experiencia, que la Justicia española, en aquellos casos que tiene derivadas políticas para el Sistema, sea un ejemplo de sordera a los requerimientos de quienes ejercen el poder. Lo siento, pero es exactamente lo que opino. Y no se trata ahora de aportar más datos, que tiempo habrá, sino de formularnos una pregunta constructiva. ¿Y qué podemos hacer para evitarlo? ¿Cómo conseguimos garantizarnos una Justicia que merezca ese nombre?

Pues no es tan fácil, desde luego, porque nadie ha sido capaz de inventar un modelo que genere total inmunidad frente a las pasiones del bajo vientre humano. Y es que de humanos hablamos, de personas, de individuos, hombres y mujeres, vestidos con togas y portadores de un poder terrible: firmar un papel y enviarte a prisión, quitarte la libertad y los bienes. Directamente no la vida, porque no tenemos pena de muerte, pero indirectamente sus decisiones pueden contribuir a ello por senderos poco sofisticados, porque el encierro carcelario no es precisamente un ejemplo de sutileza.

Como primera medida tendríamos que evitar en lo posible la proliferación de cargos judiciales designados por el poder al margen de los mecanismos de selección establecidos. Me refiero a esos jueces del cuarto turno, creo que se llaman así. Son personas teóricamente prestigiosas que por decisión del gobierno de turno pasan a formar parte de la carrera judicial. Supongo que nadie se llamará a rasgado de vestiduras si digo que entre los motivos de prestigio se encuentra la cercanía ideológica al gobierno que va a nombrar al juez en cuestión. Por ejemplo, Pérez Mariño era un abogado vigués de Comisiones Obreras, o algo así. Es posible que no sea del todo exacto, pero seguramente no me alejaré demasiado del escenario real. Así que esa proximidad ideológica fue el principal de los componentes de su prestigio para ser designado juez por ese turno. Y, claro, cuando llega a la Audiencia Nacional a hacerse cargo del caso Argentia Trust contra Mario Conde, supongo que nadie creerá que, con independencia de otros factores, iba a actuar con total neutralidad. Alguien le recodaría, como dice la canción, quién le hizo ser mayor, esto es, juez. Y después de la sentencia se lo agradecieron nombrándole alcalde de Vigo. Otra cosa es que tuvieron que acabar cesándole, pero esto ya en determinados casos resulta invencible. Lo que cuenta es cómo funcionan este tipo de nombramientos. ¿Todos? Pues quizá todos no, pero si arrancamos el motivo de tentación, podremos estar más tranquilos en cuanto a la comisión del pecado.

En España a los jueces los nombra, en lo que a evolución de carrera se refiere, el Consejo General del Poder Judicial. A estos, a sus miembros, a los de este órgano, los designan los partidos políticos. Pues ya está el círculo cerrado. Un juez sabe que si quiere prosperar en la carrera judicial, es mucho mejor que se dedique a tener buenas relaciones con los partidos políticos, cada uno con el suyo y a veces algunos hasta con los dos al tiempo, porque del favor de esos partidos va a depender que llegue a ser, por ejemplo, magistrado del

Supremo o que se quede en lugares de menos brillo social, aun a pesar de que su inteligencia, conocimientos, trabajo y dedicación sean muy superiores.

Se comprende fácilmente que con un esquema de nombramientos de este tipo el modelo ya nace pervertido desde el minuto inicial y que preservar la independencia en ese sistema se convierte en una labor hercúlea. En realidad, salvo algún caso excepcional —que por cierto, conozco—, resulta sencillamente imposible. A mí me resulta tremendamente bochornoso, y hasta diría demoledor como español, el espectáculo de nombramientos de ciertos cargos judiciales para los Tribunales Superiores de ciertas autonomías. El enfrentamiento entre candidatos conservadores y progresistas —son solo palabras— es angustioso porque no ceden en posiciones personales, cada uno defendiendo al suyo, y lo malo es que eso sucede, semejante conflagración se deriva de que en esos lugares, en tales comunidades, uno de los partidos en liza tiene problemas judiciales serios. De este modo la sensación que se transmite es que un candidato del color que sea defenderá a su partido, a los encausados de esa formación política, incluso por encima de la Ley. Y la gente percibe estas derivadas de modo más claro del que algunos creen. Y eso socava de manera atroz la confianza en la Justicia.

Insisto en que el poder de los jueces es terrible porque afecta de modo directo e inmediato a los derechos y libertades fundamentales, sustancialmente la libertad. Y puede ser un instrumento político utilizado por la clase política para demoler adversarios a los que no vencería en una lucha limpia. Y ese poder debe tener una clara contrapartida en responsabilidades cuando se utilice mal, cuando se prostituya al servicio del poder basándose en esa razón de gobernante disfrazada conscientemente de razón de Estado. Por ello es imprescindible el endurecimiento de las leyes que sancionen penalmente comportamientos corruptos de los jueces. Quien dotado del poder del Estado priva ilegítimamente de libertad a una persona tiene que ser seria, muy seriamente penado, porque es especialmente grave su comportamiento, es tremendamente demoledor de los principios de la convivencia. Algunos monarcas sabían que la clave residía no en evitar que se aprobaran por los parlamentos leyes que hablaran de jueces independientes y de Justicias supuestamente ciegas, sino en controlar a los hombres, a las personas, a los encargados de aplicar esas leyes, porque si los tenían en sus manos, las leyes serían papel mojado. La tiranía no se evita solo con leyes que consagren maravillosos principios, derechos y libertades, sino sustancialmente con personas honestas en puestos claves.

Y por ello, con independencia de tratar de conseguir esa honestidad, tenemos que ser particularmente duros con ciertos tipos de deshonestidad, porque la violación consciente de un juez de una ley, la condena injusta de un inocente ejecutada a sabiendas y al servicio del poder de turno, es mucho más grave que determinadas conductas penalmente castigadas con años de cárcel. El manejo de información privilegiada, siendo claramente reprobable, es infinitamente menos grave que la utilización prostituida por un juez del poder del Estado que le ha sido confiado, sacrificando con ello la libertad de una persona. Y muchos otros ejemplos pueden ser traídos a colación. Pero no los creo necesarios, porque se entiende con facilidad que este tipo de comportamientos merecen semejante reprobación penal agravada. Porque en ello nos va mucho. Que un juez se deje comprar por un banquero para encarcelar a inocentes con la finalidad de que se ablanden y acepten pagar unos créditos que no eran suyos es algo grave desde el plano bancario, pero es sencillamente demoledor desde el judicial.

En ese instante me imaginé que si García, mi virtual compañero de meditaciones, me hubiera escuchado con atención, estaría algo más que confuso.

—Pero vamos a ver. Habéis hecho revoluciones, habéis matado reyes, aristócratas, burgueses, proletarios... Todo eso para conseguir una sociedad mejor, y ahora me dices que al final la historia consiste en que es más de lo mismo...

—Hombre, más de lo mismo es una brutal exageración, porque en muchos campos del vivir ordinario se han conseguido avances más que sustanciales respecto de otras épocas. Por ejemplo, los reyes ya no acumulan los tres poderes en una sola mano como ocurría con Alfonso, su hermano, por ejemplo.

—Sí, teóricamente es así, pero si me dices que al final mediante los partidos se consigue que el presidente del Gobierno controle al Parlamento y nombre a los jueces, ¿puedes explicarme la diferencia real? Porque una cosa es la forma y otra la sustancia, ¿o no?

—La verdad es que en algunos casos ha sido así y sigue siendo más o menos de la misma manera. Se cuidan más las formas...

—Sí, pero ¿tú crees que hubiera sido más consolador que mi hermano Alfonso hubiera nombrado un tribunal de su cuerda para condenarme? Al final es lo mismo. Se trata de la voluntad del rey que se ejecuta de modo directo y sin disimulo, o creando marionetas judiciales que no son sino sirvientes de su voluntad.

—En eso tiene toda la razón. Incluso podría decir que por lo menos su hermano no engañaba a nadie hablando de la independencia de la Justicia y cosas así.

—Y, dime, ¿dónde encuentras el fallo? ¿Por qué crees que seguimos así después de mil años? ¿Por qué solo cambiamos la corteza pero dejamos la sustancia en el mismo estado?

—Es una pregunta complicada. Al final, creo que es asunto del ser humano.

—De acuerdo, pero con estos arados trabajamos los campos que tenemos. Los hombres son como son, y siendo como son, ¿qué hay que hacer para tratar de mejorar, para que no sucedan cosas como las que me describes?

—Pues conseguir que la separación de poderes no sea una frase bonita, sino una realidad efectiva.

—Eso es viejo, por lo que te he escuchado en estos días. Algo más se reclama, ¿no?

—Pues sí. Y es reconocer que el modelo de democracia representativa a ultranza que tenemos en la actualidad ha entrado en crisis irreversible.

—¿Qué harías tú?

—Pues cambiar el modelo, el Sistema.

—Hasta ahí llego, pero la pregunta es: ¿cómo se cambia ese modelo?

—En realidad son dos cuestiones diferentes: en qué consistiría el cambio y cómo se alcanzaría. Empleo el potencial porque es más fácil tener las ideas claras que conseguir implementarlas, porque el Sistema es lo suficientemente cerrado sobre sí mismo como para dificultarlo en extremos casi invencibles.

—Nada es invencible, porque según cuentas la Historia avanza.

—Avanzar es una cosa y moverse otra. Ciertamente se mueve, pero no en todo avanza. En algunas cosas seguimos igual, o parecido. En otras, afortunadamente, no. Ni de lejos.

—¿Y tienes esas ideas claras? Me refiero a lo que habría que hacer en este campo.

—En realidad no hay un campo porque todo está interrelacionado con todo. La economía no se entiende sin la política y viceversa. La política sin los medios de comunicación, y también en la dirección opuesta. Es un todo. Siempre ha sido así, pero como nuestro lenguaje fracciona y divide, pues...

—Bien, pero filosofías fragmentarias aparte, la pregunta sigue siendo si tienes ideas claras al respecto.

—Sobre lo que habría que hacer en economía y finanzas, en el mundo de la riqueza real, ya he reflexionado y tal vez me haya entendido...

—Sí, pero me refiero ahora a la separación de poderes efectiva.

—Ya he dicho lo que haría con el poder ejecutivo, la elección directa. Pero el asunto es más profundo. Con eso no basta. Hay que garantizar la presencia efectiva de la sociedad civil en el manejo de la cosa pública. Para ello es necesario transformar el concepto de clase política, evitar esa endogamia que antes expuse.

—¿Y qué más? Eso es presupuesto o consecuencia, según se mire, pero insisto, ¿qué más?

El rey García estaba siendo particularmente inquisitivo, pero eso venía muy bien porque una cosa es hablar por hablar y otra exponer ideas claras, y eso no todo el mundo las tiene, o en caso de disponer de ellas sienten cierto temor a exponerlas en público, cosa que no me ha ocurrido en mi vida y que a estas alturas, cumplidos los años que tengo, sería ridículo que activara el temor que jamás poseí en mis adentros. Así que adelante.

—Pues creo muchas cosas. La primera, hay que volver a potenciar las instituciones básicas de la sociedad civil, como por ejemplo Academias, Colegios Profesionales, Universidades, Ateneos, Fundaciones... Todas son trozos, pedazos de vida de la sociedad civil y su fuerza es nuestra fuerza y su reafirmación frente al poder del Estado es garantía de libertades. La mejor prueba de cuanto digo es que la preponderancia, el dominio abrumador, la profesionalización de la clase política, la expansión sin control de funciones del Estado, se ha conseguido a base de minimizar, cuando no de laminar, a esas instituciones que menciono.

—¿Crees entonces en un modelo organicista de la sociedad civil?

—No es que crea, es que se trata de una evidencia de la propia vida. El hombre en cuanto ser social se organiza celularmente. Y si destruimos o minimizamos esas células organizativas, tendremos a un individuo indefenso frente al poder del Estado. Así que no se trata solo de separación de poderes dentro del Estado, sino de algo más serio a día de hoy: de ajustar los poderes del Estado frente a la sociedad civil. Esa es la asignatura pendiente.

—No sé si te entiendo muy bien, la verdad.

—Pues, con todos mis respetos, no es demasiado complicado. El Estado es unitario y el poder también. Su ejercicio admite fragmentación conceptual entre ejecutivo, legislativo y judicial, por ejemplo. Pero es siempre una fragmentación interna. Es decir, es algo entre ellos, entre los políticos, y si todos forman un Sistema, pues surge una división puramente nominal, pero no real.

—Ya, ¿y?

—Pues que desde la sociedad tenemos que hacer dos cosas. La primera, decirle al Estado en qué se tiene que ocupar y en qué asuntos no debe inmiscuirse porque eso lo hacemos nosotros mejor. Y digo nosotros, la sociedad, decirle al Estado y no al revés, como viene sucediendo en la actualidad. El Estado se considera capacitado para decirnos si podemos o no fumar en nuestros domicilios, por poner un ejemplo límite. Invade día a día esferas de actividad que pertenecen a la sociedad. Una cosa es que no sea partidario del Estado mínimo y otra es que me guste el Estado invasor. Para nada. Necesitamos un Estado bien dimensionado y con activos personales bien capacitados. Y esa agenda la marca la sociedad.

—No está mal como teoría, pero eso a día de hoy no sucede ni de lejos, al menos por lo que te he estado escuchando estos días.

—Claro que no, y precisamente por ello la revolución pendiente es la de la sociedad civil. El debate de los poderes en el seno del Estado ya se tuvo. Las conclusiones siguen siendo válidas. El asunto es que no se ejecutan precisamente por la preponderancia de la clase política. Pero ahora es la reafirmación de la sociedad frente al Estado. Esta es la idea que defendí hace ya dieciocho años en Madrid.

—Con poco éxito, por lo que veo.

—Con ninguno, para ser más exactos. Pero eso no quiere decir nada. Hay que insistir porque la sociedad se comienza a dar cuenta de cómo funcionan las cosas y de dónde derivan sus males. Y ahora tenemos una enorme oportunidad, siempre que la sociedad quiera aprovecharla, claro.

—¿Y crees que lo quiere?

—Pues tengo muchas dudas. En el plano verbal, sí. Pero eso de estar dispuestos a pelear por un futuro mejor... Eso ya no lo sé.

—¿Por qué no? Se entiende mal que se quejen y que al tiempo no quieran arriesgar algo en defensa de un mejor futuro.

—Sí, así es, pero es que...

—Bueno, y ¿cuál es el camino para mejorar?

—Pues, identificadas las causas, poner en marcha los instrumentos adecuados. Empezando por los partidos políticos.

—¿Suprimirlos?

—No, claro que no. Al menos no a día de hoy, como suelen decir los que quieren guardar algo de ropa mientras se bañan. Pero sí introducir reformas sustanciales, profundas, serias, eficaces. La primera, democratizarlos. La Constitución reclama que respondan a principios democráticos, pero cualquiera que hable con franqueza del funcionamiento interno de su partido te dirá que eso de la democracia es pura fantasía. Los partidos obedecen a la voluntad del jefe. Y en su caso de los que conforman su corte más inmediata. Y eso hay que conseguir reducirlo.

—Pero en cualquier organización algo de eso pasa, ¿no? Es casi consustancial a la condición humana. Al final hay líderes...

—Sí, claro que sí, y no es malo, pero dentro de unos límites. O por lo menos dentro de un cuadro de sinceridad. No puede ser que a los líderes se les llene la boca hablando de democracia y luego en sus casas se olviden de sus principios más elementales.

—Bueno, bien, pero, al final, lo importante no es que funcionen democráticamente o no, sino el poder efectivo que ejercen; vamos, eso me parece.

—Pues sí, tiene razón. Es más importante definir el papel real que el funcionamiento interno. Y a eso iba. Antes que nada hay un asunto de financiación, de dineros. Es imprescindible que los partidos se financien con aquellas personas que quieran pertenecer a ellos, pero no con cargo a los presupuestos del Estado. El disponer de esos dineros estatales es clave para el nacimiento y expansión de la clase política. Hay que cortarlo de raíz. Se financian con cuota de sus asociados y en paz. Al igual que así debe ser con los sindicatos.

—Hombre, pero he oído decir que se trata de instituciones que convienen a todos los españoles. No un partido u otro, sino la existencia de los partidos proporciona solidez al conjunto, ¿o no? Si es así, deberían ser financiados con fondos del Estado, al menos parcialmente.

—Pues esa es la teoría. Pero la práctica ya sabemos cuál es. Yo no digo, insisto, que no necesitemos partidos. A día de hoy sí. Pero lo cierto es que necesitamos otro modelo de partidos y el mejor camino para conseguirlo comienza por cortocircuitar los fondos del Estado que a ellos se destinan. No tiene sentido que los españoles consideren a la clase política y sus partidos uno de sus principales problemas y que estén dispuestos a darles dinero a espuertas para que sigan siéndolo. Es un evidente sinsentido.

—Desde luego, visto así es correcto, pero ¿tienen razón los españoles al considerar a los partidos un problema? ¿Es algo circunstancial?

—No, creo que no, que no se trata de una apreciación circunstancial. Viene de lejos, aunque no se dieran cuenta hasta hace poco. Hay muchas cosas en la vida de los partidos que tienen que ser corregidas. Por ejemplo, no puede ser que los partidos sean un lugar en el que uno trabaje ya de por vida. En lo que podríamos llamar una maquinaria administrativa adecuada y ajustada a necesidades reales no tengo inconveniente, pero que haya personas que ganen un montón de dinero a base de estar toda su vida enredando en un partido, no me parece sano para la adecuada vida en sociedad.

—Entonces, ¿lo que quieres cambiar es el papel que cumplen en la vida social?

—No tanto el papel como su extensión. Vamos a ver; los partidos políticos no son el único cauce a través del cual la sociedad puede participar en el debate y decisión de los asuntos que a ella misma le interesan. Hay que abrir el abanico. Por eso digo lo de potenciar esas instituciones.

—Bien, entendido, pero la clave consiste en que los partidos tienen el monopolio de la representación parlamentaria. Ese es para mí el punto clave.

—Y lo es. Exactamente. Y si eso no se corrige de modo radical, no haremos nada.

—¿Y cómo se corrige de modo radical, por emplear tu terminología?

—Pues de varias maneras. La primera consiguiendo una buena Ley de Iniciativa Popular.

—¿Qué es eso?

—Pues que la sociedad tenga la oportunidad de hacer proposiciones de Ley y que se envíen al Parlamento y que los señores diputados tengan la necesidad de tratarlas y debatirlas y hasta en determinados casos aprobarlas.

—Pero eso ¿no viola el principio del mandato representativo?

—Es que eso... en fin, no me quiero irritar, pero es claro que han usado ese mandato representativo para hacer algunas cosas y no hacer otras que no se encontraban incluidas precisamente en tal categoría. Pero, en fin, dejémoslo ahora.

—¿Cómo funcionaría eso que propones?

—Pues como le digo: la sociedad, a través de sus cauces, de esas instituciones que le mencionaba, y de otras que puedan nacer en el futuro, elabora una proposición de Ley sobre una materia que le interesa y la remite al Parlamento. Allí tienen obligación de tratarla, de debatirla, y en su caso de aprobarla.

—¿Tendría derecho a ir al Parlamento alguien de la sociedad civil a defender esa propuesta?

—Pues claro. Pero es que hay que entender que el Parlamento existe porque la sociedad civil quiere, y no al revés. La clase política no son dueños sino administradores. La soberanía reside en la sociedad, no en los partidos ni en los políticos. Parece que tenemos que estar pidiendo permiso para hacer lo que es nuestro...

Mi tono de voz se había elevado un poco, debido al punto de mínimo acaloramiento que me invade cuando toco estos temas que me ocupan desde hace tantos años. García debió de percibirlo porque me pareció entenderle algo así:

—Bueno, bueno, no te excites... Dime una cosa, ¿tú crees que eso que propones le va a gustar a la clase política?

—Hombre, ni esto ni casi nada. Ya lo dije en el Vaticano y lo repito hoy.

—Pues no sé cómo vais a solucionar la cosa, porque si lo que necesitas es una Ley que dé la posibilidad a la sociedad civil de participar, y quienes hacen las leyes son los que no quieren ni oír hablar de eso, me huele que lo tenéis muy complicado. Perdona que sea tan brusco, pero...

—No se trata de brusquedades. Es así. Pero todo tiene un tiempo y un límite. No es de recibo que en Suiza los ciudadanos de ese país puedan elaborar leyes y someterlas a aprobación reglada de su Parlamento sobre temas para ellos capitales y que aquí nos conformemos con ser meros espectadores de una obra teatral en la que ni siquiera participamos en el guion, limitándonos a comprar las entradas y, hasta hace bien poco, solo teníamos la alternativa de aplaudir al final y, como mucho, guardar un respetuoso silencio.

—Lo entiendo, pero una cosa es entender y otra que con comprender se solucione el problema. No veo cómo...

—Pues forzando el cambio. La sociedad civil tiene que movilizarse, organizarse, aprobar conclusiones, trasladarlas a los partidos, exigir que se cumplan sus requerimientos...

—¿Y si no hacen nada? La experiencia, por lo que veo que cuentas, consiste en que en el mejor de los casos incluyen algo en sus programas electorales, pero luego en el poder se olvidan de eso y no cumplen sus promesas, ¿o no es verdad lo que digo?

—Claro que lo es, pero...

—Pero, perdona, lo que me resulta inconcebible es vuestro comportamiento.

—¿Por qué dice eso?

—Pues porque inventáis la democracia, decís que tenéis la soberanía y luego si los políticos no hacen lo que les pedís, a pesar de eso, les seguís votando. Es como si al administrador de mis campos le digo que se comporte de un modo determinado y no lo hace, y no solo le mantengo, sino que encima me dice él qué es lo que tengo que hacer yo. Sinceramente, no lo entiendo.

—Ni algunos como yo tampoco. Si quiere que sea todavía más ácido, le explico mi tesis del doble mal menor.

—¿Cómo es eso?

—Pues que todos, o muchos, estamos de acuerdo en que la

democracia entendida como un hombre un voto es un mal sistema porque conduce a situaciones irracionales.

—Desde luego.

—Bien, pero añaden que es el menos malo de los sistemas posibles.

—Hombre, eso es más bien discutible.

—Sí, lo es, pero no se trata ahora de discutirlo, sino de explicarle que admitiendo que el modelo es malo, encima nombramos para gestionarlo a líderes que creemos que son malos pero que entendemos como los menos malos de los que se ofrecen. Así que tenemos dos males menores: el del modelo y el del líder.

—¿Y la gente lo acepta?

—Pues sí. Protesta pero vota.

—¿No es un contrasentido? ¿Por qué votan a quien no les gusta, a quien no les convence?

—Ya le digo, por lo del mal menor.

Me dio la sensación de que García se quedaba algo más que confundido con estas ideas que expresaban realidades diarias. A mí me sucedía lo mismo, pero como no conseguía convencer a casi nadie de lo irracional de ciertos comportamientos, opté por no debatir sobre ellos. Pero, claro, una entidad inmaterial, o de densidad material mínimamente densa, es otra cosa, porque en el fondo es casi un monólogo, y eso resulta más llevadero. Pero lo cierto es que no se dio por vencido. Quería saber. Se comprende que un rey muerto a manos de otro que era su hermano quisiera saber cosas, muchas, entre otras cómo organizamos los humanos de este siglo XXI nuestra convivencia para que no vuelvan a suceder situaciones como la suya. Tuve la sensación de que le conseguía llevar a la conclusión de que idénticas situaciones no ocurrían, pero parecidas... Quizá por ello continuó.

—Bien, pero entonces no vale con quitar financiación a los partidos, reducir el alcance de sus cometidos y concretar el Estado. Eso se hace y ya está. Pero ¿cómo se sigue?

—¿Qué quiere decir?

—Pues que ya sabemos que implantamos un modelo y luego, si no se está encima, se acaba deteriorando y la tendencia es regresar a lo peor, no evolucionar a lo mejor. Si no hay control ni impulso las cosas van a peor.

—Así es. Y eso que dice es muy importante. Precisamente por ello en ese discurso de1993 pedí que se garantizara la presencia efectiva de la sociedad civil en los órganos del Estado. Lo que le decía antes de la Ley de Iniciativa legislativa popular no es exactamente eso, pero cumple una misión.

—Por cierto, volviendo a ese asunto, eso que llamas Iniciativa Popular, ¿sirve solo para hacer leyes o también para derogar las que hagan los políticos?

—Caben las dos posibilidades. De hecho, en la Constitución republicana se admitía la iniciativa popular derogatoria, es decir, que ante una ley de los políticos el pueblo se organizaba para derogarla si no la quería. Pero ahora...

—Supongo que eso les gusta todavía menos, ¿no?

—Por supuesto, pero hay que conseguirlo.

—Y ¿ya está?

—Pues no, porque como decía es necesario que la sociedad civil tenga presencia directa en las instituciones del Estado. Y aquí viene el núcleo gordo del asunto. ¿Cómo? Algunos dicen que las nuevas tecnologías, internet y demás, podrían permitir una especie de segunda cámara integrada por todos los posibles votantes, es decir, los que forman el censo electoral de un país en un momento dado. Garantizando tecnológicamente el voto podría funcionar.

—Hombre, por razones obvias no entiendo demasiado de eso, pero en cualquier caso me resulta demasiado complejo, un poco sofisticado.

—Bueno, es verdad, pero el desarrollo de las redes sociales está ahí y no sabemos en qué acabarán, aunque hay ya algunos síntomas no demasiado buenos.

—¿Tienes alguna idea?

—Pues sí. Mire: nosotros tenemos un Congreso y un Senado.

Este último creo honestamente que no sirve para nada positivo, aunque puede tener efectos incluso negativos. Así que esa segunda cámara creo que habría que suprimirla.

—Sí, pero con eso no consigues la presencia de la sociedad civil.

—Un momento, por favor, que a eso voy. Creo que hay que concebir el Parlamento de otra manera. Cabría una segunda cámara, por ejemplo, integrada directamente por personas derivadas de instituciones de la sociedad civil. Es decir, representantes de las Academias, Sindicatos, Organizaciones empresariales, Colegios Profesionales, Fundaciones, Asociaciones, Universidades... Se trataría de que las personas que han hecho cosas importantes en la sociedad civil se ocupen igualmente de ordenar la vida en sociedad mediante su participación en los órganos del Estado.

El silencio de García resultó muy elocuente. No sé si es que la idea le impactó o que su momento de materialización había concluido. Yo mismo había perdido la noción del tiempo y el espacio. Eran las siete y media de la mañana y comenzaba a clarear. Mi conversación comenzó a eso de las cuatro y media. Pero, curiosamente, no me encontraba cansado.

La idea que le expuse a García era una de las dos que albergo. Una vez que remocemos los sindicatos y los partidos, que transformemos el sistema financiero y demás propuestas, necesitamos abordar una reforma en profundidad del sistema representativo, que tiene que combinar la representación a través de partidos, con la democracia directa. Y la idea de las votaciones a través de internet no solo no hay que descartarla, sino que necesitamos aprovechar su potencial. Y las leyes de iniciativa popular, también. Pero hay que ir a más. Mi idea es que el Parlamento se componga de dos fuentes, es decir, que se nutra de dos procedencias. Una, los partidos políticos. Modificaremos la Ley electoral para hacerla más justa, más adecuada a la pluralidad, evitando que unos españoles tengan mucho más poder que otros por el mero hecho de concentrarse en determinadas localidades, conseguiremos listas abiertas o lo más parecido... Todo eso es claro. Pero hay más. Los partidos ya no pueden tener el monopolio de cauce para acceder al Parlamento.

La sociedad debe tener presencia directa e inmediata. Las instituciones que funcionan, que forman parte de la sociedad civil, con las que se conforma nuestra existencia, tienen que decir mucho en el proceso de elaboración de leyes. Y mucho es mucho. Y no de forma indirecta, sino inmediata. Porque son ellos los receptores de las leyes. Así que es normal que quieran darse a sí mismos el régimen de convivencia que más les guste en cada momento. Por eso el Parlamento debe nutrirse una parte con los partidos políticos, una vez reformadas sus estructuras, funciones y financiación y la Ley Electoral, y otra con los representantes de las entidades de la sociedad civil. Me parece que esta es la verdadera revolución pendiente. Dirán algunos que es una combinación entre democracia en sentido estricto y democracia orgánica. Me da igual que digan lo que sea con palabras. Lo que quiero es discutir la bondad o maldad del sistema. Lo que pretendo es que aprovechemos la experiencia de estos años y saquemos las conclusiones adecuadas para diseñar el nuevo modelo. Ya he dicho que estamos, o deberíamos estar, en una fase constituyente. Es el momento de aunar esfuerzos, experiencias, ideas, criterios, propuestas, en aras de confeccionar el nuevo Sistema.

Yo no pretendo sentar conclusiones dogmáticas ahora, sino algo más humilde: aportar ideas. Porque la experiencia es de todos, aunque unos no quieran verla en su realidad. Y no creo estar muy desacertado cuando digo que la sociedad civil no puede volver a dejar en manos de una clase profesional de políticos la ordenación de su vida. No puede. Mejor dicho, no debe, porque poder ya lo creo que ha podido. La experiencia está ahí. Tiene que tener acceso directo a las instituciones del Estado. Además, debe disponer de mecanismos mucho más eficaces de control, como son las leyes de iniciativa popular, la facilitación de referéndums para asuntos decisivos aprovechando las oportunidades tecnológicas... Todo esto tiene que suceder. Debemos confrontarlo, discutirlo, analizarlo, diseñarlo adecuadamente, pero la idea central, el eje sobre el que pivotar me parece diáfano: recuperar el protagonismo de la sociedad civil, que quiere ser la dueña de su destino.

Justo en el momento en el que iba a abandonar la terraza en la que mantuve los últimos coletazos de conversación con García, sentí de nuevo —o creí, que para el caso es lo mismo— que el rey gallego decidió que no se estaba mal contemplando con buena luz de alba madura el verdor de los castaños, de modo que empujado por esa visión retornó al lugar en el que desapareció sin despedirse. Pero no hay que echarle en cara esas cosas. Los reyes tienen sus propias normas, reclaman con fiereza que las cumplan sus súbditos, quienes, al tiempo, deben ser totalmente indulgentes con el correlativo incumplimiento real.

Su retorno apareció algo cargado de impertinencia, porque me preguntó si yo sabía lo de que Galicia y Portucale fueron parte del mismo reino, el gallego, el que le arrebataron primero Sancho y después Alfonso, sus queridos hermanos de sangre real. No solo le contesté afirmativamente, sino que, además, ejerciendo yo ahora de impertinente, le señalé con el dedo O Penedo, recordándole que se llama de los Tres Reinos, precisamente por eso. Imaginé que sentiría solo un placer en la erudición histórica de estas tierras, pero no, el hombre, el prisionero hasta la muerte, deseaba profundizar y seguramente excitarme un tanto.

—Mi hermano Sancho quería mi reino para unirlo a León. Alfonso, que ya tenía León, lo quiso para formar uno solo con Castilla.

—Sí, ya lo sé.

—No, te lo digo porque quisiera que me hablaras de algo que no acabo de entender bien.

—Pues, nada, vamos a ello.

—Durante siglos, el proceso seguido en Hispania —perdona que la llame así, pero es de mi tiempo— consistió en ir creando unidades territoriales cada vez mayores unificando la dirección política, conscientes de que la unión es la fuerza. Por eso, aunque Galicia fuera Galicia, era parte integrante de Castilla...

—Perdone que le interrumpa, pero sígame, por favor.

Supongo que se quedaría cortado, pero no lo pude apreciar bien por eso de la inmaterialidad de su cuerpo. Penetramos en la dependencia acristalada contigua a la terraza, la atravesamos con destino al segundo cuerpo de biblioteca en el que se encuentran las escaleras de castaño que descienden a la planta inferior. Circulamos por sus escalones y atravesamos el antecomedor estucado en tonos amarillos, azules y rojos, y, pidiendo permiso para ello, me detuve un segundo para mostrarle a García alguno de los libros que allí se exhiben y para pedirle que firmara en el que destinamos a las visitas de importancia que nos honran con su presencia. Cumplido el trámite —aunque con tinta invisible en su caso—, penetramos en la estancia destinada a comedor familiar, en la que al fondo se vislumbran dos fotografías para mí muy queridas, una de ellas con don Juan de Borbón y la otra con su santidad Juan Pablo II. Cerré la puerta y pedí a García que contemplara lo que en ella se encontraba. García pudo comprobar un mapa de España que aparece pegado en las dos hojas que la componen.

—Es anterior a 1492 —dije en alta voz.

—Sí, lo sé, porque veo que tiene independizado el reino de Granada.

—Exacto. Y como puede apreciar se diferencia Galicia, Castilla, Aragonia y Navarra. Lo que queda es Portugal y Granada.

—Sí, eso es, ya lo veo.

—Pues verá que Castilla abarca desde el Cantábrico hasta Sevilla y por el costado este bordea Almería, que todavía se situaba bajo los dominios de Granada, en poder musulmán en ese instante.

—Sí, así es.

—Aragonia incluye Cataluña y Valencia, además de Aragón y Baleares, claro.

—Bien, todo esto lo sé, pero ¿por qué me has hecho bajar aquí?

—Pues porque me hablaba arriba, en la terraza, del proceso de construcción de España, y quise traerle a comprobar el estado de la cuestión en 1492. Conquistada Granada, se incorporaron sus territorios a Castilla y punto final. Es decir, que aunque ahí aparece Galicia como diferenciada en términos nominales, lo cierto es que jurídicamente pertenecía a Castilla.

—Sí, claro, así es. ¿Y?

—Pues que curiosamente en este siglo y en parte en el anterior, el proceso de construcción se ha transformado en uno de signo contrario, es decir, de deconstrucción. Es algo insólito, creo, en Europa. Transitamos desde un Estado unitario hacia otro que no se sabe muy bien en qué consiste, alentando incluso meros errores históricos, situando fronteras temporales en donde mejor conviene a determinados intereses, deseos o alucinaciones de diverso corte.

—Pues sí, la verdad es que no entiendo lo que sucede, pero ya no es cosa mía.

En ese instante García definitivamente se fue. Regresé a mi despacho ascendiendo por las escaleras que antes marcaron mi descenso al mapa territorial de la España anterior a 1492. Me senté en la butaca situada frente a la estantería en la que se almacenan mis libros y otros de distintos autores. Traté de descansar. Me notaba, ahora sí, fatigado. Quizá sea porque este asunto consume muchas de mis energías emocionales. Porque no lo entiendo. No alcanzo a comprender qué estamos haciendo. Por qué deconstruimos lo que se tardó siglos en construir. Por qué no entendemos que las diferencias culturales, que son reales, pueden y deben valorarse y preservarse en un proceso de concienciación de identidades, por transitorias que sean, pero que carece del menor sentido derivar esas diferencias hacia un modelo político de exclusión territorial basado en el no-soy-tú.

Pero en esas andamos. Y las mentes, bombardeadas por ideas que carecen de soporte histórico y, en unos casos, puras invenciones. En otros, trazando las rayas de la frontera temporal donde a cada uno mejor le conviene. Y mientras tanto caminamos en un proceso de ineficiencia rayano en lo inconcebible. Todo el proceso de codificación de finales del XIX parece tirarse por la borda, fragmentando, dividiendo, imposibilitando un verdadero mercado interior, generando taifismos inconcebibles... En fin, no quiero extenderme sobre esto.

Porque mis ideas las tengo claras. El Estado de las autonomías que hemos fabricado ha sido un error. La descentralización política sin lealtad constitucional es un dislate. Y eso es lo que ha sucedido. Teníamos la experiencia en momentos anteriores de nuestra historia, pero no se quiso atender a ella. Y ya vemos dónde estamos.

Pero por lo menos la crisis ha servido para una cosa importante: para que nos demos cuenta de que, consideraciones de otro orden aparte, el modelo de Estado actual es sencillamente insostenible por ineficiente, por extremadamente caro, porque no podemos pagarlo.

Si se necesita consumir muchas energías en demostrar lo que digo, es que se parte de plataformas mentales en las que las razones se sustituyen por las emociones. Los números son terriblemente elocuentes. No se trata solo de que carece del menor sentido político, estratégico, lógico, histórico y lo que se quiera este proceso de deconstrucción en el que nos hemos embarcado. Es que, además, no podemos sostenerlo. No tenemos dinero para ello. Sacrificamos demasiadas cosas importantes en el altar de unos gastos inconcebibles por innecesarios. No podemos dejar de pagar a nuestros pensionistas o reducirles su pensión mientras dispensamos sin sentido gastos en financiar un modelo jurídico-político que camina contra el sentido común y la lógica más elemental.

Dicen que ya es imposible dar marcha atrás. Nada es imposible. Nada. Nos parecía imposible que después de siglos de construir esto que llamamos España, siguiendo un proceso similar al de todo el mundo civilizado, nos parecía imposible —decía— que nos viéramos en un proceso de signo contrario diseñado a partir de emociones, falsedades históricas, intereses, egoísmos y deslealtades constitucionales. Pues se ve que no era imposible. Por tanto, tampoco lo contrario, que tiene, además, a su favor el regreso a lo razonable.

¿Cómo? Esto ya es otro asunto. Pero los miniestados que hemos creado no son sostenibles. Soy partidario acérrimo de acercar el poder al pueblo. A eso lo llamo descentralización administrativa, Administración única... Las palabras son lo de menos. La descentralización política con deslealtad constitucional y con un precio insoportable no puede continuar demasiado tiempo. Precisamente por eso no solo no es imposible abordar la reforma, sino que es inevitable. Y no hay que tener miedo a ello.

¿Pueden hacerla los políticos tradicionales? ¿Acaso no tiene cada uno sus propios feudos? ¿Van a correr ese riesgo? Pues mucho me temo que es pedirles, esta vez sí, un imposible lógico. Una vez más la sociedad civil tiene que encargarse de ello, y precisamente por la envergadura de los cometidos que tenemos que abordar, es por lo que hablamos de periodo constituyente.

EPÍLOGO

Desgraciadamente, de un costado, y afortunadamente, de otro, partimos de unos hechos concretos con los que definimos, precisamos y concretamos la situación actual en la que nos toca vivir. Empleo la expresión «desgraciadamente» debido a que son muchas las personas que sufren en esta situación. Nos impresionó —por ejemplo— la manera en la que expresó ese sentimiento un hombre alto, vestido de manera informal, como corresponde a la época del año en la que estábamos, que se nos acercó mientras tomábamos algo antes de ir a dormir en un conocido hotel burgalés el pasado 26 de agosto. Su expresión fue «lo estamos pasando muy mal», y pronunció esas palabras con una carga de sentimiento y resignación tan profunda que nos provocó a los cuatro que circundábamos la mesa algo parecido a un escalofrío. Cuando menos una suerte de conmoción. No solo por esa carga emocional con la que desgranó su frase, sino, además, porque nos llevó a pensar de modo casi automático que ese hombre era un ejemplo de lo que en ese mismo instante estaría sucediendo con muchas otras personas, con el añadido de que en la escala del sufrimiento se puede descender hasta extremos más allá de lo dignamente humano.

Pero también empleo la palabra «afortunadamente» porque nos encontramos frente a una gran oportunidad. No sé si querremos o no aprovecharla para tratar de construir un mejor modelo de convivencia. Pero es seguro que no lo conseguiremos si nuestra actitud consiste en negar las evidencias, en afirmar que en el fondo esto que nos corresponde vivir no es sino un trozo de esas curvas que diseñan los teóricos del economicismo para marcarnos con esos trazos la evolución de la humanidad. No lo conseguiremos si no nos damos cuenta de que en el fondo, como vengo diciendo desde hace mucho años, la cuestión es de arquitectura de valores, y es la arquitectura diseñada, de modo consciente o inconsciente en estos últimos años, en las tres pasadas décadas, la que se encuentra en la base de todo lo que nos ha ocurrido. Y de lo que seguirá sucediendo si no nos percatamos de ello y no nos proponemos de manera seria, consciente, deliberada y casi diría hasta urgente, modificarla mediante la formulación de un nuevo código de valores compartidos, que nos define como proyecto de sociedad.

No puede decirse seriamente que esta situación conduce a la conclusión inexorable del fracaso del capitalismo. Es demasiado lineal algo así. Entre otras razones porque la economía de mercado ha demostrado ser el modelo mejor en el plano de la eficiencia productiva de bienes y servicios. Quiero decir que, dentro de lo que disponemos, es el método más eficaz para conseguir una mejor utilización de recursos. Pero, como ya he expresado con reiteración, eso no significa que debamos elevar ni al modelo ni al mercado a los altares de lo sacro para, a continuación, afirmar solemnemente que a nosotros, a los humanos, ha llegado con semejante vestimenta el fin de la Historia, porque la Humanidad ha encontrado, ¡por fin!, el grial de la convivencia.

Afirmar semejantes postulados equivale a mostrar un desconocimiento profundo de cómo funcionamos los humanos y es sendero que sin la menor duda conduce al desastre, pasando, si se quiere, por oasis artificiales compuestos de espejismos de falsos bienestares. Cosa que, desgraciadamente, a muchos políticos no les importa demasiado, porque planifican su vida en el poder a corto plazo, a lo inmediato, a lo de pasado mañana, a no perderlo a costa de lo que sea. El cortoplacismo como valor estratégico se encuentra, igualmente, en la base del desperfecto, porque ese cortoplacismo como técnica, como valor primario, conlleva aceptar el postulado de lo conveniente, porque eso, lo conveniente, siempre tiene una dimensión que va unos pocos metros más allá del alcance de nuestros pies.

Por ello hacemos bien —es imprescindible— en desgranar las causas, los motivos que nos conducen a esta situación. Y resulta igualmente muy positivo —eso creo— que formulemos propuestas serias de reforma al tejido económico-financiero y político que nos hemos dado. Es más que conveniente reflexionar sobre un punto: la recuperación por la sociedad de sus derechos frente al Estado y la clase política. El eje central reside, como he expuesto, en que nosotros, la sociedad civil, que entregamos nuestros asuntos en manos de una clase política que se ha ido conformando como un producto constituido en casta, decidamos volver a ser los dueños de nuestro destino, generando para ello los cambios en las estructuras jurídico-políticas que resulten necesarios. Y asumiendo, claro, que no va a ser fácil, que la resistencia será muy poderosa, que tendremos que soportar muchos costes. Pero merece la pena, porque ya sabemos lo que da de sí, adónde nos lleva este modelo si lo abandonamos a las fuerzas que lo han dominado y lo seguirán haciendo si no somos capaces de poner freno, primero, y rediseñar la estructura de convivencia a continuación.

Todo eso es necesario. Pero no suficiente. Hay que ir más lejos. Y pido perdón por acudir de nuevo a las palabras con las que finalicé mi discurso de 1993 en la Universidad Complutense, porque quiero que con su lectura se perciba que lo que a continuación expongo es algo que arranca de lejos, de muy lejos en mi pensamiento. Así concluí en aquel inolvidable día:

Uno de los motores seculares de la Historia ha sido la pugna entre dos tendencias básicas: la materialista y la humanista. Esta última no ha de equivaler necesariamente a la concepción religiosa de la existencia humana; consiste en entender al hombre como protagonista de la historia. El materialismo, en cambio, sobrepasa al individuo y establece valores que se inscriben en instancias «superiores» a él: lo colectivo, lo social, lo global. El abandono del individuo como actor de la política y como sujeto del progreso produce debilidad —y hasta menosprecio— de los valores que preocupan al hombre y, consiguientemente, genera en él una desesperanza individual que, agregada, se convierte en desesperanza colectiva. Este fenómeno es probablemente el que está provocando la profunda crisis que vive Europa. El gran desafío consiste en dotar nuevamente de contenido humanista a nuestros proyectos colectivos. El recuperar al hombre.

De acuerdo, pero ¿qué es el hombre? O, si se prefiere, ¿qué tipo de hombre queremos recuperar como eje de los proyectos colectivos? Responder a esta pregunta es capital. Sin una idea clara sobre ella seguiremos navegando más o menos a ciegas, porque el materialismo como tal, llevado a sus últimas consecuencias, no es sino, en mi opinión, una peligrosa ceguera.

Confieso que me sorprendió aquel correo que venía de Alemania. No esperaba un contacto tan directo con ninguna Universidad en aquellos días de 2008. Quien lo firmaba era el profesor Martin Thurner, acompañado en el contacto con el profesor José Sánchez Murillo, ambos de la Universidad Católica de Múnich. Me informaban de la celebración de un congreso en lo que llaman la Universidad de la Mística, en Ávila, en el mes de octubre de ese año 2008. El lema del congreso era el siguiente: «De la ciencia a la mística». Quería que, como colofón a ese congreso, expusiera mis ideas acerca de la influencia que el mundo de la espiritualidad puede tener en la reconstrucción de una sociedad que, para algunos, en aquellos días se veía claramente que hacía aguas por demasiados costados a la vez.

Me sentí honrado. Curiosamente, el contacto conmigo derivó de un programa de televisión en el que expuse someramente algunas de mis ideas y ello despertó el interés en los citados profesores, y por esta razón se decidieron a invitarme. Curioso porque el programa en cuestión se aleja muchos kilómetros mentales de lo que podría entenderse por Mística, por generosos que seamos en la expansión del lenguaje. En ese programa expuse mis ideas de que nos encaminábamos a un colapso financiero de magnitud considerable. Por contraste, al poco tiempo, Solbes, entonces ministro de Economía, aseguraba que quienes sostenían esas cosas eran antipatriotas y que, encima, la economía española ese año crecería y generaría empleo de manera significativa... Lo que sucedió en realidad no fue lo que dijo el ministro. Ni siquiera lo que yo sostuve. Fue algo peor.

El congreso, en efecto, se celebró en Ávila, en la citada Universidad de la Mística, y el sentimiento de responsabilidad que me embargó fue tremendo, porque concurrían noventa profesores de habla alemana, repartidos por mitad entre Ciencia y Filosofía. Incluso entre los asistentes se encontraba un premio Nobel. Cuando digo de habla alemana no solo me refiero a la lengua común, sino al dato adicional de que no existía traducción simultánea, de modo que mis palabras fueron volcadas a ese idioma por la labor conjunta de los profesores Thurner y Sánchez Murillo, lo que resultó algo engorroso, como es normal en estos casos, pero no afectó a la viveza del diálogo, o, mejor dicho, a su interés de fondo. Antes de la mesa redonda, celebramos los tres, Thurner, Sánchez Murillo y yo, un encuentro-entrevista, destinado a ser publicado en la revista alemana *Aufgang,* en donde, efectivamente, vio la luz. Me permito traer ahora un par de párrafos de esa entrevista, porque conectan directamente con la materia que nos ocupa:

Aufgang: La crisis actual, cuyas causas nos ha expuesto usted con claridad diáfana, recuerda en cierto sentido la situación de Europa después de la Segunda Guerra Mundial. Todos sabían que nada seguiría igual que antes, y todos decían que semejante barbaridad no debería pasar nunca más. Pero todavía no se habían recogido los escombros de las ciudades destruidas y ya estaban otra vez los frentes de guerra preparados. Americanos y soviéticos se habían enemistado. En lugar de aprender de la catástrofe, comenzaron a armarse de nuevo hasta los dientes. «La ocasión perdida», calificó la escritora alemana

Luise Rinser la situación con la mirada puesta en su país. ¿Qué podríamos hacer para aprender de la actual crisis financiera? ¿Cree usted que su experiencia del silencio y de la limpieza de corazón podrá llegar algún día al mundo de las finanzas? ¿Hay un puente capaz de unir esas dos dimensiones?

Conde: Yo dejaría de hablar si no creyera que es posible y que ese puente existe. El silencio místico y las turbulencias de los mercados financieros parecen, efectivamente, a primera vista mundos irreconciliablemente opuestos. Pero son personas humanas las que viven ambas realidades. Desde mi experiencia del mundo de las finanzas puedo decirles que solo en muy pocos casos son responsables del desarrollo perjudicial individuos que podamos calificar de moralmente malos.

Precisamente en ese congreso, en la mesa redonda de clausura en la que desgrané mis ideas, casi en sus momentos finales, uno de los profesores intervinientes, en un correcto inglés, dijo en voz alta:

—Creo, señor Conde, que usted tiene razón, pero el asunto es el hombre. Estamos ante un problema de educación y desgraciadamente, visto lo que ha sucedido, tenemos que empezar por primaria.

Es, en efecto, el centro verdadero del problema. No conseguiremos nada, absolutamente nada con modificar leyes, con reclamar bondades en disposiciones legales, con aumentar competencias inspectoras, con reclamar criterios de gestión adecuados a la función social del crédito, con prohibir determinadas fórmulas especulativas, con proscribir prácticas retributivas inmorales o abusivas... Ese conjunto de medidas es imprescindible, pero con ellas y solo con ellas los problemas seguirán vivos.

Al final la sociedad se compone de hombres, y sus comportamientos derivan de sus modos de pensar. Lo que ha sucedido es debido a los modos de pensar de muchos de nosotros, de la sociedad en cuanto tal, salvando individualidades que pudieran disponer de otros códigos. Y por modo de pensar me refiero al conjunto de valores que forman la estructura moral de una sociedad. Precisamente a eso aludía en el Vaticano cuando reclamaba un Código de Valores Compartido.

Lo reclamaba porque sentía que el exceso de triunfalismo en la economía de mercado, la brutal exageración de lo financiero sobre lo real, si no establecíamos un cuadro de valores claros que de alguna manera dieran una dimensión humana a lo que estábamos haciendo, podríamos caminar en directo hacia el precipicio. Y lo que es peor, podríamos seguir semejante ruta sin ser conscientes de ello.

Ahora seguramente lo veamos claro. ¿Cómo es posible que nos pusiéramos a especular con la vivienda como si fueran acciones de una empresa de transporte cotizada en Bolsa? Pues eso fue lo que sucedió. Y de ahí la llamada burbuja inmobiliaria. No se construían viviendas, sino objetos de especulación por parte del conjunto de la sociedad. Pues eso fue posible porque despreciamos el valor de un elemento primario como es la vivienda y mediante la exacerbación de la avaricia la llegamos a considerar un objeto de especulación puro y duro.

Hay que insistir de nuevo en la calidad de los cuadros dirigentes. Si se trata de personas con códigos de valores en los que la acumulación a cualquier precio, la avaricia y derivadas similares ocupan los primeros puestos de sus modos de pensar, la sociedad que dirigen acabará mal, porque desgraciadamente el poder de infectar al conjunto que tienen esos disvalores es tremendo. Como hemos comprobado más de una vez y como seguiremos comprobando si no somos capaces de poner freno.

Y poner freno es centrarse de nuevo en el hombre. Pero no en un individualismo a ultranza. Es cierto que el hombre tiene que recuperar el lugar que le corresponde, pero se trata de un hombre-en-sociedad. No buscamos un individuo capaz de albergar los mejores valores cuando se retira a la posición de anacoreta en un desierto somalí. Se trata de un hombre en sociedad, lo que nos lleva a la idea de Humanidad.

¿Que valores? Hoy, como hace casi veinte años, sigo insistiendo en lo mismo: en que no se trata de formular con categoría normativa una definición precisa y articulada, sino tener claras algunas ideas en el plano de los principios con los que queremos construir nuestra sociedad. ¿Los tenemos claros? Pues quizá algunos sí, pero seguramente muchos otros no, en el sentido de que se necesita un debate en el seno de la sociedad. ¿Nuevamente un debate? Pues claro. El debate que no se ha podido realizar estos años debido a que los supuestos principios se vestían de ortodoxia, de modo que todo aquel que no los aceptaba de forma radical era considerado un antisistema, un proscrito, un heterodoxo, un iconoclasta. Pues bien, esos tiempos ya han pasado debido precisamente al propio fracaso del Sistema en cuanto tal, así que hoy no queda más remedio que ser heterodoxo, como antes decía.

La idea inicial primaria es que sepamos diferenciar entre progreso técnico y progreso social. El primero atiende a la capacidad de crear riqueza. El segundo, a la estructura verdaderamente humana de la vida en sociedad. Es claro que lo primero no conduce necesaria e inevitablemente a lo segundo. Porque la abundancia, por así decir, generada por la economía de mercado es capaz de convivir en España, en Europa y en el mundo en general con núcleos de marginación muy cuantiosos y profundos. Porque lo que llamamos asignación eficiente de los recursos —virtud de la economía de mercado— es capaz de convivir, y de hecho convive, con una distribución tan desigual de la renta que sea percibida por la sociedad como esencialmente injusta. Y si esto sucede no puede decirse que alcancemos un modelo de convivencia estable.

La integración progresiva de los núcleos de marginación no es, seguramente, un problema de eficiencia económica, pero sí lo es en el plano ético, o, incluso, si me apuran, en el puramente pragmático de la estabilidad social. Hay quien dice: no se preocupe usted porque esos núcleos de marginación son un coste que tenemos que sufrir, una derivada indeseable de la eficiencia del sistema, pero este, en su propio funcionamiento, los acaba reduciendo de manera muy notable, así que es solo cuestión de tiempo.

Así dicho, en el plano puramente ético resulta difícil aceptar como un inevitable que un grupo excesivamente numeroso de seres humanos tenga que esperar un tiempo indefinido para salir de la indigencia, para alcanzar unos mínimos de vida que permitan calificarla de humana. Y es que, además, no sabemos de cuánto tiempo disponemos. Si no damos respuesta razonable a esos asuntos surgirán nuevas utopías. Cierto que el comunismo ha muerto, pero las ansias de una vida lo más humana posible siguen vivas. Si no se vislumbra un futuro claro, surgirán nuevas escapatorias para la frustración social.

Así que debemos recuperar valores que se han perdido como el esfuerzo, el trabajo bien hecho, la calidad como postulado en la actividad empresarial, y todo lo demás que se deriva de lo que hemos expuesto en las páginas anteriores. Pero hay más. Por ejemplo, una sociedad como la nuestra admite hoy sin problemas el valor del enriquecimiento como motor de la actividad económica. No siempre ha sido así, pero al final en buena medida parece razonable que una persona se motive con el deseo de enriquecerse. Pero legítimamente. El problema es que ese enriquecimiento se ha exacerbado y no solo en el cuánto, sino en el cómo. Cualquier método era legítimo, por así decir, para alcanzarlo. Y la desgracia es que nuestra sociedad consume unas dosis de cinismo tan altas que a partir de una cifra determinada ya nadie se cuestiona la moralidad o la legitimidad siquiera de ese enriquecimiento. Nublados por lo cuantitativo, nos olvidamos de aspectos sustanciales.

Pues bien, es verdad que el enriquecimiento en sus justos límites es un motivo hoy aceptado como motor de cierta actividad. Pero no es el único patrón de prestigio social. No debe serlo. Una sociedad necesita empresarios, claro, pero también filósofos, poetas, artistas, políticos, y en estas profesiones, imprescindibles para alcanzar una vida que merezca el apelativo de humana, ese enriquecimiento no es el verdadero ni el principal motor. O no debería serlo, porque si lo fuera no estaríamos en presencia de verdaderos poetas, o filósofos o políticos, sino de subproductos claramente perjudiciales para el cuerpo social.

Y es que, por si fuera poco, un nuevo desafío nos aguarda. Durante muchos años las nuevas generaciones han vivido con un postulado claro: si trabajas vivirás mejor que tus padres o abuelos. Me refiero a la generalidad porque los que vivían exclusivamente de las herencias no siempre podrían decir lo mismo, entre otras razones porque lo de trabajar cuando no lo necesitas no es deporte común a los españoles. Quizá a los humanos, pero en España tenemos ejemplos diáfanos. Pues bien, parece que la situación ha cambiado. Ahora, debido a que nos hemos gastado por anticipado mucho de lo que todavía no hemos ganado, es necesario recuperar ese terreno y para ello tenemos que trabajar más para ganar menos. Esto equivale a decirles a los jóvenes que aun trabajando mucho no van a vivir igual que sus padres en los últimos veinte años. Porque nuestra vida fue en muchos aspectos artificial, consumiendo un bienestar que no habíamos ganado.

Pero quizá una clave reside en abandonar la tiranía de lo cuantitativo. René Guénon me impresionó con su libro *El reino de la cantidad y los signos de los tiempos*. El predominio de lo cuantitativo se encuentra en la raíz del abandono, y hasta del desprecio, de valores que no se miden, se cuentan o se pesan, en ningún caso desde luego en unidades monetarias. Pero es que el asunto es incluso peor, porque penetra aquí el postulado hegeliano de la cantidad convertida en calidad. Yo lo matizaría en el sentido de que en determinados límites, la cantidad tiende a ser convertida en cualidad, pero artificial. Ya he dicho que en determinados niveles de fortuna los juicios morales desaparecen.

Esta sociedad valora el éxito formal, exterior, no el medio de alcanzarlo. Es curioso, pero si a una persona la destroza el poder por motivos espurios y violando la Ley, la gente considera que ha perdido. Sin más matices. Y, por el contrario, si alcanza posiciones de poder económico o político por medios ilegítimos, la sociedad considera que ha ganado. Esto por sí solo ya nos indica que estamos en una sociedad enferma. Porque se mide lo exterior. Vivimos en la corteza, abandonando la esencia de nuestra condición de humanos.

Y ahí reside el problema. Si los medios no cuentan, estamos perdidos. Si alguien que es capaz de alcanzar un poder por vías espurias, sacrificando convicciones elementales, es alguien que ha ganado, y si otro alguien capaz de soportar con dignidad el ataque espurio del poder es alguien que ha perdido, tenemos delante de nosotros una sociedad que producirá un tipo de hombre, un individuo desnudo de los valores que le harían merecedor del atributo tan cacareado de la dignidad humana.

Tenemos que cambiar «más» por «mejor». Tenemos que acostumbrarnos a que lo bueno y lo cierto no es el resultado de agregados numéricos cuantitativos. Si mil personas opinan que algo es bueno, no por ello lo es. Solo será la opinión de ese conjunto de individuos, nada más. Aunque la mitad más uno de un país decida que algo es lo cierto, no por eso lo será. Puede servir, y de hecho se aplica, aunque, como he demostrado, mucho más teórica que realmente, para decidir quién gobierna, o cómo se compone un parlamento. Pero nada más. La verdad o la falsedad no dependen del número de adeptos. Viven más allá de los números, de lo cuantitativo, de los agregados compuestos de porcentajes. Desgraciadamente, muchos no lo entienden así y por ello vivimos esa tiranía de lo cuantitativo que se encuentra en la base de nuestro descalabro.

No tenemos que vivir con más cosas, sino con mejores cosas. La posesión de cada día más y más bienes no es el patrón de vivir mejor. La sociedad del despilfarro no vive mejor que aquella que valora los bienes en su justa medida. Mejorar no es regresar a los campos de la indigencia, pero tampoco seguir caminando por las artificiales autopistas de la falsa abundancia regadas con un consumismo a ultranza que acaba destrozando la correcta relación del hombre con las cosas. Cuando te asomas con mente abierta a la hiperabundancia en la posesión de objetos de consumo, te das cuenta de que eso no puede continuar, que carece del menor sentido. Ya sé que sin consumo no existe producción, sin producción no se genera empleo y que ese círculo continúa. Lo sé. Pero en algún momento hay que frenar el exceso.

No se trata, como dicen algunos, de concluir que la Humanidad no debe crecer, que ya hemos alcanzado un umbral en el que la estrategia es el no crecimiento. Me parece un exceso, pero seguir en la espiral en la que estamos sin detenernos a meditar por unos segundos es altamente peligroso. Hemos, es verdad, alcanzado un umbral de peligro. Bien, pues es el momento de serenarnos, pensar y decidir qué tipo de sociedad queremos. Y derivadamente diseñar los modelos de instituciones al servicio de ese ideal. Desde hace tiempo venimos funcionando exactamente al revés.

Aprendamos el término «mejor». Traduzcámoslo en dimensión verdaderamente humana. Busquemos una vida mejor en lo humano aunque sea menos abundante en la posesión de bienes materiales. Reconduzcamos la eficiencia, la tan cacareada eficiencia, a su dimensión correcta. Un casino, un ateneo, una fundación cultural, una asociación, una Academia puede ser que no resulten eficientes en un concepto meramente economicista de este término, pero son claramente eficientes en términos de vida humana. Recuperar al hombre significa recuperar la dimensión humana del vivir. Necesitamos consumir algo de poesía, o nos veremos obligados a soportar las derivadas de una realidad que es tan poco humana que genera desconsuelo.

Y aprendamos el valor de la esperanza. Y aquí no hablo solo de poesía, sino de realidad. Si alimentamos en nuestro interior el sentimiento de esperanza, seremos capaces de prosperar. Si nos instalamos en del desespero, el camino será el inverso. Pero construyamos la esperanza sobre terreno sereno. No sobre falsas realidades. No sobre la ignorancia de lo que sucede. Eso no sería esperanza, sino ceguera. Asumiendo lo que somos podemos intentar mejorar. De otro modo, no.

Ya sé que en el fondo somos los valores que sustentamos en nuestro interior. Por ello tenemos por delante un asunto de primera magnitud: la educación. El tipo de hombre que debe enfrentarse a esta situación debe edificarse con los valores adecuados. Algunos ya están excesivamente dañados y no van a entender nada de lo que decimos. Pero no importa. Son muchos los que ya están convencidos de que necesitamos una nueva arquitectura de valores. Debemos recuperar al hombre y eso significa volver al hombre que tiene valores de los que o con los que se construye una vida humana en sentido estricto. ¿Necesitamos, como decía el alemán, comenzar por primaria? Pues sí. Seguramente sí.

Quiero decir que no es una labor de hoy para mañana, sino que costará mucho tiempo. Pero cuanto más tardemos en empezar, peor. Hay que ponerse manos a la obra de cambiar el edifico jurídico-político y los conceptos económicos recuperando lo real y situando en su justa medida lo financiero. Pero hay que acometer la gran tarea del hombre, del individuo, de la recuperación de los valores.

Y mi pregunta es: ¿podremos hacer esto con garantías sin una mínima dimensión de la trascendencia? Creo que no. Si estuviera convencido al cien por cien de que solo soy un producto orgánico, un conjunto de masa en movimiento de composición/descomposición, si estuviera condenado a no saber por qué, ni para qué he nacido ni por qué ni para qué tengo que morir, si todo eso fuera así, no creo que tuviera sentido hacer nada diferente a expoliar las funciones biológicas. Los conceptos bueno, malo, regular, prójimo, otros, ayuda, caridad... Todo eso queda sin el menor sentido.

Necesitamos una visión del hombre y de la Humanidad en la que anclar los valores, insisto, los valores que permiten definirnos como verdaderamente humanos. No somos, obviamente, todos iguales, ni en lo físico ni lo interno. Pero todos hemos nacido iguales en lo que a dignidad humana se refiere. Debemos ajustar la organización social a las realidades de los humanos, pero aspirando a que esa palabra, la dignidad, no sea una fruta de aquellas que tienen un aspecto excelente por fuera pero que carecen de todo sabor cuando las masticas. Asumiendo, claro, que siempre existirán individuos capaces de poner su dignidad en almoneda por un plato de lentejas o un sorbo de poder. Pero tratemos de reducir su número al mínimo posible, y, desde luego, tratemos por todos los medios de evitar que consigan el poder de administrar la *res publica* de una comunidad.

Y no veo posible construir una sociedad verdaderamente humana si no anclamos al individuo en una noción de trascendencia. Somos algo y por algo andamos por esta tierra. Tenemos la doble dimensión que señalaba el Maestro Eckhart: somos hombre exterior y hombre interior. Y es en el valor de ese hombre interior en donde se encuentra el sentido de trascendencia al que aludo.

No se trata de construir un modelo religioso ni mucho menos de exigir una obediencia a una determinada religión. Es asunto de libertad individual. Se trata de convencernos de que somos algo más que una masa orgánica en movimiento. Se trata de entender que tenemos una estructura superior a eso que llamamos materia. Se trata de apelar a ese hombre interior, que existe instalado en la trascendencia.

Todavía nos queda mucho camino para conocer bien al hombre. En ello estamos. Durante años, curiosamente, abandonados a esa versión materialista, hemos despreciado elementos capitales como, por ejemplo, lo emocional. Y cada día nos percatamos más de que lo emocional puede acabar provocando desperfectos orgánicos, aunque la ciencia oficial se encuentre con un asunto que no sabe cómo resolver. Queda mucho camino, pero tenemos que sentar la premisa mayor para no equivocarnos. El ser humano reclama dignidad precisamente porque es algo más que esa materia orgánica. Hombre interior, hombre exterior. Es una terminología que puede ilustrar. Yo hablo de hombre completo, o sencillamente de hombre, porque diseccionarlo sirve para comprender algo, pero no somos susceptibles de ser fragmentados en nuestro existir.

Schuon escribió un libro fantástico, aunque difícil: *De la Unidad trascendente de las Religiones*. Sirve ahora para decirnos que detrás de los credos religiosos existe la noción de trascendencia. Traté hace muchos años de profundizar en este aspecto, en la búsqueda de esa unidad trascendente. En mis años de banca, de un modo casi clandestino, porque no deseaba publicidad alguna en estas materias, me reuní con profesores de diversas partes del mundo y juntos comentamos la conveniencia de que las tres grandes religiones monoteístas iniciaran un diálogo para evidenciar todo aquello que las une. En el Congreso del Vaticano de 1992 algo de ello se encontraba en el fondo del encuentro. Por las circunstancias que rodearon mi vida a partir de 1993 el proceso se frustró. Y veo, con algo más que preocupación, cómo fundamentalismos religiosos que crecen instalados en una espiral de violencia pueden acabar causando mucho más dolor al mundo del que ya han provocado.

La llamada sociedad multicultural es todavía algo lejano. Al final los hombres, como productos culturales, nos encontramos apegados a localidades, creencias, tradiciones, lenguas... Consumimos, como siempre digo, elementos que fragmentan, que dividen, que separan. Por ello es tan difícil aunar, integrar. Sobre todo cuando las diferencias culturales se complementan con las de porte religioso. Forzar las cosas en este campo es caminar hacia un desastre. Tenemos que digerir, deglutir, avanzar, pero paso a paso. No podemos de golpe fundirnos en una nueva realidad magmática en la que desaparecen siglos de historia, de tradición, de cultura, de modo de relacionarse el hombre con los hombres y con las cosas. El producto hombre es muy complejo. No admite fácilmente los análisis meramente lineales de los técnicos del racionalismo mecanicista.

Hoy, como decía más atrás, el hombre se encuentra en búsqueda de referentes. Quieren algo más que el consumo de materia en la materia. Sienten una sensación de vacío interior. Creo que no todos, pero sí son muchos los que en esa situación se encuentran. Y es una buena noticia. Porque en la construcción del nuevo modelo no debemos marginar esa ansia del hombre por reencontrarse con esa dimensión de sí mismo que le hace sentirse verdaderamente humano, capaz de entender, o vislumbrar o creer, que está aquí por algo y para algo, y de aceptarse como un eslabón de la cadena a la que llamamos humanidad. Gracias a ese sentido trascendente podremos construir una nueva manera de entender las relaciones del hombre con las cosas y de los hombres entre sí. Porque a eso se reduce todo. Cómo nos relacionamos con los bienes. Cómo nos relacionamos con los hombres. Y cómo nos relacionamos con lo Superior, esto es, con la noción de Trascendencia. Creo que la llamada ética laica ha dejado prueba de sus resultados. Tratemos, por tanto, de encajar nuestra idea y conducta acerca de la Humanidad en la noción de Trascendencia.

AGRADECIMIENTOS

A todos aquellos con quienes juntos recorrimos el duro y difícil camino que abrimos en 1993, hace dieciocho años, al reclamar los derechos de la sociedad civil frente a los excesos del poder político, y a quienes al día de hoy siguen trabajando por conseguirlo, con un agradecimiento especial a quien nos ha dado la voz que otros niegan.